이순신 리더십

이순신 리더십

이창호 지음

왜! 다시
이순신인가?

'직진의 리더십'을 발휘한 장수 이순신

우리나라의 역사적 인물 중 이순신만큼이나 드라마틱한 사람도 없다. 그를 둘러싼 모든 상황이 '적'이라 부를 정도의
최악의 조건에서도 그는 초인간적인 면모를 보인다. 충성심, 인내력, 전투력, 리더십, 비장한 최후까지 말이다.

해피&북스

세계인이 알아야 할 성웅 시크릿

이순신
리더십

▲ "죽고자 하면 살 것이요, 살고자 하면 죽을 것이다"

▲좌 이순신 영정

이상범 필, 1932,143.0×90.0㎝, 해군사관학교박물관 소장.
1932년 충무공유적보존회의 주도로 아산 현충사 보존운동
이 일어났을 때 새로 조성하여 봉안한 영정.

▲우 이순신 영정

장우성 필, 1952, 193.0×113.0㎝, 아산 현충사 소장
1793년 10월 문화공보부에 의해 지정된 표준 영정.

세계인이 알아야 할 성웅 시크릿

이순신 리더십

▲이순신의 난중일기 현충사 소장

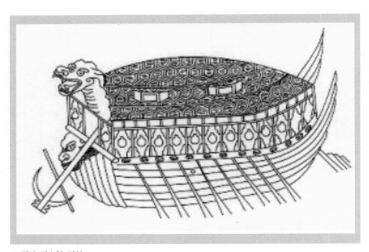

▲전라 좌수영 귀선

▲판옥선 모형도

▲이순신 전쟁 중에도 역사책을 읽다

▲이순신 전쟁 중에도 어머니를 만나다

▲ 최광수가 1987년에 제작한 조선시대 유성룡 영정　　　▲도요토미 히데요시(豊臣秀吉, 1537~1598)

세계인이 알아야 할 성웅 시크릿
이순신 리더십

▲첨자찰진 | 많은 배들이 이동하거나 적군을 공격하기에 용이한 형태의 진형이다.

▲일자진 | 횡렬 일자로 늘어선 진형이다.

▲학익진 | 조선 수군이 즐겨 쓰던 정(丁)자 타법을 개량한 것으로 학이 날개를 펴듯 적을 둘러싸서 공격하는 진형이다.

　　우리나라의 역사적 인물 중 이순신만큼이나 드라마틱한 사람도 없다. 그를 둘러싼 모든 상황이 '적'이라 부를 정도로 최악의 조건에서도 그는 초인간적인 면모를 보인다. 충성심, 인내력, 전투력, 리더십, 비장한 최후까지 말이다. '신에게는 12척의 전함이 남아있나이다. 적의 숫자가 아무리 많아도 신이 살아 있는 한 왜놈들은 절대로 조선의 바다를 넘보지 못할 것입니다.' 330척이나 되는 왜군의 전함 앞에서 이순신 장군이 한양으로 보낼 서신에 쓴 말이다.

　　지금 이순신 리더십 돌풍이 거세다. 이순신의 명량해전[1]을 스크린에 옮긴 영화 〈명량〉이 한국 영화의 역사를 새로 쓰며 연일 최고 관람객수를 갈아치우고 있다. 우리 역사에서 누구보다도 익숙한 인물, 강력한 군사력의 상징 '성웅 이순신'이 다시 한 번 강한 돌풍을 일으키고 있는 것이다. 전라도 해남 울돌목에서 330척이나 되는 적군의 배에 맞섰던 기적 같은 명량해전. 그는 어떤 불굴의 의지로 승리를 이끌었는가. 어떻게 세계 해전(海戰)사에 길이 남을 명장이 되었는가. 420년 전 그가 강철 같은 리더십을 어떻게 발휘했는지 지금 다시 돌아볼 필요가 있지 않을까.

　　먼저, 이순신 장군은 '직진의 리더십'을 발휘한 장수였다.

　　승리가 불가능해 보이는 상황에서도 그의 사전에 후퇴란 없었다. 어떠한 상황에서도 죽을힘을 다하면 이길 수 있다고 확신한 것이다. 확고한 자기 확신은 겁에 질린 부하들의 마음을 움직일 수 있었다. 두려움에 사로잡혀 주춤하는 장수들 앞에서 가장 먼저 적군을 향해 돌격하는 이순신 장군의 모습에 병사들은 '죽을 각오로 돌진하면 살 것이다.'라는 믿음을 가지고 전투에서 승리할 수 있었다.

둘째, 독서를 통해 지식 역량을 키워낸 양수겸장이었다.

이순신 장군은 뛰어난 무술 실력과 더불어 훌륭한 지략을 발휘한 명장이었다. 꾸준한 독서를 통해 끊임없이 훌륭한 장수로서 밑거름을 닦은 것이다. 사마천의 ≪사기≫[2]와 사마광의 ≪자치통감≫[3]을 읽으며 국방의 중요성을 실감하고 다양한 병법들을 습득하였다. 또한, 독서를 통해 일본 수군의 전투 전략을 파악하고 거북선[4]을 복원했다. 총통을 장착한 세계 최초의 철갑선으로 일본 수군을 공포에 떨게 한 것이다.

셋째, 항상 부하들과 소통하려 노력하는 통합의 리더였다.

이순신 장군은 목숨이 위태로운 적장에서는 더욱 엄하고 무서운 지도자였다. 하지만, 평소에는 항상 부하들과 소통하기 위해 노력하는 장수였다. 부하 장수들이 먼저 찾아와 함께 이야기하고 술을 마시기를 꺼려하지 않을 정도로 열려 있는 모습을 보여 주었으며, 전장에서도 부하들이 현재 상황을 분명히 이해할 수 있도록 소통하였다. 유네스코에 세계 기록유산으로 등록된 ≪난중일기≫[5]에서도 이순신 장군이 부하들과 소통하기 위해 고뇌하는 모습이 잘 담겨 있다.

넷째, 성웅 이순신 장군은 중요한 순간에 강력한 결단력을 발휘했다. 330척의 적함이 출연하자 군영을 이탈하는 장병들이 많이 생겼다. 한 번은 진지를 탈영하다 붙잡힌 병사가 있다는 보고를 받고 이순신 장군은 곧장 달려간다. 이순신 장군을 보고 겁에 질린 병사는 "주변 병사들이 죽어갔습니다. 저도 죽을 것만 같아 도망쳤습니다." 라고 말한다. 여기에 이순신 장군은 "더 할 말이 없느냐."라고 한 뒤 바로 목을 친다. 군법의 중요성을 병사들에게 전하며 "살고자 하면 죽을 것이고, 죽고자 하는 자는 살 것이다."라는 비장한 말을 남기고 전함을 이끌어 전투로 나간다. 필요에 따라서는 가혹하리만큼 엄정하게 행동한 것이다. 결론적으로, 이순신 장군은 스스로 세운 원칙을 어떤 일이 있어도 꺾지 않고 자기 확신으로 승리를 이끌어낸 실천의 리더라고 볼 수 있다. 부하 장수들과 국왕까지 해전을 포기하라고 말할 때, 혼자라도 적진으로 돌격하겠다고 말하는 그의 모습에서 진정한 해군제독의 참모습을 엿볼 수 있다.

반면, 이순신 장군은 두려움과 책임감으로 인해 혼자 눈물을 흘리기도 하였다고 한다. 그의 이면에 숨겨진 뒷모습이다. 우리가 알고 있지 못하던 이순신 장군의 또 다른 모습이다. 작금 책과 영화, 감히 이창호스피치연구소에서 강의를 통해 "이순신 리더십"을 다시금 재조명하고자 한다. '성웅(聖雄)'이 가지고 있는 열정, 신념, 신뢰, 병법, 품성 등 우리 역사상 최고의 장수에 대해 알아볼 새로운 기회이다.

망주마을에서
이 창 호

| 차례 |

세계인이 알아야 할 성웅 시크릿

제1장

–

리더십이란
무엇인가

리더십이란 무엇인가

올바른 리더십은 모든 조직이 추구하고 있는 필수요소이다. 조직은 리더십의 엄청난 경쟁가치를 인정하고 그것을 자신들의 중요한 자산으로 여긴다. 대중들도 리더십에 대해 기하급수적인 관심을 가지고 있다. 사람들은 서점에서 리더십에 관한 책을 사서 읽으며 리더십 강연을 듣고 교육을 받는다. 리더십에 대한 수많은 이론이나 주장들이 난무하여 대중들은 이리저리 현혹되기도 한다. 사람들은 "올바른 리더가 되는 방법은 무엇인가?"에 대한 대답을 계속 추구하고 있는 것이다.

일반적으로 사람들은 '리더십'을 사람들의 개인, 사회, 전문 직업인으로서 삶을 개선시키는 방법'이라고 알고 있다. 기업이나 조직들은 '리더십'을 갖추고 있는 사람을 선호한다. 뛰어난 리더십 능력을 갖춘 사람이 자신들의 조직에 큰 이익을 가져다 줄 것이라고 믿기 때문이다. 그래서 그들은 많은 연구소를 통해 리더십 이론을 연구하고 있다. 이와 같이 리더십은 사회 전 분야에서 관심의 대상이 되고 있다. 전 세계 연구자들 역시 리더십을 연구대상으로 놓고 많은 논문을 발표하고 있다. 리더십에 관한 학술적인 연구들의 개관을 통해 우리는 리더십 과정의 복잡성을 설명하기 위한 폭넓고 다양한 이론적 접근방법들이 있음을 알 수 있다. 어떤 연구자들은 리더십을 리더의 특성이나 행동으로 개념화하는가 하면 또 어떤 연구자들은 리더십을 정치적 시각에서 보기도 하고 인본주의적 관점에서 다루기도 한다.

이처럼 리더십연구는 여러 상황에서 정량적 방법, 정성적 방법 등 다양한 방법으로 연구되어 오고 있다. 이같이 다양한 상황을 대상으로 다양한 방법에 의해 연구된 리더십 연구결과를 종합해보면, 리더십이란 일반적으로 알고 있는 단순한 관점보다는 훨씬 더 복잡하고 정교한 과정임을 확인할 수 있다. 지금부터는 리더십을 다수의 복합적인 차원으로 이루어진 하나의 복잡한 과정으로 다루려고 한다. '리더십이란 무엇인가'에 대한 대답은 여러 가지 방법으로 찾을 수 있다. 그것은 민주주의, 사랑, 평화 등과 같은 추상적인 단어에 대한 대답을 찾을 때와 동일하다. 리더십을 정의하려고 시도한 학자들의 수만큼 많은 상이한 리더십 정의가 있기 때문이다. 바스에 의하면 어떤 리더십 정의들은 리더십을 집단과정에 초점을 두고 있는 개념으로 파악하고 있다. 이 같은 시각으로 보면 리더는 집단 변화와 집단 활동의 중심에 위치하게 되고 집단의 의지를 통합하는 지위에 서게 된다. 또 다른 정의들은 리더십을 성격의 시각에서 개념화하고 있다. 리더십이란 다른 사람들로 하여금 과업을 완성하려는 노력(행동)을 유발하는 성격특성이나 그 밖의 특성들의 조합이다. 또 다른 리더십 정의에서는 리더십을 행위 혹은 행동, 즉, 집단 내의 변화를 도모하기 위해 리더가 취하는 행동이라고 정의하고 있다.

그 밖에 리더십을 리더와 구성원들 간의 권력관계로 보는 리더십 정의도 있다. 이 같은 관점에서 보면 리더는 권력(영향력)을 가지고 그것을 사용하여 다른 사람들의 행동변화에 영향을 미치는 사람이다. 또 다른 리더십 정의는 리더십을 목표달성의 수단으로 보고 리더는 집단성원을 도와 그들의 목표와 욕구를 성취·충족시키는 사람이라고 한다. 이 같은 리더십 개념은 비전설정, 역할모델, 개별적인 배려를 통해 구성원을 변화시키는 리더십 개념을 포괄하는 개념이다. 또한 어떤 학자들은 리더 역량의 시각에서 리더십을 연구하고 있다. 그 같은 시각은 '효과적인 리더십을 가능케 한 것'은 리더의 역량(지식과 능력)이라는 것을 강조하는 관점이다. 위의 개념을 구체적으로 살펴보면 다음과 같다. 폴 피고스는 지도자의 성격 특성(*personality traits*)에 근거를 두고 설명한 연구자는, "특정한 성격의 소유자가 공동의 문제를 추구하는 데 있어서 그의 의지, 감정 및 통찰력으로 다른 구성원을 이끌어 가고 다스리는 능력"을 리더십이라고 설명했다. 킴벨 영은, "타인의 행동을 통제 지휘 및 비판하는 능력"이라고 설명하기도 한다. 집단구성원의 목표와 자발적인 행동을 유도하는 데 리더가 발휘하는 영향력에 중점을 두는 기능이론으로, 알포드와 비틀리는 "기능적 리더십은 집단구성원에게 동기를 부여함으로써 자발적인 행동을 유발시켜 집단목표를 달성할 수 있게 하는 것"이라고 하였다. 조지 테리는 "조직의 공동목표 성취를 위하여 스스로 즐겨 행하도록 조직 구성원에게 영향력을 주는 행동"이라고 하였다. 리더가 처해 있는 당시의 상황에 주요 변수를 두고 분석하는 것을 상황이론이라고 한다. 이는 조직의 변화를 가져오는 조직상황에서 리더의 지식과 경험의 현명한 조화로 이루어진 지식자원을 특수한 상황에 실용적으로 적용하는 것을 의미한다. 즉, 이미 주어진 상황에 따라서 리더의 가치가 판단되고 지도자의 행동은 상황과 여건에 의해 결정된다는 것이다.

한편 리더십을 인간관계와 이의 상호작용의 측면에서 접근하는 이론에서, 스탠필드 사젠트가 "리더십은 집단의 어떤 특정 개인과 조직 구성원과 사회적 상호작용의 형태이며, 리더와 구성원과 역할 행동이다."라고 설명한다. 태넨바움은 "어떤 상황 속에서 커뮤니케이션의 과정을 통하여 특정한 목표를 달성하기 위하여 볼 수 있는 대인간(對人間)의 영향"이라고 설명하기도 한다. 위와 같이 리더십을 개념화하는 데는 여러 가지 다양한 정의가 존재한다.

그럼에도 불구하고 리더십 현상에는 그 중심이 되는 몇 가지 구성개념들이 있음을 알 수 있다. 즉, ① 리더십은 과정이다. ② 리더십 과정은 영향을 미치는 과정이다. ③ 리더십은 집단상황에서 일어나는 현상이다. ④ 리더십은 목표달성을 위한 과정이다. 이 같은 리더십의 구성개념을 기초로 하여 리더십을 정의하면 다음과 같다.

"리더십이란 공동목표를 달성하기 위하여 한 개인이 집단의 성원들에게 영향을 미치는 과정이다."

진정한 리더란

우리 사회에서 진정한 리더란 무엇인가와 리더십의 필요성이 논의된 지는 오래되었다. 지금도 리더십을 배우고자 하는 열기로 우리 사회가 달아오르고 있다. 진정한 리더와 리더십의 정의는 여전히 우리 사회에서 큰 논쟁거리로 자리 잡고 있다. 작게는 가정, 기업, 교육 현장의 리더십에서부터 크게는 국가를 경영하는 국가 지도자의 리더십에 이르기까지 우리 사회 전반은 리더십 부재에 당면해 있다. 많은 사람들이 서점에서 책을 사고 강연을 듣고 심지어 리더십 전문교육에 참여하는 등 리더십을 기르기 위해 고군분투하고 있다. 그럼에도 불구하고 우리 사회가 여전히 진정한 리더와 리더십을 찾아야 하는 이유는 어디에 있는

가? 그것은 아마도 리더십에 대한 올바른 인식이 부족하기 때문일 것이다. 또 체계적인 교육과 함께 지속적인 훈련이 좀 더 필요하기 때문일 것이다. 리더십은 단순한 처세술과 다르며, 임기응변의 기교나 화려한 기술의 테크닉과도 다르다.

"모든 문제는 리더십에서 시작된다"라는 말이 있다. 그것은 리더십의 중요성을 극명하게 보여주는 말이다. 개인의 문제나 가정, 기업, 사회, 국가의 문제에 이르기까지 모든 문제의 중심에는 리더십의 부재가 결정적인 역할을 한다. 리더십이 부족할 경우, 가정은 끊임없이 불화에 시달린다. 직원은 승진의 기회조차 갖지 못하고, 상사는 직원들에게 외면당한다. 또 경영자는 기업을 파탄으로 끌고 가며 정치 지도자는 언론의 도마 위에 오를뿐만 아니라 사회 통합을 방해하기까지 한다. 결국 리더십이란 조직의 최고 책임자 몇몇이 갖춰야 할 덕목이 아니라 현대를 사는 일반 사회인이라면 반드시 지녀야 할 인생 철학이자 성공하는 삶의 필수 요소가 되었다.

다양한 매체를 통해 수많은 사람들이 스스로 준비된 리더임을 자처하며 홍보하기에 여념이 없다. 과연 그들이 진정한 리더십과 지도자로서 자격을 갖추었는지에 대해서는 많은 의구심을 갖지 않을 수 없다. 그 이유는 그동안 진정한 리더로서 자질과 역할을 보여준 리더십 있는 리더가 부족했기 때문이다. 여기서 제시되는 것이 바로 '탁월한 리더의 필요성'이다. 진정한 리더는 어떻게 탄생하며 어떻게 현실에 대처해 나갈 수 있는가?

아직도 보스 수준의 리더에게 영도되고 있는 집단도 많다. 행동과학자 피고스 교수가 리더(LEADER)의 역할을 글자풀이로 설명한 것이 있다. L은 리슨(Listen : 잘 듣는다, 경청한다)의 뜻이고, E는 에듀케이트

(*Educate : 교육한다*) 또는 익스플레인(*Explain: 설명한다*)의 뜻이다. A는 어시스트(*Assist: 돕는다, 원조한다*)의 뜻이고 D는 디스커스(*Discuss: 토론한다, 상담한다*)의 뜻이다. E는 이밸류에이트(*Evaluate: 평가한다*)의 뜻이고 R은 리스폰드(*Respond: 대답하다 또는 책임을 진다*)의 뜻이다. 이 중에서 가장 중요한 것은 듣는다는 항목으로 리더는 자기가 하는 일의 70~80퍼센트를 듣는 일에 할애하라고 한다. 물론 듣는다는 것은 다른 사람의 말을 포함해 관련 부문이나 업계의 정보를 듣는 것도 포함된다. 듣는다는 것은 소통의 기반 자세이다. 현대의 열린 사회에서는 소통이 중요한 화두로 떠오르고 있다. 소통은 조직이나 사회를 참여와 통합의 길로 이끄는 요소이다. 따라서 리더는 소통의 자세를 가져야만 한다. 많이 듣는 것을 포함해서 리더(*LEADER*)의 글자가 갖는 의미를 음미해 보면 시사하는 바가 크다. 여기에서 잊지 말아야 할 것이 있다. 맹목적으로 대중의 의견을 따르고 좇는 사람이 되기보다는 그들보다 더 앞선 사람이 되어야 한다는 것이다. 결국 리더십은 타고나는 것이 아니라, 꾸준히 연마해야 비로소 자신의 것으로 만들 수 있다.

올바른 리더십은 가정, 기업, 사회, 나아가 국가를 효율적으로 이끌어가는 데 필요한 조건이다. 우리는 위대한 인물로 헬렌 켈러를 꼽는다. 그의 뒤에는 언제나 설리반 선생이 있었다. 설리반 선생의 훌륭한 리더십이 없었다면 헬렌 켈러는 우리의 기억 속에 길이 남지 못했을 것이다. 로살인 카터는 리더십에 대해 이렇게 말했다. "좋은 리더는 사람들이 가고 싶어 하는 곳으로 그들을 이끌어간다. 위대한 리더는 사람들이 절대로 가고 싶어 하지 않지만 꼭 가야 하는 곳으로 그들을 이끌어간다." 다른 사람을 긍정적인 방향으로 이끌어갈 수 있는 사람이 바로 진정한 리더이다. 오로지 혼자 앞서가는 것은 올바른 리더의 모습이 아니다. 다른 사람을 변화시켜 좋은 방향으로 이끌 수 있는 사람이 자신의 인생도 성공으로 이끌어 갈 수 있다는 것을 잊지 말아야 한다. 뛰어난 리더가 되기 위해서는 책임을 다해 일할 뿐만 아니라, 자신의 가치와 열정을 기꺼이 조직이나 사회에 투자할 수 있어야 한다.

리더와 영향력

우리는 사회 속에서 살아가면서 누군가를 만나 영향을 주거나 받는다. 전혀 모르는 사람이 아니면서도 항상 서로에게 영향을 주고 살아간다. 리더란 자신이 의도하든 그렇지 않든 다른 사람에게 영향력을 행사하는 사람이다. 인격이나 실력이 뛰어난 사람은 그렇지 못한 사람에게 영향력을 행사한다. 그 반대의 경우는 드물다. 영향력이라는 것은 흐르는 물과 같아서 높은 곳에서 낮은 곳으로 흐르지 거꾸로 흐르지는 않는다. 이는 자연의 법칙과도 흡사하다. 굳이 어떤 행동을 취하지 않아도 자연스럽게 따르게 되는 사람이 있다. 나아가 우리는 그 사람의 사상까지도 따르고자 하는 경향이 있다. 그런 사람이 바로 리더이다. 우리는 지금 누구에게서 영향을 받으며 살아가고 있는가? 우리는 친구, 동료, 선후배, 상사 등 많은 사람들과 어울려 살아가고 있다. 불행히도 우리 주위에서는 훌륭한 멘토를 찾아보기 힘들다. 기존의 기성세대들은 먹고 살기에 바빠서, 혹은 사회구조가 그래서 등의 이유로 멘토로서 역할에 충실하지 못한 것이 현실이다. 우리가 기성세대들을 대체할 멘토로 책을 선택하여 읽을 만큼 충분한 여유가 있는 것도 아니다. 우리 사회는 좋은 영향을 주고받을 멘토의 역할이 절실하다. 가정에서는 부모가 자녀와 대화 시간을 가질 수도 있고 학교에서 선생님께 지도를 받거나 직장에서 상사에게 도움을 받을 수도 있다. 중요한 것은 우리가 좋은 리더에게 영향을 받아야 한다는 것이다. 왜냐하면 누군가에게서 어떤 영향을 받고 있느냐는 한 사람의 인생을 좌우하기 때문이다.

만약 자신의 주위에 멘토로서 역할을 해줄 사람이 없다면 자기 스스로 그러한 사람이 되어 보는 것은 어떨까? 혹시 이미 당신은 그러한 사람이 아닌가? 혹시 사람들이 당신에게서 영향력을 받고 변화하고 있지는 않은가? 만약 그렇다면 당신은 이미 리더이다. 이제 남은 일은 사람들에게 긍정의 영향력을 행사할 수 있도록 부단한 노력을 기울이는 것뿐이다. 리더는 스스로를 변화시키고자 하는 노력, 나아가 다른 사람을 변화시키고자 하는 노력으로 자신을 갈고닦아 나아가는 사람이기 때문이다.

함께하는 리더

스스로 리더라고 자처하는 이들 중에는 독불장군처럼 혼자 행군하는 사람이 있다. 리더는 혼자 걷지 않는다. 리더십의 개념을 정의할 때 절대 빠지지 않는 요소가 바로 '사람들'이다. 리더는 혼자 되는 것이 아니다. 리더는 언제나 다른 사람들과 함께 한다. 다른 사람과 함께 일을 도모할 수 있다는 것도 대단한 능력 중에 하나이다. "한 사람이 꾸는 꿈은 단지 꿈이다. 그러나 만 명이 하나의 꿈을 꾸면 그것은 현실이다." 100~200만에 불과한 인구로 광활한 대륙을 점령하여 호령했던 몽골의 위대한 왕 칭기스 칸[6]이 한 말이다. 그는 역사상 가장 유명한 정복왕 가운데 한 사람이며, 유목민 부족들로 분산되어 있던 몽골을 통일하고 제위에 올라 몽골의 영토를 중국에서 아드리아 해까지 확장시켰다.

역사적 자료를 보건대 칭기스 칸은 다면적인 성품을 가지고 있었던 듯하다. 그는 뛰어난 체력, 강한 목표의식, 강철 같은 의지를 가지고 있었다. 고집이 센 사람이 아니었기 때문에 아내들이나 어머니를 포함한 모든 사람의 조언을 즐겨 들었다고 한다. 또 그는 평생 자신에게 충성할 사람들을 주위에 끌어모았다. 그리하여 그의 추종자들 중에는 동료 유목민뿐만 아니라 정착문화 세계에 사는 문화인들도 있었다. 칭기스 칸은 무엇보다도 적응력이 뛰어나고 배울 줄 아는 사람이었다. 함께하는 삶의 의미를 잘 깨우치고 있었던 것이다. 그는 소수의 인구만으로도 당시 인구 1~2억의 중국을 점령하였다. 그가 차지한 영토는 알렉산더[7], 나폴레옹[8], 히틀러[9]가 차지한 것보다 넓었다.

그는 유목민 부족을 모두 통일하였고, 수적 열세에도 불구하고 화레즘 샤나 금 같은 대제국을 정복하였다. 그러면서도 자신의 부족들을 피폐하게 만들지 않았다.

그는 아들인 오고타이[10]를 후계자로 선임했다. 다른 아들들이 오고타이의 말에 따르도록 세심한 배려를 하였으며, 오고타이에게 강성한 군대와 국가를 물려주었다. 칭기스 칸이 죽었을 때, 베이징에서부터 카스피 해에 이르는 광대한 지역이 몽골 제국[11]의 영토로 복속되었고, 그의 부장들은 페르시아[12]와 러시아[13]를 침공한다. 또한 그의 후계자들은 중국, 페르시아, 러시아의 대부분 지역에까지 세력의 판도를 넓혔다. 그들은 칭기스 칸이 미처 생각지 못했던 그들의 정복지역을 잘 조직된 제국으로 개편하는 일을 실행한다. 칭기스 칸은 파괴와 약탈을 자행했으나 그가 벌인 정복전은 몽골 제국의 출현을 처음으로 알렸다는 점에서 중요한 의미를 갖는다. 몽골 제국은 중세와 현대를 통틀어 가장 영토가 큰 제국이었다.

이처럼 함께하는 능력은 삶에 있어 시너지 효과를 생성한다. 시너지 효과를 쉽게 설명하면 다음과 같다. 시너지는 원래 전체적 효과에 기여하는 각 기능의 공동작용·협동을 뜻하는 말로 종합효과, 상승효과라 번역된다. 예를 들어 '1+1=2' 라는 수학적 진리가 있다고 한다면, 시너지 효과의 경우에는 '1+1=3' 일 수도 있고, '1+1=5' 일 수도 있다는 것이다. 즉, 한 사람의 능력에 다른 사람의 능력이 더해질 경우, 수학적인 정답이 나오는 것이 아니라 그 이상의 결과를 가져올 수도 있다는 것이다. 이 같은 시너지 효과는 리더가 다른 사람들과 함께할 때 발생한다.

현재 우리 사회구조는 서열화 되어 있고 과중한 스트레스가 만연해 있다. 내 곁에 있는 사람은 동료이기 이전에 경쟁관계에 있는 적인 것이다. 안타깝게도, 마음을 나누며 삶의 동반자로서 함께하기 이전에 서로 견제해야 하는 관계가 되어버린 것이다. 그것에 머물러서는 안 된다. 당신이 진정한 리더가 되기를 원한다면 함께하는 법을 배워야 한다. 내 옆에 있는 사람을 경쟁자가 아닌, 삶을 함께 꾸려나가야 할 동반자로 인식해야 한다. 리더의 삶은 단수가 아닌 복수의 삶이다. 함께하는 삶의 진정한 의미를 깨우칠 때에 당신은 진정한 리더가 될 수 있다.

리더와 자기확신

　우리 사회에는 여러 가지 문제들이 깔려 있다. 세대 간의 갈등, 정치 이념적 갈등, 남북 간의 정치적 문제, 대한민국의 교육 문제, 경제 문제, 소득의 불균형 문제, 환경 문제, 국가 간의 문제, 기후 문제, 질병의 문제 등이다. 리더는 이 같은 문제의 답을 찾는다. 답을 찾는 과정에서는 여러 다른 사람들의 의견을 경청한다. 앞에서 살펴보았듯 경청하는 능력은 리더의 가장 기본이 되는 능력이다. 일단 문제 해결의 방법을 찾은 다음에는 그것을 실현시켜 나갈 추진력이 필요하다. 여기에는 리더의 자기확신이 필요하다. 리더의 자기확신이란 지도자가 선택한 길을 말한다. 리더는 누가 뭐라 한다 해도 자신이 옳다고 여기는 것을 밀어붙일 힘이 있어야 한다. 물론 여기에는 전제 조건이 있다. 리더의 선택이 옳은 것이어야 한다는 것이다. 리더는 심사숙고를 거쳐 공동체의 길을 제시해야 한다. 가정이나 사회나 국가 등 어떤 공동체를 막론하고 문제가 없는 곳은 없다. 모든 공동체에는 항상 갈등과 위기가 존재한다. 리더는 그러한 문제들에 대한 답을 찾는 방법을 아는 사람이다. 조선시대 세종대왕[14]은 조선에 산적한 여러 문제들에 대한 해결책을 고심한 왕이었다. 주위의 여러 신하들을 통해 문제들에 대한 의견을 경청한 그는 해결책을 내어 놓았고 굳건히 그것을 실행에 옮겼다. 그는 재위기간 동안 유교정치의 기틀을 확립하고, 공법(貢法)을 시행하는 등 각종 제도를 정비해 조선 왕조의 기반을 굳건히 하였다. 또한 한글의 창제를 비롯하여 조선시대 문화의 융성에 이바지하고 과학기술을 크게 발전시키는 한편, 축적된 국력을 바탕으로 국토를 넓혔다. 세종대왕은 태종이 이룩한 왕권강화를 바탕으로 유교정치의 이상을 실현하기 위한 여러 정책을 시행하였다. 의정부15)의 권한을 제한하고 왕권을 강화하기 위해 태종 때 실시된 6조 직계제를 이어받아 국정을 직접 관장한다. 그 후 왕권이 안정되자 6조 직계제를 폐지하고 의정부서사제를 부활시킨다. 이는 집현전16)에서 성장한 많은 학자들이 의정부의 지나친 권력행사를 견제할 수 있었기에 가능하였다. 이와 아울러 세종대왕은 승정원의 기능을 강화해 실제적으로는 이를 통해 모든 정무를 통괄한다.

1420년 설치된 집현전은 젊고 유능한 학자들을 육성하는 동시에, 왕과 세자에 대한 학문적인 자문·교육과 각종 학술연구·서적편찬을 담당하는 기구였다. 성삼문17)·박팽년18)·하위지19)·신숙주20)·정인지21) 등 집현전을 통해 배출된 학자들은 유교이념에 입각한 정치와 문화를 확립하는 주역들이 되었다. 한편 세종대왕은 태조 이래의 억불숭유정책을 계승해 이를 정치이념이나 정치제도뿐만 아니라 사회윤리의 측면에까지 확대한다. ≪효행록≫22)·≪삼강행실도≫23)·≪주자가례≫24)를 간행·보급해 유교적인 사회질서의 확립을 위해 노력하였다. 세종 때에는 정치적·경제적 안정을 바탕으로 문화가 크게 융성한다. 집현전을 중심으로 이루어진 학문연구와 각종 편찬사업을 비롯하여 음악·미술 등 예술활동이 활발하였다. 특히 훈민정음의 완성과 반포는 이 시기 문화유산의 결정이라 할 만하다. 이 같은 세종대왕의 자기확신으로 조선은 역사 이래 최대의 부흥기를 맞이할 수 있었다. 이것이 시대가 안은 문제에 답을 할 수 있었던 리더인 세종대왕이 존경을 받는 이유이다. 이처럼 우리 시대의 문제에 답을 찾을 수 있는 사람이 이 나라의 지도자이다. 가장 중요한 것은 바로 당신이 이 땅에 해답을 제시하는 지도자가 되는 것이다.

세계인이 알아야 할 성웅 시크릿

이순신
리더십

제2장

–

역사적 관점의
리더십

신화적 리더십

고대인들은 어떤 사람을 리더라고 생각했을까? 그들은 리더를 타고난 사람이라고 생각한다. 리더란 하늘(우주)에서 내린 비범한 인물이라고 생각한다. 문학이나 인문학 등 각종 분야에서는 신화적인 요소를 더해서 리더를 타고난 사람이라고 표현한다. 고대국가인 고구려[25]의 건국신화를 예로 들어 살펴보자. 동명성왕[26] 신화는 고구려 건국신화 또는 동명왕의 이름을 따 주몽 신화라고도 한다. 주몽의 아버지는 천제인 해모수[27])였는데, 성 북쪽 웅심산 아래 청하에서 놀고 있는 하백[28])의 딸 유화와 인연을 맺고 하늘로 돌아간다. 이 일로 하여 유화는 하백에게 쫓겨나 우발수에 있다가 금와왕[29])에게 구출되고, 후에 해(日)에 잉태되어 1개의 알을 낳는데 이것이 주몽이다. 알은 상서롭지 못하다 하여 마구간과 깊은 산에 버려지지만 짐승들의 보호를 받고 태어나 어머니에게서 양육된다. 어려서부터 활을 잘 쏘아 주몽이라 불렸는데, 부여 왕의 태자들이 그의 능력을 시기하여 죽이려 하자 유화부인[30])은 주몽에게 남쪽으로 가 뜻있는 일을 하라고 한다.

주몽은 계략을 써서 왕실의 준마를 얻는다. 세 현우(賢友)가 함께 길을 떠나 엄체에 이르렀을 때, 그를 도우러 나타난 물고기와 자라들이 만든 다리를 밟고 강을 건너 추격병을 피한다. 주몽은 유화가 보낸 보리씨를 비둘기로부터 받고, 남쪽으로 내려와 경개가 좋은 곳에 왕도를 정해 나라 이름을 고구려라 한다. 비류국 송양왕과 언변 및 활쏘기 시합에서 크게 이겨 송양왕[31]의 영토를 빼앗고, 성곽과 궁실을 크게 짓는다. 재위 19년에는 부여에서 온 아들 유리[32]와 부러진 두 조각의 칼을 하나로 맞춰본 뒤 그를 자식으로 인정하고 태자로 삼는다.

주몽은 죽어 용산에 장사되었는데, 시호를 동명성왕이라 정한다.

신라의 건국신화로 박혁거세[33] 신화가 있다. 원래 신라가 자리한 서라벌 지역에는 여섯 개의 촌이 있어 육부촌이라 불렸다. 각 촌에는 촌장이 있어 대소사를 관장하였다. 6촌장들이 모인 화백회의[34]가 있어 만장일치제로 6촌 전체의 문제를 결정했다. 기원전 69년의 화백회의에서 6촌에는 임금이 없어 백성들이 법도를 모르니 임금을 추대하고 도읍을 세우자는 의견이 나왔다. 이에 6촌장들이 산에 올라 서라벌[35] 땅을 굽어보니 남산 기슭의 나정 우물가에 신비한 기운이 서려 있어 모두 그곳으로 갔다. 우물가에는 흰말이 있었는데 6촌장들이 나타나자 말은 하늘로 올라가 우물가에는 큰 알이 하나 놓여 있었다. 알에서 건장한 사내아이가 나왔는데 아이의 몸에서는 광채가 났다. 뭇 짐승들이 모여 춤을 추었으며 해와 달이 밝게 빛났다. 6촌장들은 아이의 이름을 박혁거세라 칭하고 왕으로 추대한다. 왕은 국호를 서라벌이라 하고 스스로를 거서간으로 정한다.

박혁거세가 왕으로 추대된 후 어느 날, 사량리의 알영 우물가에서 계룡이 나타나 겨드랑이로 여자아이를 낳았다. 여자아이는 얼굴이 아름답고 피부가 고왔지만, 입술에 닭의 부리가 달려 있어 보기 흉하였다. 사람들이 여자아이를 북쪽 시냇가로 데려가 씻기니 부리가 떨어지고 매우 고운 자태가 드러났다. 아이가 자라 13세가 되자 왕후로 추대되었다. 아이의 이름은 알영[36]이다. 사량리의 알영 우물가를 따서 이름을 지은 것이다. 삼국유사에서 박혁거세와 알영의 나이는 같으며, 나라 사람들이 박혁거세와 알영 부인을 '성인'이라고 부르며 크게 좋아하였다고 한다.

이처럼 신화 속의 리더들은 비범한 출생과 남다른 뛰어난 재능을 부여받은 인물로 그려지고 있다. 고대인들은 리더가 자신들과는 다른 하늘(우주)의 섭리로 태어난 위대한 인물이라고 생각한 것이다. 그들은 타고난 리더에게는 카리스마가 있다고 생각한다. 카리스마란 추종자들이 지도자가 갖추고 있다고 믿는 경외로운 속성이나 마력적인 힘, 또는 사람을 강하게 끌어당기는 인격적인 특성을 일컫는 말이다. 이는 종교지도자만이 아니라 세속적·정치적 지도자들에게서도 찾아볼 수 있다. 카리스마라는 말은 독일의 사회학자 막스 베버[37]에 의해 학술적인 용어로서 본격적으로 사용되기 시작한다. 베버는 그의 저서 ≪경제와 사회≫[38]에서 카리스마적 권위를 전통적·법률적 권위와 구별되는 형태의 권위로서 정식화했다. 이런 권위가 변형되는 과정을 '카리스마의 일상화'라고 표현하기도 한다. 일반적인 의미로는 대중적이고 사람을 끌어당기는 힘을 가진 사람들을 카리스마적이라고 하지만, 원래의 뜻에 의하면 예수[39]나 나폴레옹처럼 비범한 인물만을 카리스마적이라고 규정할 수 있다.

고대인들은 리더가 비범한 인물이라 생각했기에 많은 사람들이 이러한 카리스마를 흉내냈다. 이러한 현상은 현대에서도 마찬가지다. 많은 지도자들이 이런 카리스마적 리더를 흉내 내려고 하는 것을 적잖이 볼 수 있다. 그것은 어리석은 행동이다. 리더는 타고나는 것이 아니라 만들어지는 것이기 때문이다. 고대의 리더십이 일부 종교 지도자와 정치 지도자의 독단적 카리스마의 형태로 나타난 것에 비춰볼 때, 신화적 리더십은 인간의 헛된 믿음이 만들어낸 허구적인 리더상이라고 볼 수밖에 없다. 처음부터 결정지어진 것은 아무것도 없다. 당신이 진정한 리더가 되기를 꿈꾼다면 스스로를 부단히 담금질하여 노력해야 한다. 그것이 진정한 리더가 될 수 있는 길이다.

합리적 리더십

합리적 리더십이란 합리적으로 이성적인 사람이 리더가 되어야 한다는 가치관을 일컫는다. 합리적 리더십은 17세기 이후 종교개혁[40]과 산업혁명[41]의 토양 속에서 싹트기 시작한다. 서양의 종교개혁과 산업혁명으로 인간 사회는 많은 변화를 겪게 되었다. 사람들의 세계관이 신화적인 것에서 이성적인 것으로 변화함과 동시에 물질적으로도 풍요로워졌다. 이성이 모든 가치의 최우위에 서게 되자 사람들은 이성이라는 명목하에 무서울 것이 없어졌다. 결국 물질문명의 발달과 이성의 무분별함은 제1,2차 세계대전을 낳고야 말았다. 이런 비극의 역사 뒤에는 잘못된 리더들이 있었다. 독일의 아돌프 히틀러, 이탈리아의 베니토 무솔리니[42], 일본의 히로히토 천왕[43] 등이 권력을 흔들며 현대사회를 황폐화시켰다. 히틀러의 경우를 예로 들어 살펴보자. 히틀러는 제1차 세계대전[44]이 발발한 뒤 독일군에 자원 입대한다. 열렬한 독일민족주의자, 반유대주의자였던 그는 전쟁에서 패배하자 크게 낙담하였다. 이후 정치활동에 적극 참여한다.

그는 독일의 11월혁명[45]과 베르사유 조약[46]에 반대해, 반혁명 반유대주의 정당인 독일노동당(이후의 나치당)에 들어간다. 뛰어난 연설 솜씨로 당세를 넓혀나가 1921년에는 나치당 총서기가 된다. 1933년 1월 총리직에 오르고, 군부와 자본가의 지지로 이듬해 절대 권력자인 총통에 취임한다. 이미 전쟁을 결심했던 그는 1939년 9월 폴란드를 침공함으로써 제2차 세계대전[47]을 일으킨다. 그의 가혹한 점령정책과 유대인에 대한 반(反) 인류적인 범죄는 전 세계적에 나치 저항운동을 불러일으킨다. 독일에서 반 히틀러 세력은 극히 적었다. 그는 끝까지 전쟁을 수행했으나 결국 패배한다. 1945년 4월 30일 베를린의 총통 관저 지하에서 음독자살하고 만다. 이처럼 히틀러는 독일인들의 전폭적인 지지를 등에 업고 독재적인 리더십을 펼쳤다. 그의 잘못된 리더십 때문에 독일은 인류를 전쟁의 횡포 속으로 몰아넣었다. 물론 이 같은 비극을 막는데도 이성의 힘을 굳게 믿었던 리더들의 역할이 컸다. 아이젠하워[48]나 윈스턴 처칠[49] 같은 리더들이 바로 그들이다.

합리적이면서도 이성적인 사람이 리더가 되어야 한다. 세계는 제1, 2차 세계대전으로 산산이 무너지고 말았다. 그러자 사람들은 이 합리적인 세계에 대해 회의를 품기 시작한다.

변혁적 리더십

변혁적 리더십이란, 리더가 구성원과 함께 리더와 구성원 양자 모두의 동기유발 수준과 도덕 수준을 높이는 연결관계를 창조해 가는 과정을 가리키는 말이다. 이러한 변혁적 리더는 구성원의 동기와 욕구에 관심을 기울이며 구성원이 그들의 능력을 최대한 발휘할 수 있도록 도와주는 데 노력을 기울인다. 번즈는 마하트마 간디[50]를 변혁적 리더십의 고전적 사례로 지적하고 있다. 간디는 다양한 성향을 지닌 많은 남녀노소 서구의 많은 종파의 종교인과 인도의 거의 모든 정파로부터 애정과 충성을 받았다. 간디는 수많은 국민의 요구와 희망의 수준을 드높였으며, 그 과정에서 자기 자신을 변화시켜 나아갔다.

기업조직에서 볼 수 있는 변혁적 리더십의 예로는 보다 더 높은 수준의 공정성과 윤리성이 경영의 관행에 반영되도록 하기 위해 회사의 기업 가치관을 스스로 변화시키려고 시도하는 경영자를 들 수 있다. 이런 과정을 통해 경영자와 구성원 모두는 보다 더 강력하고 수준 높은 도덕성을 갖게 된다.

변혁적 리더들은 구성원에게 권한을 위임해 주고 변화과정에서 구성원의 능력을 키워 나가려고 한다. 리더는 구성원의 공익의식을 높이고 다른 사람들을 위하여 그들 자신의 이익을 초월할 수 있도록 하기 위해 노력한다. 그런데 변혁적 리더십에 대해서 몇 가지 비판적 관점이 존재한다. 변혁적 리더십이 선택된 엘리트의 것이고 반민주적이라는 주장이 첫 번째이다. 변혁적 리더들은 종종 변화를 창조하는 데 직접적인 역할을 하고 비전을 만들어내며 새로운 방향을 지향한다. 이 같은 점이 구성원과는 별개로 독립적인 행동을 하는 것처럼 보일 수 있다. 구성원의 필요를 고려하지 않는다는 인상을 주고 있기도 하다.

다음으로는 변혁적 리더십의 남용 가능성을 비판하고 있다. 변혁적 리더십은 사람들의 가치관을 변화시키고 새로운 비전으로 그들을 이끌어가는 것과 관련이 있다. 그 새로운 방향이 바람직하고 보다 긍정인지에 대한 결정은 누가 할 것인가? 새로운 비전이 더 좋은 비전이라는 것은 누가 결정하는가? 만약 리더가 구성원에게 가르치려는 가치관이 더 좋은 가치관이 아니라면, 만약 일련의 가치관이 종전의 가치관을 보완할 수 있는 것이 아니라면, 그 리더십은 다시금 도전을 받게 될 것이다.

대한민국을 포함하여 제3세계 국가[51]에서는 빠른 경제 성장의 후유증으로 밀어 붙이기식의 의사결정과 정권의 장기 독재를 낳게 되었다.

국민은 그들의 자유와 인권을 유린당했고 자연스레 민주화를 요구하는 목소리가 커지게 되면서 사회변화가 일어나기 시작한다. 1970,

80년대 우리나라도 마찬가지였다. 국민은 기존의 리더를 끌어내리고 새로운 리더를 옹립하기를 꿈꾸었다. 그 결과 과거의 기능적인 리더들은 변혁적인 리더들로 바뀌었다. 그리고 그들은 우리 사회에 많은 변화를 가져왔다. 앞에서 살펴보았듯이 변혁적 리더십에 대한 다양한 비판이 생겨나게 되었다. 변혁적 리더들은 그들이 옳다고 생각하는 방향으로 구성원들을 밀어붙였고 다양한 사회의 요구는 무시당하기에 이르렀다. 그것이 변혁적 리더들의 한계였다.

권한 부여형 리더십

현대사회는 포스트모더니즘52)이 풍미하고 있다. 포스트모더니즘이란 제2차 세계대전 후 권위주의적인 모더니즘에 대한 반발로 시작된다. 즉, 서구세계는 제2차 세계대전과 그 직후에 일어난 여러 가지 사건들 (유대인 대량학살53), 히로시마 원폭투하54), 생태계파괴55), 핵전쟁위협56) 등), 인간성을 위협하는 이러한 현상들에 대하여, 헬레니즘57) 철학자들이 구축한 서구세계의 지적 인식틀 안에 깊숙이 내재되어 있는 합리주의58) 이성론에 대해 회의를 품기 시작한다. 이후에 계속된 사회 문화적인 변화 역시 이러한 현상을 더욱 가속화 시켰으며 오늘날 흔히 얘기되는 후기산업사회59), 정보화사회60), 대량소비61) 사회라는 용어는 이런 새로운 질서를 다각적으로 표현한 것이다. 포스트모더니즘은 사회에도 많은 영향을 미쳐 여러 가지 현상을 빚어내기에 이르렀다. 예를 들면, 우리나라 국민이라면 모두가 군대에 입대해야 한다는 공동체 가치관에 반해서 양심적 병역의 문제로 군대에 입대하기를 거부하는 현상이 있다. 또 촛불시위로 대표되는 광장정치처럼 기존의 대통령이 가진 리더십과 통치방법에 반기를 들어 시위를 하는 것 등의 절대적 가치나 기준이 도전받는 현상을 말할 수 있다.

포스트모더니즘의 역기능적인 측면을 경고하는 우려의 목소리도 높아지고 있다. 포스트모더니즘에 대한 비판은 다양한 지적 측면에서 이루어지고 있으며, 대표적인 것으로 포스트모더니즘은 무의미하고 몽매주의를 양산시킨다는 것, 과학의 엄밀성을 침해한다는 것, 실질적 사회 발전에 도움을 주지 못한다는 것 등이 있다. 즉, 포스트모더니즘의 해체주의[62]가 주체성을 해체함으로써 주체마저 사라져 사회적 저항의 구심점이 사라졌다고 비판하는 것이다. 포스트모더니즘의 시대에는 절대적 리더란 존재하지 않는다. 자신과 함께하는 사람들이 전문적인 영역에서는 리더보다 뛰어나다는 것을 인정하고 그들에게 권한과 책임을 동시에 부여해야 한다. 그래서 공동체가 모두 리더의 역할을 해야 한다.

이 시대가 요구하는 리더는 그 진실성과 감성, 그리고 실력을 갖춘 사람이다. 진실성과 실력이 조화를 이루어 사람들을 감동시킬 수 있는 훌륭한 인격의 리더가 필요하다.

세계인이 알아야 할 성웅 시크릿

이순신
리더십

제3장

-

현 시대에 필요한
리더십

원칙중심의 리더십

세계적으로 존경받는 리더십 권위자이자 가족공동체 전문가이며, 교사, 조직 컨설턴트, 저술가인 스티븐 코비는 그의 책에서 원칙중심의 리더십에 대해 강조한다.

"원칙 중심의 삶은 변화나 주위 사람들과 비교 또는 비판에 흔들리지 않는 충분한 안정감을 가져다준다. 이는 자신의 사명을 발견하고, 역할을 규정하고, 스스로 자신의 인생 각본과 목표를 쓸 수 있도록 지침을 제공하며, 자신의 실수로부터 배우고, 지속적으로 개선을 추구하는 지혜를 갖게 한다. 원칙 중심의 생활은 스트레스와 피로 속에서도 남들과 의사소통을 하고 협조할 수 있는 역량을 갖게 한다."

그는 존경받는 내면의 힘과 진정한 리더십을 얻기 위해서는 원칙을 삶의 중심에 놓아야 한다고 말한다. 원칙은 실패하지 않으며, 우리를 내팽개치고 다른 곳으로 가 버리지도 않기 때문이다. 원칙 중심의 삶이야말로 혼돈과 변화의 급물살 속에서 흔들리는 우리에게, 삶을 제대로 세울 수 있는 가장 안정적인 기초가 되어 주기 때문이다. 물리적 세계를 지배하는 원칙이 있듯 인간세계를 지배하는 원칙도 있다.

원칙이란 지난 수세기 동안 모든 위대한 사회와 문명에 걸쳐 점진적으로 전해져 내려온 자연법칙이자, 지배적인 사회가치이다. 리더들에게는 원칙이 있어야 한다. 그들의 행동 하나하나는 원칙의 기반 위에서 이루어져야 한다. 리더가 자신의 안위나 이익을 위해 권력을 남용한다면 그 공동체는 산산이 부서질 수밖에 없다. 설사 원칙에 따르는 것이 리더 자신에게 불리하더라도 원칙에 따라 움직여야 한다. 원칙은 리더가 바뀌더라도 변하지 않는 것이라야 한다. 최소한의 원칙을 정하고 그것을 지키고자 노력하는 것이 진정한 리더의 모습이다. 원칙을 만들어라. 그리고 지켜나가라. 그러면 당신은 진정한 리더가 될 수 있다.

도덕적 리더십

많은 사람들이 리더십 훈련 프로그램을 통해 리더십을 함양하고자 한다. 대부분의 리더십 훈련 프로그램에서는 진정한 리더십이란 것을 어떻게 하면 돈을 많이 벌고, 어떻게 성공할 것인가에 관한 것으로 가르치는 경우가 많다. 자연히 사람들은 리더십을 갖춘 리더란 대중의 사랑을 먹고사는 스타 중에 한 사람쯤으로 오해하기도 한다. 지금 이 시대의 대한민국에 필요한 지도자는 도덕적 지도자이다.

새로운 시대는 도덕성을 갖춘 사람이 능력을 평가받을 것이다. 많은 기성세대가 그렇게 살지 못했기 때문이다. 세계로 뻗어가는 선진국이 되기 위해서는 도덕성이라는 산을 넘어야 한다. 과거 우리나라는 빠른 시간 안에 고도의 경제성장을 이룬 것을 자랑스러워하였다. 그 경제성장이라는 명분 뒤에는 부정부패라는 어둠의 그늘이 드리워져 있었다. 이것은 지금의 우리나라에서도 마찬가지다. 가장 먼저, 여러 가지 이유로 묵인되는 부정부패를 척결해야 한다. 세계 모든 국가, 모든 사회를 통틀어 가장 기본이 되는 것은 도덕성이다. 그 나라의 경쟁력을 가늠할 수 있는 척도는 도덕적 리더를 가졌느냐 하는 것이다. 그 사회가 발전한 사회일수록 더욱 높은 수준의 도덕성이 요구된다. 도덕적 리더를 가진 사회는 그만큼 더 큰 발전을 이룩할 수 있다.

그러면 도덕적 리더들이 가져야 할 정신은 무엇일까? 바로 노블레스 오블리주[63] 정신이다. 노블레스 오블리주란 프랑스어로 "귀족성은 의무를 갖는다"라는 것을 의미한다. 보통 부와 권력, 명성은 사회에 대한 책임과 함께해야 한다는 의미로 쓰인다. 즉, 노블레스 오블리주는 사회지도층에게 사회에 대한 책임이나 국민의 의무를 모범적으로 실천하는 높은 도덕성을 요구하는 단어이다. 하지만 이 말은 사회지도층들이 국민의 의무를 실천하지 않는 문제를 비판하는 부정적인 의미로 쓰이기도 한다.

"고귀하게 태어난 사람은 고귀하게 행동해야 한다."

노블레스 오블리주는 과거 로마제국[64] 귀족의 불문율이었다. 로마 귀족은 자신들이 노예와 다른 점은 단순히 신분이 다르다는 게 아니라, 사회적 의무를 실천할 수 있다는 사실이라고 생각할 만큼 노블레스 오블리주 실천에 대해 자부심을 갖고 있었다.

초기 로마공화정[65]의 귀족들은 솔선하여 명장 한니발[66]의 카르타고[67]와 벌인 포에니 전쟁[68]에 참여하였고, 16년간의 제2차 포에니 전쟁 중에는 13명의 집정관[69]이 전사하였다. 집정관은 선거를 통해 선출된 고위공직자로, 귀족계급을 대표하며 로마의 관리 중에서 가장 높은 관직이었다. 또한 로마에서는 병역의무를 실천하지 않은 사람은 호민관[70]이나 집정관 등의 고위공직자가 될 수 없었을 만큼 노블레스 오블리주 실천이 당연하게 여겨졌다.

고대 로마에서는 자신의 재산을 들여 공공시설을 신축하거나 개보수한 귀족에 대해서 "아무개 건물", "아무개가 이 도로를 보수하다" 이런 식으로 귀족의 이름을 붙여주었는데, 귀족들은 이를 최고의 영광으로 생각하였다. 또한 법을 제안한 정치인의 이름을 따서 법의 이름을 만들었다. 고대 로마의 부자들은 자신의 재산을 군자금으로 기부하였는데, 실제로 제1차 포에니 전쟁 당시 로마에서는 군선 200척을 건조하여 전쟁을 승리로 이끌기도 하였다. 지배계급인 로마의 귀족들이 사회적인 의무를 충실하게 실천하는 전통은 로마사회의 통합을 이루었으며, 나라에서도 장려책을 사용해 적극적인 참여를 이끌어 내었다.

고대 로마의 노블레스 오블리주 전통은 미국에도 전승되었다. 미국 법령에 제안자의 이름을 넣어 '매케인-파인골드법[71]' 같이 법률 명칭을 부르고, 철강왕 앤드류 카네기[72]가 세운 카네기멜론 대학교, 은행가 존스 홉킨스[73]가 세운 존스 홉킨스 대학교 식으로 설립자의 이름을 붙인 대학 등이 현재 미국에 존재한다. 미국은 로마와 같이 상업주의를 추구하며, 법률이 매우 발달해 있으며, 전 세계적인 영향력을 가졌다는 점에서도 고대 로마와 매우 닮았다. 원로원과 민회로 구성된 고대 로마의 정치제도도 하원과 상원으로 모방하고 있다. 영국의 전통 있는 학교인 이튼 칼리지[74]의 학생들은 제1차 세계대전 당시 참전하여 전사한다. 학교에서는 전사자들의 이름을 기록한 기념비를 제작하였다. 독일 귀족이 공군 조종사로 참전한 사례도 있는데, 비행기가 격추되어 탈출한 적을 사살하지 않아서 영국군 조종사들도 그의 전사를 애석하게 여겼다.

즉, 유럽의 지식인과 귀족은 사회적 의무인 병역의무를 실천하는 것을 당연하게 여겼다. 현재 영국의 여왕인 엘리자베스 2세[75]는 1945년 조국을 위해 봉사하고 싶다며, 아버지 조지 6세의 허락을 얻어 또래 소녀들이 봉사하고 있는 영국 여자 국방군의 구호품 전달 서비스부서에서 군복무를 하기도 하였다.

한국에서는 사회 저명인사나 소위 상류계층의 병역기피가 매우 오래된 병폐로 잔존하고 있다. 정훈이라고 하여, 군인 정신교육에서 노

블레스 오블리주를 매우 강조하고 있으나 고대 로마와 로마를 따라
하는 미국처럼, 법률 명칭이나 공공시설 명칭 등에 귀족의 이름을 붙
여서 혜택을 부여하거나 해서, 귀족계층 내부의 유행을 일으키지는 못
하고 있다.

하지만 한국에서도 조선 정조[76] 당시 흉년으로 인한 기근으로 식량
난에 허덕이던 제주도 사람들을 위해 전 재산으로 쌀을 사서 분배한
거상 김만덕[77], 군수업으로 번 막대한 재산을 독립운동에 대부분 사
용한 최재형[78], 집안의 노비를 해방하고 민족적 자립을 위한 무장투쟁
의 선봉에 서는 동시에 국가의 미래를 위한 교육사업도 활발히 펼친
김좌진[79], 백리 안에 굶는 이가 없게 하라는 신념을 사회복지로 실천
하여 민중들의 생존권 투쟁이 치열했던 19세기에도 화를 입지 않은 경
주 최부잣집[80]처럼 노블레스 오블리주를 실천한 역사적 사례가 있다.

현재 우리나라에서 기증자의 이름을 붙인 유명한 공공시설로는 김
대중 대통령[81]의 이름을 딴 김대중 도서관[82]이 있다. 유한양행 설립자
유일한[83]도 노블레스 오블리주를 실천한 사람이다. 그는 미국에서 숙
주나물 통조림을 생산하는 라초이 회사를 운영할 당시 녹두를 공급
하던 중국 상인이 탈세하는 것을 보고 충격받았다. 그래서 유한양행
을 설립한 뒤 도덕적 해이를 경계하여 정경유착, 탈세, 마약생산을 절
대로 하지 않았으며, 주식회사 체제로 경영하여 사원들이 경영에 참여
하도록 한다. 이렇게 번 돈으로 유일한은 유한공업고등학교를 설립하
였다.

섬김의 리더십

　진정한 리더는 아무나 될 수 없다. 진정한 리더가 되기 위해서는 '섬긴다'는 의미를 자기 안에 내재시켜야 한다. 리더는 이끌어야 한다는 기존 관념을 뛰어넘어 먼저 섬겨야 한다. 섬김의 리더십은 자신을 내세우지 않고 봉사와 헌신으로 남을 존중하면서 자연스럽게 권위를 얻는 리더십을 말한다. 무작정 끌고 가는 것이 아니라 따라오게 만드는 힘이라고 할 수 있다. 조직 위에 군림하는 리더십이 아닌 조직 내부에서 자발적으로 형성되는 리더십, 조직원들에게 동기를 부여하고 그들의 성공을 지원하는 데 역점을 두는 '서비스형 리더십'의 전형이다. 섬김의 리더십에서는 '동기부여 능력'을 최고로 꼽는다. 상사가 부하에게, 부하가 상사에게 내리는 일방통행(명령)이 아닌 상호작용이 이뤄지는 조직문화를 만들어 가는 것이 섬김의 리더십이다.

　삼성경제연구소[84)]에서는 다음과 같이 섬김의 리더십의 요소를 설명한다.

1. 경청하는 자세

　섬기는 리더는 말로 표현된 것이나 그렇지 못한 것 모두에 귀를 기울인다. 묵상의 시간과 짝을 이루는 경청은 섬기는 리더를 바르게 성장시키는데 필수적이다.

2. 공감하는 자세

　섬기는 리더는 타인을 이해하고 그들과 공감하기 위해 노력한다. 사람들이 갖고 있는 각자의 독특하고 특별한 모습은 누구나 인정받아야만 한다. 섬기는 리더는 이런 각자의 독특한 특성을 인정하고 공감하는 자세를 가지고 사람들을 대한다.

3. 치유에 대한 관심

많은 사람들은 낙담한 영혼을 가지고 있으며 다양한 감정적 상처로 인해 고통받고 있다. 섬기는 리더가 보여주는 가장 강력한 영향력 가운데 하나는 사람들이 갖고 있는 상처와 고통의 치유에 관심을 갖고 있다는 것이다.

4. 섬김

섬기는 리더는 무작정 섬기지 않는다는 점에서 종(*servant*)과 다르다. 섬기는 리더가 보여주는 결정과 태도는 그의 분명한 인식을 통해 나타나는 것이다.

5. 설득

섬기는 리더가 갖는 또 다른 특징은 지위의 권위에 의존하기보다는 설득에 의존한다는 점이다. 즉, 순종을 강요하기보다는 타인을 납득시킨다. 이는 전통적인 권위주의적 모델과 섬기는 리더를 구분 짓는 확실한 차이점이다.

6. 폭넓은 사고

전통적인 리더는 단기적인 목표를 성취하기 위해 에너지를 소진한다. 섬기는 리더는 좀 더 폭넓은 사고를 통해 미래에 대한 비전을 가지고 현실에 적합한 조치를 취하기 위해 노력한다.

7. 통찰력

섬기는 리더는 자신이 갖고 있는 통찰력을 통하여 사람들에게 과거로부터의 교훈을 이해할 수 있도록 돕는다. 그 결과 그들로 하여금 현실을 제대로 인식하게 하며 어떤 결정으로 인해 수반될 수 있는 미래의 결과에 대한 예측을 가능케 한다.

8. 청지기 의식

섬기는 리더는 자신이 다른 사람들을 섬기기 위해 현재의 직분을 맡고 있다고 생각한다. 따라서 그들에게 있어서 최우선적인 일은 다른 사람들을 위한 헌신이다. 다른 사람을 위해 통제보다는 개방과 설득이라는 방법을 주로 사용한다.

9. 사람의 성장에 대한 헌신

섬기는 리더는 사람들이 일하는 부분만큼 실제적인 기여를 넘어서서 본질적인 가치를 갖는다고 믿는다. 따라서 모든 구성원들이 제시한 아이디어의 제안들에 대해 관심을 표현하거나 의사결정 과정에 직원의 개입을 적극 권장한다.

10. 공동체 형성

섬기는 리더는 조직 안에서 일하는 사람들 사이에 공동체 의식을 형성할 수 있는 수단을 찾기 위해 노력한다. 참다운 공동체란 직장에서 일하는 사람들 사이에서도 형성될 수 있다고 생각한다.

그렇다면 생각해보자. 과연 리더를 위해 공동체가 존재하는가, 아니면 공동체를 위해 리더가 존재하는가? 물론 리더는 공동체를 위해 존재한다. 지금까지 우리는 리더십이란 리더를 위해 다른 사람들이 존재하는 것이라 생각해왔다. 이러한 오류에서 발상의 전환을 요구하는 리더십이 바로 섬김의 리더십인 것이다. 이는 곧, 리더는 공동체를 위해 존재해야 한다는 것이다.

섬김의 리더십을 몸소 실천했던 인물로 테레사 수녀[85]를 들 수 있다. 열성적인 카톨릭 신자였던 부모님의 영향으로 어려서부터 교회를 열심히 다니며 교리 공부를 열심히 했던 테레사는 선교활동에 관심을 갖고 1928년 로레토 성모 수녀회에 들어갔다. 수녀회에서 학생을 가르치다가 인도의 캘커타 빈민가에서 가난한 사람 중에서도 가장 가난한 사람들에게 자신을 헌신하려는 열망으로 사랑의 선교회를 열고 집을 마련하였다. 나환자들이 자립해서 살 수 있게 도와주는 재활 센터를 마련하기도 했고, 빈민굴에서 부모를 잃고 고생하고 있는 고아들을 데려다가 돌보기도 했다. 세계 곳곳에 분원을 설치하여 가난으로 고생하는 사람을 돌보는가 하면, 걸프 전쟁이 일어났을 때는 조지 대통령과 후세인 대통령을 찾아가 전쟁을 중지시키도록 호소하기도 하였다. 또한 전쟁이 일어난 지역이 있으면 그곳으로 달려가 부상자를 돌보았다. 몸과 마음에 상처를 입는 사람들을 위해 자기를 희생해 온 마더 테레사는 1949년 받은 노벨 평화상[86] 외에도 수많은 상을 받았다. 그렇지만 테레사의 정신과 활동은 이 세상에 있는 그 어떤 상으로도 평가할 수 없다. 1997년 죽기 전까지 심장병과 말라리아[87]에 걸려 고생하면서도 자선 활동을 멈추지 않았다. 그녀는 성공과 실패를 떠나 섬김의 리더십을 몸소 실천함으로써 많은 사람들에게 존경을 받고 있다.

우리들의 머릿속에서는 리더와 섬김이라는 단어의 조화가 어색할지도 모른다. 리더가 구성원들을 향해 머리를 숙일 때 우리는 무한한 감동을 받게 된다. 리더는 다른 사람들 위에 군림하는 사람이 아니다. 언제나 약한 자들과 함께했고, 죄인들과 함께 자신의 능력을 나누었으며, 마지막까지 제자들의 발을 닦아주면서 스스로 섬김의 모습을 보이셨던 예수의 리더십처럼 우리는 섬기는 사람이 되어야 한다. 진정한 리더가 되기를 원한다면 다른 사람을 섬기는 마음부터 갖추어야 한다. 섬김을 실천하는 리더가 더 많은 사람에게 영향을 미친다. 지금 당장 효과가 나타나지 않는다 해도 그 영향력은 무시할 수 없다. 진정한 지도자가 되기 위해서는 섬김을 통해 다른 사람에게 행복함을 나누어 주어야 한다. 지금 저 밖에는 당신의 섬김을 필요로 하는 사람들이 있다. 자, 시작해보자.

소통의 리더십

열린 사회의 화두는 단연 소통이다. 지금 우리 시대의 패러다임은 통제에서 개방으로 변화하고 있다. 이렇게 변화한 패러다임은 새로운 리더십을 원한다. 그 중심에 바로 소통의 리더십이 있다. 소통의 리더십의 기본 원칙은 진정성과 투명성으로 명령과 통제를 포기하고 구성원들과 소통하고 공유해 참여와 화합을 이끌어내는 것이다. 소통의 리더는 낙관주의와 협업주의라는 개념을 통해 강력한 역할이 아닌 부드러운 촉매로서 조직의 소통과 성취를 돕는다. 소통의 리더는 리더십이 누구에게나 있는 특성이라 믿으며, 의사결정에 있어 조직 내·외부를 참여시키고 참여를 이끌어 신뢰를 독려한다. 정치·경제·사회·문화할 것 없이 모든 분야에서 소통은 이미 필요하다.

2008년 미국 대통령 선거 때 버락 오바마[88]의 선거 운동은 소통의 힘을 보여주는 좋은 사례다. 오바마 캠프는 처음부터 소셜을 염두에 두고 전략을 세웠는데, 선거의 마스터플랜을 대중에 공개해 시작부터 마지막까지 소통한다. 심지어는 선거 자금이 어떤 방식으로 사용되는지도 공유한다. 오바마의 인지도가 상대적으로 낮았기 때문에 오바마 캠프는 유권자들에게 인간 오바마를 알리는 게 중요하다고 생각하였다. 그래서 트위터·페이스북·마이스페이스 같은 소셜 테크놀로지를 활용해 선거 분위기가 개인적인 공간으로까지 확대될 수 있도록 유도했다. 선거 운동의 핵심 가치는 존중과 겸손이었다. 오바마 캠프는 끊임없이 유권자 개개인들과 소통했으며 선거에서 한 번도 시도하지 않았던 방법으로 유권자들의 마음을 움직였다. 자신의 트위터 프로필 사진을 오바마 얼굴로 올린 사람들이 늘어났고, 어떤 사람들은 오바마 캠프의 웹사이트 주소인 마이버락오바마닷컴(*MyBarackObama.com*)을 프로필에 링크해 모금 운동을 벌이기도 했다. 또 몇몇은 재미있는 UCC(*User Created Contents*) 동영상을 만들어 유튜브에 올리기도 했다. 오바마의 캠프는 소셜 테크놀로지라는 소통의 도구를 활용하는 것을 넘어, 그동안 정치에서 소외됐던 사람들을 기꺼이 앞장세움으로써 과거에는 존재하지 않았던 새로운 관계를 만들어냈다. 같은 비전과 목표를 가진 사람들의 광범위한 소통과 참여가 결국 오바마를 당선시킨 것이다.

소통의 리더십의 예는 우리나라에도 있다. 바로 세종대왕이다. 세종대왕은 마음을 얻는 것을 리더십의 첫째로 내세웠던 왕이었다. 조선 왕조 500년 동안 27대 왕을 거치면서 세종대왕 만큼 훌륭한 업적을 많이 남긴 왕은 드물 것이다. 세종대왕은 정치, 문화, 사회, 과학 등 여러 분야에서 일대 혁신을 일으켜 황금시대를 열었다. 재위 31년 6개월 동안 어떻게 하면 백성들이 편하게 잘 살수 있는가를 위한 리더십을 보여주었다.

먼저 세종대왕은 자신부터 다스리는 것을 소통의 기본 단계로 여겼다. 리더의 절제와 희생은 신뢰를 낳는다. 신뢰는 마음을 얻는 것이다.

사적 조직도 그렇지만 공적인 영역에서 지위가 높을수록 그 지위의 기반은 사람들의 마음을 얻는 데 있다. 곧, 정당성과 권위를 확보할 수 있다. 이 사실을 세종대왕은 잘 알고 있었다. 과거에도 군주들과 신하들이 자신의 몸과 마음을 정결하게 반성하고 성찰하면서 내면의 목소리에 귀를 기울이고 공공 직무에 임했는데, 세종대왕은 그 정도가 더욱 강하였다. 백성에게 닥치는 좋지 않은 일과 정책 실패의 원인을 다른 데 돌리지 않고, 스스로에게 두면서 책임을 다하는 모습은 신뢰를 주기에 충분하였다. 자신의 진정한 마음에 걸리는 일은 하지 않았다. 자신은 물론 자신의 세력을 위해서 정치와 국정 운영을 하지 않았다. 더구나 세종대왕은 자신의 몸에 많은 병이 있음에도 백성을 위한 군주의 업무를 허투로 하지 않았다. 철저한 자기 희생에 바탕을 둔 리더십이었다. 무엇보다 정책 실행과 정책 목표를 달성하는 데 이는 매우 중요하게 작용했다. 정책의 결정, 집행자를 믿지 못하면 정책 저항이 일어나 아무리 좋은 정책 방안도 현실에서 실현될 수 없기 때문이다. 자신이 깨끗해야 백성에게 믿음을 주고 국정을 운영할 수 있다는 사실을 세종대왕은 너무 잘 알고 있었다.

다음으로 세종대왕은 백성을 가장 우선시 하고 그들과 소통하는 것에 역점을 두었다. 마음이 통하면 만사가 통한다. 무엇보다 세종대왕은 사람과 생명을 우선시 했다. 사람을 해치고 생명을 파괴하는 의사결정은 아무리 효율성이 높아도 뒤로 미루었다. 국정 책무에서 부자와 권력자가 아니라 힘없는 사회적 약자를 우선순위에 두었다. 나라의 구성원은 대부분 빈곤하고, 힘없는 사람이다. 부모 없는 어린이는 무조건 살리고 보양하게 하며, 출산 휴가 제도를 마련하고 노인복지제도를 신분에 관계없이 실시하였다. 그들을 위한 정책을 1순위에 올렸다. 부자와 기득권을 위한 부역, 세법이나 육기법 등은 폐하게 했다. 여기에서 중요한 것은 사람들은 자신을 위한 리더인지 아닌지를 즉각적으로 안다는 점이다. 만약 그 심성이 불순하다면, 즉각 사람들은 마음을 거둔다. 세종대왕은 자신의 진정성을 유지하려 노력하였고, 솔직하게 밝히고 이해를 구하였다. 은폐하고 숨기면 스스로 고통스러워하였다. 진실하지 않으면 백성은 물론 하늘이 벌을 내린다고 여겼다. 하늘이 곧 백성이니 당연하게 받아들였던 것이다. 공권력과 군사의 뒤에 숨지 않고 세종대왕은 마음을 얻기 위해 끊임없이 귀를 열고 들으려고 하였다. 이 가운데 사람들의 입을 열어두게 하고 토론과 대화, 여론 수렴이 끊임없이 이루어지도록 했다. 그렇지 않으면 죄를 짓는 것으로 여겨 괴로워하기도 하였고, 아예 곡기를 끊고 근신에 들어가면서 오래도록 스스로 회개했다. 그것이 세종대왕의 일상이었다. 리더에게 가장 중요한 것은 능력이나 카리스마, 조직 장악력, 비전, 목표 달성력, 네트워크 능력[89]이 아니라는 점을 세종대왕을 통해 알 수 있다. 세종대왕에게는 사람의 마음을 얻는 것이 제일 중요하였다. 그것은 인위적으로 몇 가지 보상과 유인책으로 얻어지는 것이 아니다. 끊임없는 대화와 노력으로 소통하려고 할 때, 그들의 마음을 얻을 수가 있는 것이다. 이것이 바로 소통의 리더십이다. 소통의 리더십을 통해 자신을 절제하고 자신의 이익이 아니라 공공의 이익을 위해서 마음을 다하는 리더가 성공한다는 사실을 세종대왕이 보여준다.

통섭 리더십

반기문 유엔사무총장[90]은 어릴 때부터 공부에 대한 열정이 차고도 넘쳤다고 한다. 새로운 지식을 추구하는 지적 호기심이 높아 밤새워 책을 읽었고 영어 단어를 10번이고 20번이고 완전히 외울 때까지 암기하는 끈기를 발휘하기도 하였다. 그는 중학교 시절에는 영어에 미쳤고 고등학교 때부터 외교관의 꿈을 키워 나갔다.

서울대학교 외교학과에 입학하면서 그 꿈은 더욱 구체화되었다. 졸업과 동시에 외무고시 3기에 차석으로 합격한다. 그의 근면하고 성실한 성품은, 스스로를 일이 주어지기 전에 알아서 먼저 하는 솔선수범형 인간으로 변모시켰다. 이는 인사고과에서 높은 평가를 받아 초고속 승진을 거듭해 외교부의 전설이 되었다. 이어 대한민국 외교통상부 장관을 거쳐 운명처럼 유엔 사무총장으로 당선되기에 이른다. 반기문 사무총장은 청소년 때부터 적십자에서 봉사활동을 하며 남을 섬기는 태도가 몸에 배어 있었다. 그는 외교통상부 장관 시절에도 고아원 및 장애인 자활원 등을 방문해 봉사를 하곤 했는데, 모두가 가장 꺼리는 목욕 봉사를 자원, 하루 종일 전혀 싫은 내색 없이 웃는 얼굴로 마쳤다는 일화는 특히 유명하다. 이처럼 남을 배려하고 공감하고 이해하고 사랑으로 포용하는, 청소년 시절부터 몸에 밴 섬김의 리더십이라는 브랜드 파워는 그를 국제 분쟁을 중재하는 기관인 UN의 사무총장이 되게 만들었다. 또 그 역할도 훌륭하게 소화해 낼 수 있도록 했으며, 이를 지켜본 세계인들은 다시 한 번 그 자리를 내주었다.

반 사무총장의 리더십은 타인에 대한 존중을 바탕으로 타인의 욕구를 충족시키고 공공의 이익을 위해 매진할 수 있도록 영향력을 발휘하는 '통섭'의 힘으로 규정할 수 있다. 사람은 누구나 존경받고 인정받고 사랑받고 싶어 한다. 하지만 타인을 존중하고 사랑을 베풂으로써 통섭(Consilience)하는 것은 그리 쉬운 일이 아니다. 또 사람이 다른 사람들의 지지와 도움을 얻는 사회적 영향의 과정이 리더십이라고 할 때, 그 리더십은 선천적으로 타고나는 것이 아니다. 교육과 훈련으로 충분히 계발할 수 있는 것이다. 그렇기에 통섭의 리더십 또한 교육과 훈련으로 계발할 수 있다.

그렇다면 어떻게 해야 모든 사람을 통합하고 포용할 수 있는 통섭의 리더십을 발휘할 수 있을까?

첫째, 타인을 이해와 협상으로 감싸 안으며 공감적 경청을 해야 한다. 사람은 누구나 자기중심적으로 생각하고 판단한다. 지구 저 편에서 일어나는 대학살이나 기근보다 내 눈에 들어간 티끌 하나가 더 고통스러운 법이다. 타인의 아픔을 공유하고 공감적으로 경청하는 리더만이 구성원의 마음을 움직여 한 방향으로 나갈 수 있다.

둘째, 모든 구성원을 포용하는 넓은 마음을 가져야 한다. 어느 구성원이든 어떤 상황에서든 어느 곳에서나 갈등은 존재한다. 아무리 완벽한 구성원이라 할지라도 갈등은 존재하는 법이다. 더불어 나에게 거침없이 독설을 퍼붓고 비판, 비난을 가하는 반대자가 존재하기 마련이다. 사사건건 아무런 이유 없이 저항하는 세력들도 존재한다. 하지만 이런 모든 것을 포용하는 넓은 마음을 가져야 한다는 것을 기억해야 한다.

셋째, 봉사와 희생이 전제돼야 한다. 통섭 리더십의 권위는 봉사와 희생에 근거한다고 할 수 있다. 영향력과 권위가 때로는 타인에 대한 봉사와 희생으로부터 형성된다는 것을 이해해야 한다. 우리가 남을 위해 봉사하거나 희생하는 순간 권위를 형성한다는 것임을 간과하는 사람들이 많다. 타인을 이해하고 협상하고 포용하고 사랑하는 리더십은 21세기 리더가 갖추어야 할 최고의 덕목이다. 사물은 관리하는 것이지만 사람은 리드하는 것이다. 사람을 감동시켜 움직이고자 한다면 이제부터 통섭의 리더십을 발휘하라. 반기문 사무총장처럼 말이다.

스마트 리더십

우리는 누구를 막론하고 태어날 때부터 이 세상을 등질 때까지 존경받기를 원한다. 그러면서 "현재의 자리에서 묵묵히 기다리고 있으면 언젠가는 기회가 오겠지."라고 막연하게 기대를 한다. 그러나 분초를 다투는 스마트 혁명[91] 사회에서 우연한 성공이란 없다. 성공은 자기 자신을 초월할 때 비로소 가능하다. 그러기 위해서는 반드시 스마트 소통적 사고가 필요하다. 우리는 타인과의 다양한 관계 속에서 하루를 시작하고 마무리하기 때문이다. 이때 근저를 이루는 것은 다름 아닌 스마트 소통을 통한 일상이다. 지금 이 순간 해야 할 일은 무엇인가? 우선, 자신의 열악한 환경과 생각에서 벗어나야 한다. 그러기 위해서는 스마트 사회에 걸맞지 않는 실패의 요인들을 과감하게 삭제하고 새로운 창의적 데이터로 자신의 인생을 업그레이드시켜야 한다.

이때 필요한 필수사항이 바로 스마트 사고와 스마트 소통의 힘이다. 스마트 폰의 혁명시대, 인터넷[92], 페이스북[93], 트위터[94], 요즘[95], 미투2데이(me2day)[96], 블로그[97] 등의 SNS 기능을 적재적소에 올바르게 사용하는 것은 이제 모든 사람들의 필수 사항이 되었다. 이는 스마트 소통(疏通) 능력과 직결된다. 그렇다면 어떻게 해야 스마트 소통을 잘 활용하여 생산성 및 핵심역량을 높이고, 또 구성원들에게 동기를 부여하며 구성원의 분위기를 감성적으로 이끌 수 있는 것일까?

첫째, 스마트 소통의 소셜네트워크서비스[98] 기능을 올바르게 활용하여 자신들의 일상을 가감 없이 스스로 전달하는 것이다. 어떤 생각을 하고 있고 어떤 감정 상태에 있는지 어디에서 누구를 만났고 어떤 이야기를 했으며 어떤 결과로 이어졌는지에 대해 일상적인 사소한 것까지 이야기하는 것이다. 이를 통해 구성원들과 이질감이 아닌 하나의 동질감을 느끼며 구성원들을 더욱 신뢰할 수 있게 된다.

둘째, 스마트 소통의 기능을 활용하여 동기부여를 할 수 있다. 1일(日) 1찬(贊), 하루에 한 가지 칭찬을 말하기, 생각 나누기 등 노트를 만들어 모든 구성원에게 발송하는 것도 좋은 방법이다. 인생에 있어서 도움이 되고 귀감이 될 수 있는 모든 내용, 훈훈하면서도 감동을 선사할 수 있는 글을 소개하는 것도 하나의 방법이 될 수 있다.

셋째, 스마트 소통을 활용하여 정책 등에 활용하는 것도 하나의 방법이다. 옛 속담에 "백지장도 맞들면 낫다"는 말이 있다. 쉬운 일이라도 협력하여 하면 훨씬 쉽다는 말이다. 한 사람의 아이디어에는 한계가 있는 법이다. 하지만 다양한 사람의 창의적 아이디어가 모이면 무한한 에너지를 발휘한다. 한 가지 주제나 아이디어를 놓고 "여러분은 어떻게 생각하십니까?"라는 질문을 던진다면 전 구성원의 아이디어나 의견을 수렴할 수 있게 되는 것이다. SNS 기능을 활용하여 스마트 소통을 한다면 빠르게 변화하고 치열한 생존의 사투를 벌어야 하는 현장에서 남들보다 우월한 지위를 선점할 수 있을 것이다. 우리는 이 순간 우리 자신의 스마트한 모습을 발견할 것이며, 더불어 사람의 마음을 움직이고 세상을 바꾸는 원동력을 갖게 됨으로써 새로운 삶을 살 수 있을 것이다. 그것이 스마트 혁명시대에 진정 마음과 마음이 통하는 스마트 소통의 힘을 발휘하는 길이다. 스마트 사고는, 성공으로 가기 위해 필요한 다양한 이야기들을 실천할 수 있고 공감할 수 있는 가장 보편적인 내용을 담고 있다. 변화와 스마트 혁명을 꿈꾸는 사람들에게 시대정신을 뛰어넘은 스마트 소통으로써 촉매제 역할을 하게 될 것이다.

세계인이 알아야 할 성웅 시크릿

이순신
리더십

제4장

—

이순신
리더십

이순신 성웅 리더십이란?

　이순신은 임진왜란이 일어났던 1592년 4월 13일(음력)에 무엇을 하고 있었을까? ≪난중일기≫에 따르면 전날과 같이 동헌에 나가 공무를 보고 활을 쏘았다. 이순신은 전라 좌수사로 그의 담당 구역을 지키고 있었다. 경상 좌수사 박홍[99]과 경상 우수사 원균은 부산에서 일본군을 맞아 대패하고 도망쳐버렸다. 그러면 임진왜란의 명장으로 일컫는 이순신은 과연 어떤 사람이었을까?

　≪난중일기≫는 성웅(聖雄) 이순신이 아닌 인간 이순신을 만나게 하는 책이다. 거기에 이 책의 의미가 있다. ≪난중일기≫속의 이순신은 단순히 군사를 호령하고 함대를 이끌고 일본군을 쳐부순 무패의 장수가 아니었다. 이순신은 부하였던 이의 궁핍한 사정에 기꺼이 옷을 벗어 주고, 아들의 죽음에 오열하고, 부하가 다른 장수를 욕하는 것에 귀 기울이기도 하고, 오랜 싸움에 몸져눕기도 하는 보통 인간이었다.

▲이순신의 난중일기 현충사 소장

지도자는 태어나는 것이 아니라 '만들어지는 것'이라고 한다. 우리는 새 시대에 알맞고 어울리는 적합한 지도력을 갖춘 사람을 키우는 일을 게을리 해서는 안 될 것이다. 안정된 상황에서 지도자의 비중은 크지 않지만 오늘날처럼 변화가 급변하는 시대에서 지도자의 책임은 더 무겁다.

특히 정열적인 삶을 살기 위해 미래는 전정한 지도자를 요구한다. 우리 사회가 준비하고 계획을 세워 한 사람씩 지도자로 키워나가면 언젠가는 새로운 결실을 거둘 때가 올 것이다. 한국 사회의 초특급 발전을 위해서 사람을 키워야 할 뿐만 아니라 사회가 바로 되도록 사람을 키워야 한다. 대한민국은 지금까지 잘못된 지도자 한 사람이 얼마나 나라를 망칠 수 있으며, 사회를 망치는가 공부해 왔다. 잘못된 기업가 한 사람이 얼마나 많은 사람에게 불안과 고통을 안겨주는지도 배우고 있다. 이제 더이상 시행착오를 안 했으면 하는 것이 국민 모두의 바램일 것이다.

미래 사회는 복합적이고 다양한 시대이므로 다방면에서 준비된 지도자가 배출되어야 한다. 특히 기업은 더 늦기 전에 정직하고 편협하지 않으며 창조적 가치관을 확립한 사람을 각계 각층에서 배출 해야 한다. 아무리 세월이 흐르고 시대가 변해도 성공한 리더의 리더십은 결코 퇴색되지 않는다. 오히려 어려운 위기를 헤쳐 나갈 교훈으로 여겨진다. 전투에서 23전 23승에 빛나는 성웅 이순신의 리더십이 바로 그러하다. 수백 년 전, 전쟁 과정에서 발휘되었던 그의 리더십은 현재 우리 상황에 적용되어 충분히 빛을 발휘할 수 있다. 가치 없는 것을 가치 있게, 위기를 기회로 만드는 이순신의 리더십, 그 실천 방법을 알아 보자.

지난 2002년 월드컵 때 히딩크[100]가 유행시킨 멀티 플레이형 리더가 바로 이순신이었다. 해전 전문가였지만 육전에도 전문가였으며 거북선을 만들고 신무기 개발에도 탁월한 능력을 발휘할 정도로 신기술 분야에서도 전문가였다. 게다가 '한산섬 달 밝은 밤 수루에 홀로 앉아'로 시작되는 ≪한산도가≫[101]와 그 외에 수많은 시문을 지을 정도로 문학적 재능도 뛰어났다. 이처럼 능력 있는 리더의 대표적 특징은 멀티 플레이어형이라는 것이다. 자신의 분야 뿐만 아니라 다양한 분야의 해박한 지식을 가지고 있어 어떤 상황 어떤 문제가 생기더라도 부하직원들을 침착하게 이끌어 가치를 생산해내고야 만다. 현재보다 더 큰 가치를 생산하고 각자의 개성을 지닌 부하 직원을 하나로 통솔하려면 현재의 내 분야에만 안주하지 말고 다양한 분야에서 다양한 지식을 쌓아야 할 것이다.

유비무환이 승리를 준다

이선호 씨가 지은 ≪이순신의 리더십-국가안보 위기와 지도자의 사명≫[102]을 보면 전쟁에서 유비무환이 얼마나 중요한 지를 임진왜란과 한국전을 예를 들어 설명한다. 조·일 전쟁[103]은 일본의 침공으로 7년간, 6·25전쟁[104]은 북한의 침공으로 3년간 계속된 전쟁이었다. 이 두 전쟁은 다 무승부로 끝났다. 또한 다같이 외국군이 참전하였다. 다국적군 내지 연합군에 의한 국제전쟁의 성격을 띠었다. 임진왜란이나 한국동란[105] 같은 국제법이나 국제 정치적 차원에서 볼 때 잘못된 호칭은 더 이상 사용치 않아야 한다.

이 두 전쟁의 경과와 결과를 차지하고, 전쟁 원인부터 따져 본다면 일맥상통하는 점이 있다. 한 마디로 양 전쟁은 다같이 조선과 한국의 국가안보가 실종된 상황 아래에서 초래된 자업자득이었다.

국가의 핵심가치를 안팎의 위협으로부터 지킨다는 현대적 국가안보 개념은 제2차 대전 후 정립되었다. 하지만 16세기 말 전제군주 국가 체제 하의 조선왕조[106] 역시 주권 국가로서 국권과 백성, 영토의 보존과 수호는 통치권자인 왕과 조정이 수행해야 할 절체절명의 사명이고 책임이었음은 두말할 나위도 없다. 그럼에도 그들은 통치권(sovereignty)과 왕실의 이익(royal interest)을 수호하기에 급급했고, 3공 6조(三公六曹)를 비롯한 문무백관[107]들은 기득권 확보를 위한 4색 당파의 당리당략과 세력 다툼에 빠져 있었다. 특히 탐관오리[108]들의 백성 수탈은 민생도탄을 가중시켰으며, 무위도식하는 부유(腐儒)들의 탁상공론은 조정의 눈을 멀게 하여 국가안보의 객체인 적대국에 대한 위협평가가 오판·오도되었다. 국가안보의 주체인 조정의 안보 유관 정책과 제도는 왜곡·굴절되었다. 국가안보의 주 수단인 군사력의 대비태세는 유명무실하고 아무도 이를 바로 잡으려 하지 않았다. 문자 그대로 개문납적(開門納賊)[109]의 본보기라고 하겠다.

몇 가지 사례를 든다면, 7년 전쟁 발발 10년 전에 조선의 선각자 이율곡[110] 선생은 병조판서[111] 재직 중 시무육조(時務六條)라는 국방의 당면과제 6가지를 조정에 건의하였으나 거부당했다. 이 핵심이 유명한 10만 양병론이다.

그 내용은 율곡의 정확한 정세판단에 따른 선견지명이 있는 국가안보 정책의 6대 현안이었다.

1. 양군민(養軍民)

한양에 2만, 8도에 각 1만 명의 상비군을 양성하여 대비한다.

2. 족재용(足財用)

1년분 군량미를 비축하고, 1년간 재정 수입과 지출 균형을 유지한다.

3. 고번병(固蕃屛)

한양을 중심으로 주위 사방에 병풍처럼 성을 설치하여 수도권을 고수방어한다.

4. 비전마(備戰馬)

군마를 양성하도록 마적을 정비하고, 보병을 기병화하여 기동력을 강화한다.

5. 명교화(明交化)

군사를 예(禮)로서 가르치고 의(義)로서 가다듬어 치(恥)를 알게 함으로써 군 기강을 확립한다.

6. 임형능(任形能)

유능한 자의 등용 및 적재적소 보직으로 공평한 병역과 인사 처리를 도모하고 군의 비리를 척결한다.

이율곡의 상비군 10만 명 양성을 위한 아이디어는 그 당시 조선 인구가 500만 명 정도였음을 고려할 때, 인구 2퍼센트 수준의 군사력이다. 이는 다소 과도한 것 같은 느낌이 든다. 로마 군대 이후 현대에 이르기까지 평화 시 군대의 수가 인구의 1퍼센트를 웃돌지 않는다는 것을 전제할 수 있다. 전쟁 시는 국가의 가용 노동력이 총동원되는 것이다. 이는 일본의 침공 가능성을 예견했기 때문에 결코 많은 상비군은 아니었다. 당시 이 건의가 채용되지 못한 이유가 만약 이를 이행할 경우 종신

국가(從臣國家)로서 명나라에 대한 불경과 반역으로 오해받을 수 있기 때문이었다고 하니 참으로 한심한 노릇이었다. 그 당시 조선은 병농일치제로서 사실상 상비군이 없었고 혹한기와 농번기를 고려한 일정기간 교대 복무하는 계절제 비상비군제였다.

또한 당시의 진관 체제[112]는 양병·용병(養兵·用兵) 개념상 지역책임제 군사력 동원·운용 제도였다. 즉, 8도를 기준으로 하여 도별 1~2개의 병영과 수영(水營)을 편성하고, 그 책임자인 병사[113]와 수사[114]가 담당 행정구역 내의 내륙 또는 연안 군(郡), 부(府), 현(縣)을 행정 및 작전을 통제하여 조정에서 지정한 규모의 군사력(육조 및 수군)을 조성 및 운영하기 위한 인력과 자원을 동원·관리하는 자수자전(自守自戰)하는 체제였다. 당시 조선은 수포대역(收布代役)[115] 등 병역면제 제도 때문에 부조리와 비리가 극심하였다.

특히 한심한 것은 전쟁 직전에 이 진관 체제가 제승방략[116] 체제로 바뀐다. 그 내용은 지역별 군사력을 필요에 따라 집중 운용하되, 중앙에서 내려가는 문신의 경장(京將)인 도원수[117]가 현지의 육군과 수군의 군사력을 통합 지휘할 수 있도록 한 일종의 통합군 체제였던 것이다. 이를 위한 여건이나 행정적인 뒷받침이 없어 지휘 공백은 물론 지휘 체제의 중복과 갈등으로 혼란이 극심하였다.

설상가상으로 수군은 방왜육전(防倭陸戰) 개념으로 바뀌어 침공하는 일본군을 해상이나 연안에서 싸워 격퇴·저지하는 것이 아니라, 육지에 올라온 다음 성을 중심으로 해서 싸우도록 하는 불합리한 전법을 채용했던 것이다. 부유들의 탁상공론이 가져온 폐해였다. 급기야 35만여 명의 일본군이 무혈 상륙하자 겁먹고 도망쳐 버려 무인지경인 조선의 진과 성을 단숨에 제압하고, 일사천리로 북상함으로써 20일 만에 한양, 40일만에 평양을 함락한다.

그 당시 조선의 주 무기는 활이었고 일본군은 조총이었으니, 사거리나 위력으로 보아도 도저히 당해 낼 도리가 없었다. 한국전쟁[118] 개전 당시에도 이와 비슷한 상황이 재연되었다. 북한은 T-34 전차 240여 대와 IL 및 YAK 전투기 170여 대를 보유하고 있었으나, 남한은 대항무기 체계가 전혀 없었다.

7년 전쟁 직전에 조선에서 일본으로 파견된 조선 통신사[119] 김성일[120]과 황윤길[121]은 근 1년간 일본에서 보고 듣고 느낀 점이 있었을 것이다. 그들은 귀국하여 조정에 각각 다른 내용의 정세보고를 한다.

전자는 안보위협을 과소평가하여 조정을 안심시키는 교언영색(巧言令色)[122]의 보고를 하였다. 후자는 안보위협을 정직하게 평가하여 국가위기 초래 가능성을 보고하였다. 조정에서는 정확히 판단하였던 후자의 보고를 일축하고 듣기 좋은 전자의 보고를 수용하였다. 그리하여 임금 선조[123]는 무방비 상태에서 일본군의 침공을 맞고서 자신은 국가를 버리고 명나라로 도망치려고 한양을 떠났다. 한국전쟁 직전에 주변정세나 북한 동향을 보아도 공격징후가 농후하였다. 전선에서 포착된 결정적인 단서의 정보 보고가 있었다. 그럼에도 불구하고 당국이 이를 일축하고서 비상경계 태세를 해제하고 일선 장병을 대량 휴가까지 보내는 우를 범한다. 물론 이때도 서울을 사수한다는 방송을 해놓고는 이승만 대통령[124]과 고위직들은 한강 인도교[125]를 폭파하기 전에 먼저 남쪽으로 피신한다.

그 당시 남한 국군은 관리·유지하는 재정을 전액 미국의 군사 원조에 의존하고 있었다. 군 내부에 침투한 다수 공산주의자들에 의해 육군의 전투부대, 해군의 함선, 공군의 경비행기가 월북하는 사태가 빈번히 일어났다. 아무런 전투 능력도 갖추지 못한 허수아비 같은 군대를 믿고 북진 통일을 외치는 허장성세를 미군 당국은 주시하고 있었다. 미군 당국은 한국군에게 기동장비를 양도하게 되면 북한으로 넘어갈지 모르고 한국군이 강해지면 북침할지 모른다고 두려워한 나머지, 군원은 소모성 물품만 주었고, 주요 고가장비는 의도적으로 제한하였다. 궁여지책으로 이승만 대통령이 국민성금을 모아 캐나다로부터 고등훈련기(T-10기) 10대를 구입한다. 그때는 전쟁 발발 2개 월 전이었다.

전쟁이 나자 남한 공군은 이 훈련기에 사제 폭탄을 싣고 저공 비행하면서 인민군 전차에 투하하는 웃지 못할 일까지 벌어졌다. 이는 조·일 7년 전쟁 직전에 대마도 도주가 가져다준 일본 조총 3정을 선조가 대량생산하여 군비를 갖출 생각은 못하고 창고에 집어넣어 놓았던 것과 비교하면 훨씬 창의적 생각이었다. 조·일 7년 전쟁과 한국전쟁은 다 같이 상황판단 착오, 안보정책·전략 오도, 군사력 대비 태세 부실, 전의 상실 등이 빚은 인과응보로써 무비유환·유비무환의 표본적 교훈을 주기에 충분한 조건이다. 국가안보는 0.1퍼센트의 안보 위협이나 위험에도 사전에 대비하려는 예방 조치와 대응 태세가 마련되어야 한다. 아무리 적은 개연성의 안보 위협이라도 현실화되어 침략한다면 국가 이익에 회복 불능의 치명타를 가하게 된다는 것이 두 전쟁을 통해 얻을 수 있는 교훈이다.

이순신의 공정성

　이순신은 청렴결백의 상징이다. 예컨대 상사가 거문고를 만들겠다며 관사 앞 오동나무를 베어오라고 명령한다. 끝끝내 이순신은 베어오지 않은 일화는 너무 유명하다. 불의를 보면 참지 못하는 강직함 때문에 파면과 백의종군 등 수차례의 위기를 겪어야 했지만 이 위기에서 벗어날 수 있었던 것도 결국의 청렴결백 덕분이었다.

　이순신은 공정성을 발휘하여 부하들의 사기를 높이기도 한다. 즉 전쟁 승리 시에 군사들의 전과를 일일이 명시해 단 한 사람도 수훈에서 빠지는 일이 없도록 하였다. 반대로 군령을 어긴 군사는 엄하게 처벌한다. 또한 군사간의 수훈 차가 생기지 않도록 출정 때마다 전투진용을 바꾸어 부하들에게 공을 세울 기회를 골고루 제공한다. 의복, 무명, 베 등 노획품들도 군사들에게 골고루 나누어주었다. 전쟁에 찌들어 있던 조정 상황에도 이순신이 묵묵히 추진한 것은 앞으로 변화에 대한 준비였다. 왜군의 침략을 미리 예견한 이순신은 거북선을 만들고 수군을 정예화 하는 일에 주력한 것이다.

　즉, 미래를 내다보는 선견지명과 변화에 맞서 대응할 수 있는 대책을 마련하고 준비하는 자세가 필요한 것이었다. 이순신은 조선의 진정한 대장부요 불세출의 민족 영웅이다. 그는 교언영색 하지 않는 강의목눌(剛毅木訥)[126]의 지성을 갖춘 인격자였다. 이순신은 조선의 엘리트 중의 엘리트였을 뿐만 아니라, 뛰어난 무골의 장수였다.

　삶의 굵은 선을 걸어온 이순신은 이상적인 지성인이었다. 창조적 소수의 지도적 중추계층의 선비 위품을 갖춘 문무겸비의 지휘관이었다. 한국의 선비 정신은 애국효행(愛國孝行), 사회의리(社會義理), 선

공숭문(先公崇文), 청빈근검(淸貧勤儉), 거경숭례(居敬崇禮), 지조신의
(志操信義)의 6가지로 내려오고 있다. 이에 합당한 인품을 지녔던 인
물이 이순신이다. 사대주의와 분파주의 사상에 찌든 16세기 전제군주
사회에서 이순신은 현실적(zein) 및 이상적(zollen) 인격자로 진정한 조
선의 자랑스러운 대장부였다. 특히 이순신이 무인으로서 공직생활을
통해 발휘한 리더십은 동서고금을 통하여 그 누구도 그를 따라잡을
수 없을 정도로 무결점의 표본이었다. 이순신은 지성을 원리로 하는
자유인이었으며, 양심을 원리로 하는 성실인이었고, 봉사를 원리로 하
는 사명인이었다.

　이순신의 대장부같은 리더십의 본보기를 보인 자유인, 성실인, 사명
인다운 인간상을 현대의 시각에서 접근해 보자.

　첫째, 이순신은 자유인이었다. "진리가 너희를 자유하게 하리라"는
지혜의 말씀처럼, 그는 확고한 주인 정신을 진리로 삼은 주체 의식과
개척 정신의 선구자였다. 주인 정신의 빈곤은 숙명주의, 도피주의, 사
대주의, 방관주의, 예속주의, 은둔주의 온상인 것이다. 이순신은 이를
과감히 배격한다. 그 당시 조선의 사회 풍조는 곡학아세(曲學阿世)[127]
를 일삼는 선비들이 판을 치는 혼탁한 세상이었다. 오늘날의 사이비
내지 반동적 지성을 지닌 식자와 권문 세도의 굴절 사회가 지닌 추한
모습과 맥을 같이하고 있다. 그런 환경 속에서도 이순신은 파사현정
(破邪顯正)[128]하려는 소크라테스[129]적 지성을 지향한 자유인의 자세로
공직생활을 견지하였던 것이다.

　둘째, 이순신은 성실인이었다. 사회 질서가 매우 혼탁한 지금 도덕
과 윤리의 암흑기인 오늘의 현실 사회에서 인간답게 살려면 충성과 신
의(信義)에 의한 성실을 바탕으로 사람답게 살아야 함은 너무도 당연

하다. 현대사회는 믿음에 의한 계약 사회이다. 계약 사회에서 국민의 성실을 기본 조건으로 하지 않는다면, 불신과 갈등, 왜곡과 파행이 판치는 부조리 사회로 치닫게 된다는 것을 현대인들은 익히 체득하고 있다.

오늘날 이순신 같은 성실한 대장부가 국가나 사회의 지도자로서 존재하지 않기 때문에 세상이 시끄럽고 혼탁한 것이다. 일찍이 공자(孔子)[130]가 이렇게 말하였다.

"부귀 앞에 혹하지 않고, 빈천으로도 변심치 않으며, 권세에 굴하지 않는 자가 대장부다."

이순신을 본받으라고 한 말인 것 같기도 하다. 현실은 성실하지 못한 지식인의 병폐는 냉소적 허무주의, 지조 없는 기회주의, 비겁한 도피주의, 무기력한 회의주의, 나약한 패배주의, 아무렇게 살아가는 무사안일주의를 산출한다는 것을 명심해야 한다.

셋째, 이순신은 사명인이었다. 사명인이란 이순신처럼 냉철한 머리(Cool head)에 따뜻한 마음(Warm heart)을 가진 자라야 한다. 지식에는 국경이 없으나 지성인에게는 국경이 있다는 말처럼, 국가와 민족을 사랑하고 봉사·헌신하면서 공익 우선의 책임감과 사명 의식을 지닌 자를 뜻한다. 이순신의 함대가 백척간두의 조선을 건곤일척으로 구출했음에도 탐관오리들이 모함하여, 이순신이 삭탈관직의 백의종군을 하는 사이에 막강한 조선 해군은 비겁자 원균 때문에 칠천량해전에서 모조리 수장되고 말았다.

이순신의 프로정신

세계 최초의 철갑선 거북선을 발명한 이순신. 그 누구도 상상하지 못했던 거북선을 만드는 혁신을 단행한다. 그 덕에 이순신이 이끄는 조선 수군은 전쟁마다 승리할 수 있었다. 더불어 이순신은 일본군의 조총을 연구해 정철 총통을 개발한 것은 물론 아이들의 놀이기구인 방패연을 신호수단으로 활용하는 창의력을 발휘한다. 적재적소에 발휘되는 리더의 창의력은 부하직원들의 열정을 불러일으킬 뿐만 아니라 그 누구도 따라올 수 없는 최고를 지향한다.

그밖에 백성을 자신의 부모, 형제, 자식처럼 아꼈던 따뜻한 인간미, 어떤 상황에서든 굴하지 않는 자신감과 전략가적 정신, 무엇보다 싸움터에서 최후를 맞겠다는 프로정신 등이 이순신에게 배워야 할 리더십 덕목이다. 그것을 정리하면 지(智), 신(信), 인(仁), 용(勇), 엄(嚴)의 장재(將才) 여섯 가지이다.

고대 중국의 병법시조인 손무가 그의 병서인 ≪손자병법≫[13](시계편 始計篇)에서 제시한 장수의 오덕(五德)은 동서고금을 막론하고 리더가 필수로 갖춰야 할 핵심 자질이라고 하겠다. 이에 비추어 본 리더로 이순신은 뛰어난 장수로서 재능을 고루 갖추었다고 하겠다. 여기에서 지(智)는 지략(智略)이고, 신(信)은 신의(信義)이며, 인(仁)은 인덕(仁德)이고, 용(勇)은 용맹(勇猛)이며, 엄(嚴)은 엄위(嚴威)을 뜻한다. 현재 현역 장성과 생존한 예비역 장성들 가운데 과연 이 오덕을 이순신에 버금갈 만하게 겸비한 장수가 존재하는지 생각해 볼 일이다.

첫째, 지략 면에서 이순신을 살펴보자. 이순신은 조·일 7년 전쟁 발발 전에 이미 나라의 대들보답게 스스로 전쟁 준비를 철저히 하였다.

당시 이순신은 군의 통수권을 쥔 국왕도 아니고, 국방·군사 주무장관인 병조판서도 아닌 1개 해역을 담당한 함대사령관인 전라좌도 수군 절도사에 불과하였다. 그 자리도 우여곡절 끝에 전쟁 발발 1년여 전에 이순신에게 가까스로 주어졌던 것이다.

이순신의 창의적인 지략으로 부임하자마자 예하 5관 5포를 순시하면서 출전 준비 태세를 완벽히 갖추어 나갔다. 특히 이순신은 적의 해상 접근을 미리 관측 보고하도록 기지 주변 산정에 신호대를 설치하였다.

이순신은 혁신 방법으로 해전 수단을 마련해 나갔다. 이순신의 ≪난중일기≫에 보면 1592년 4월 14일 일본군이 부산에 침공·상륙하기 64일 전에 창제한 거북선에 달 돛 베 29필을 준비한다. 18일 전에 거북선의 함포 사격을 하였다. 3일 전에 거북선 돛을 완성하여 설치한다. 1일 전에 거북선에 함포의 포술 연습을 끝마쳤던 것으로 기록하고 있다. 그와 동시에 예하 지휘관·참모들의 사격술 연마를 위해 궁술 시합을 빈번히 가졌으며, 노 젓는 격군과 함포 사수들의 훈련도 철저히 하였음을 알수 있다.

당시로는 거북선이 인류 최초의 무적전함(Invincible battleship)인 철갑선(Iron-clad ship)이었다. 사료에 의하면 최초 해상대결인 옥포해전[132]에 거북선이 참가했다는 기록이 없어서 일부 논자들은 거북선이 당포해전부터 참전한 것으로 주장한다. 하지만 옥포해전 시의 기동 편성을 보면 돌격대장이 임명된 것으로 보아 돌격대장이 거북선에 탑승했을 것으로 판단된다. 일본의 관련 문헌 ≪시마군기志摩軍記≫에도 3척의 신출귀몰하는 쇠붙이로 된 소경배(盲船)로 묘사하고 있다. 이런 근거를 보면 거북선의 최초 해전 참가는 부정할 수 없을 것이다.

조·일 7년 전쟁 기간을 통하여 일본군은 지상전에서 활과 칼로 무장한 조선군을 압도하였다. 하지만 해전에서는 각종 대소구경의 함포를 장착한 조선 수군의 판옥선[133]과 철갑 거북선의 화력과 충격행동에 의해 압도당한 것이 사실이다. 만약 지상전에서도 조선 육군이 조총으로 무장하고, 지략이 뛰어난 이순신을 통제사에서 해임하지 않고 더 많은 전선과 화포를 만들도록 뒷받침해 주었더라면, 조·일 7년 전쟁은 조선군의 일방적 승리로 마감되었을 것이다.

둘째, 이순신의 인간적 신의를 보면 참으로 존경할 만하다. 이순신은 해상 결전을 앞두고 출전 전에 반드시 예하 지휘관과 참모들을 불러 모아 놓고 작전 계획의 충분한 토의와 의견 교환 끝에 민주적 의사결정 과정을 걸쳐 결심을 실행함으로써 부하와 신의를 돈독히 하였다. 이리하여 부대 구성원의 화합과 단결이 이뤄져 일사분란한 전투 군기 확립을 도모할 수 있었다.

이순신은 전라 좌수사가 되기 이전의 미관 말직에서도 여러 가지 인간적인 신의와 장수로서 체통을 지킨 미담과 일화가 사료에 전해지고 있다. 이율곡이 이조판서로 재직 중에 이순신의 동향 선배인 서애 유성룡[134]을 통하여 이순신을 만나려고 뜻을 전한다. 이순신은 이렇게 말하며 거절한다.

"나와 율곡은 같은 덕수 이씨 문중의 먼 친척이지만, 그가 관리의 인사를 책임지고 있는 한 만나는 것은 옳지 못하다."

한 번은 하위 직급에 있는 이순신에게 당시 병조판서 김귀영[135]이 자기의 서녀(庶女)를 첩으로 삼도록 중신아비를 사이에 넣어 의사를 타진함에, 한마디로 거절한다. "이제 내가 벼슬길에 갓 나온 사람으로서 어찌 권세의 집에 발을 들여놓을 수 있겠는가."

이순신의 청백리다운 품위를 보인 것은 너무도 유명한 것이다. 또한 가지 기억할 만한 사건은 이순신이 전라 좌수사가 되기 1년여 전에 정여립[136]의 모반사건에 연루되었던 일이다. 이순신과 가까운 사이였던 정언신[137]이 우의정으로 있다가 파직당하여 남해로 귀양을 왔는데 당시 이순신이 정읍 현감으로 부임한 직후였다. 그 후 정언신이 다시 한양으로 압송되어 함경도 갑산으로 귀양 가서 죽게 되었다. 갑산으로 귀양 가기 전 옥에 갇혀 있을 때, 이순신은 위험을 무릅쓰고 옥문 밖까지 가서 반역자로 찍힌 정언신에게 문안을 드렸다. 그 의리와 지조야말로 만인이 감탄하지 않을 수 없다.

셋째, 이순신은 인덕(仁德)을 갖춘 어진 덕장이었다. 이순신은 무엇보다도 군심과 민심을 얻어 군사 작전을 원활하게 수행하는 데 최선을 다하였다. 이에 반하여 원균은 전쟁 초기부터 강개입공(慷慨立功)했으나, 군졸을 돌보아 주지 않아서 민심을 잃었다. 경상도 일대 주민 모두 원균에게 등을 돌리게 된 것은 인덕을 갖추지 못한 무자격한 지휘관의 리더십에 문제가 있었기 때문이었다. 한때 원균이 충청병사(忠淸兵使)로 전직되었을 때에도 사헌부[138]에서 이렇게 상소문을 조정에 올리기까지 하였다.

"원균은 군사들에게 뇌물을 수수하고, 농민을 수탈하면서 잔학한 형벌을 자행하여 죽인 자가 많아서 원망하는 소리가 하늘을 찌를듯하니, 지체 없이 파직하기를 주청한다."

그러나 이순신은 국가의 군량이 농민의 경작에서 생산된다는 점을 간파하고 한산해전[139] 이후 전쟁이 소강상태를 유지하자, 전쟁에 동원되었던 군졸을 교대로 귀가시켜 농사를 짓도록 한다. 그리고 한산도에 통제영을 설치하여 군량의 자급자족을 도모했다. 해포(海浦)의 일면을 맡아서 소금을 굽고 곡식을 상거래 하도록 하여 많은 군량을 비축하고 군비를 확충해, 하나의 군·민 일체화 된 거대한 군사기지를 이루었다. 그리고 작전 계획을 수립하고 토의하는 장소인 운주당(運籌堂)을 병영 안에 지어 여러 장수와 군대 업무를 함께 의논하고, 병사들에게도 진언할 기회를 부여해 원활한 의사소통이 가능하게 한다. 후일 이순신이 파직되어 구속 송치될 때 지방 주민들이 길을 막고 울부짖으며 말하였다.

"통제사께서 지금 떠나시면 우리는 장차 왜놈들에게 참살당하고 말 것입니다."

이런 속에서도 피난민의 행동은 우연한 일이 아니었다. 후임 통제사로 원균이 부임하자마자 모든 제도를 바꾸고, 이순신이 임명한 지휘관과 참모를 모두 해임하였다. 그리고 부하와 담당 주민들을 잔혹하게 핍박·처벌하여 공공연히 이런 말이 떠돌았다.

"왜적이 처들어오면 우리는 다만 달아날 뿐이다."

원균이 지휘관으로 인덕이 전혀 없는 냉혈동물이었던 것이다. 칠천량해전에서 함대가 전멸당한 것은 원균의 자업자득일 수밖에 없었다.

넷째, 이순신의 용맹성은 아무리 칭찬해도 지나치지 않을 것이다. 용기에는 멧돼지같이 앞뒤를 안 가리고 돌진하는 저용(猪勇)과 성급하고 사나운 표용(慓勇)이 있고, 침착하고 과감한 침용(沈勇)이 있으며, 충의에서 비롯되는 충용(忠勇)이 있다. 원균의 용기야말로 저용과 표용의 표본이었다. 이순신의 용기는 진정한 침용과 충용의 본보기라 해도 과언이 아니다. 조·일 7년 전쟁에서 한 장수의 용기가 곧 부대와 부하 나아가서 국가의 운명을 좌우한다는 실증적인 교훈을 주었던 것이다.

당신안에 있는 리더십

목적을 이끄는 사람과 목적을 이끄는 리더는 성공한다. 목적을 이끄는 리더는 외형적으로나 내부적으로 안정감이 있다. 그러므로 목적을 이끄는 삶을 살아야 한다. 또한 상대방과 말하는 동시에 자신의 모습을 볼 수 있는 사람이 있을까? 거울이라도 준비하지 않고서는 말하면서 동시에 자신의 모습을 볼 수 있는 사람은 없다. 말을 할 때 우리의 두 눈은 상대방을 향하고 있기 때문이다. 자신의 모습이 궁금하더라도 상대방의 반응을 통해 대략적으로나마 예상할 수밖에 없는 것이다. 나의 모습을 보지 않고서도 알맞게 대처할 수 있고, 상호 소통의 과정에서 생겨나는 오해와 지식의 틈을 좁힐 수 있어야 공감적 리더라 할 수 있게 된다. 인생의 제2목적은 행복하게 사는 것이다. 그냥 인생은 사는 것이다. 살되 행복하게 가치 있게 사는 것이다. 스티븐 코비[141]는 이렇게 말하였다.

"인생이란 살며, 사랑하며, 배우며, 유산을 남기는 것이다."

인생의 제3목적은 다른 사람을 돕는 것이다. 리더십이야말로 사람을 살리고, 섬기고 돕는 것이다. 리더십의 정의로 가장 많아 받아들여지는 것이 바로 영향력이다. 다른 사람에게 바람직한 방향으로 영향을 미치는 관계가 리더십이다. 그런 점에서 다른 사람을 변화시키려면 리더십의 역량이 필수이다. 리더십이 큰 사람일수록 더 많은 사람을 도울 수 있다. 그러므로 다른 사람을 돕는다는 인생의 목적을 이루기 위해서는 리더십을 키우는 것이 첩경이다. 이같이 목적을 이끌어 가는 삶을 추구하는 것이 지도자의 자화상이 되어야 한다. 지도자는 사람들에게 목적을 이끌어 가는 인생(*the purpose-driven life*)이 되도록 먼저 자기 자신이 목적의 종이 되어야 한다.

리더십이 중요한 마지막 이유는 리더십이야말로 자기계발을 가능하게 하는 최상의 길이기 때문이다. 이 때문에 리더십의 출발은 셀프 리더십이다. 최근들어 리더십의 개념이 획기적으로 바뀌고 있다. 다른 사람을 다스리는 공적 리더십(*Public leadership*), 혹은 사회적 리더십(*Social leadership*)보다는 먼저 자신을 다스리는 사적 리더십(*Private leadership*)이 더 중요하다는 주장이 일반화되고 있다. 즉, 지도자는 자신이 책임 맡은 조직을 계발하기 전에 먼저 자신을 계발할 수 있어야 한다.

조직의 성장은 지도자의 성장에 정비례한다. 조직의 성장이 곧 리더 성장의 결과이다. 모든 지도자는 그 자신 안에 자신을 다스리는 지도자가 있다. 이것을 당신 안에 있는 지도자(*The Leader in you*)라고 한다. 자신을 개발하기 위해 지도자는 태도를 바꾸고, 지식을 쌓고, 끊임없이 훈련하고 탁월한 기술을 익혀야 한다. 태도와 지식, 훈련과 기술의 네 가지는 자기 계발을 위한 리더십의 4대 요소이다. 지도자가 되는 것은 전략적으로 사는 것을 의미한다. 같은 능력과 자원이라도 이를 활용하는 전략에 따라 생산성과 효율성이 달라진다. 지도자는 자신의 능력과 자원부터 전략적으로 쓸 수 있어야 한다.

그 결과 다른 사람의 능력과 자원을 극대화할 수 있는 것이다. 전략적으로 자신을 계발하기 위해서는 자신이 누구인지, 왜 사는지, 무슨 일을 해야 하는지, 어떻게 해야 하는지를 분명히 알고 있어야 한다. 자기 계발은 리더십의 출발이요, 리더십은 자기 계발의 표현이다.

리더십이 모든 것

사람에게 있어서 시간보다 더 귀중한 자원은 없다. 시간이란 사람의 생명과 직결되어 무한한 가치가 있는 자원이다. 그러나 한없이 있는 자원이 아니라 제한된 자원인 시간은 모든 사람에게 동일하게 주어진다. 제럴드 라프 프랑스 명장회 부회장은 어느 연설에서 "명장들과 함께 청소년들의 기능교육과 인재양성 그리고 이들을 우대하는 사회를 만드는 방법을 토론하는 것이야 말로 국경과 민족을 초월하는 기능인들의 순수함이 있기에 가능하고 또 필요한 것이라 생각한다."고 말해 기능인의 중요성을 강조했다.

시대가 낳은 셀프리더는 사회와 함께 호흡하며 모든 달란트를 서로가 공유한다. 또한 셀프 리더십은 다른 사람들을 지도하고 통솔하는 능력이라고 생각하지만, 따르는 사람이 없다면 혼자 걸어가야 한다. 셀프 리더십이란 바로 신뢰를 바탕으로 한 영향력이기 때문이다. 사람들에게 신뢰를 받지 못하는 사람은 그들에게 어떤 영향도 미치지 못할 것이며, 리더를 따르지도 않을 것이다. 사람들이 따르지 않는다면 지위고하를 막론하고 리더가 아니다.

첫째, 셀프 리더의 리더십의 역량은 상당한 수준으로 밝혀져야 한다. 비전을 창출하고 구성원을 섬기는 셀프 리더십의 자질을 잘 발휘하고 있는 것으로 나타나야 한다. 자신에 대한 절제와 판단을 지니고 가정으로부터의 인적·물적 자원이 풍부할 때 비로소 셀프 리더십의 역량이 향상될 수 있음을 보여주었다.

둘째, 비교적 건강한 생활을 영위하고 있는 것으로 가장 많은 영향력을 미치는 셀프 리더십 수준에 따라 현실을 돌아보며 다음 세대 구성원들에게 인생의 좌표가 되는 그런 거시적인 안목을 제시하고 있었다. 특히 생활건강성에 대해 셀프 리더십의 발휘는 가족원 개개인의 욕구를 초월하여 가정의 비전성취를 위한 역할모델을 제시하고 가정의 긍정적 문화 창출에 기여한다고 말할 수 있다. 또한 역사에서 해낼 수 있는 원리는 어두움이 깊을수록 별이 또렷하게 보이고 별이 보이면 곧 날이 밝아온다는 자연의 섭리가 바로 셀프정신으로 창조하였다.

한 나라의 흥망성쇠는 한 사람의 지도자와 그의 리더십에 달렸다고 해도 과언이 아니다. 지도자의 부재가 큰 어려움을 가져다준다는 데는 이견이 없을 것이다. 지도자들의 아집이나 이기심, 안일함 혹은 무능 때문에 일반적으로 많은 사람이 어려움에 직면하기 때문이다. 마이런 러쉬[141]는 ≪새로운 지도자≫라는 자신의 저서에서 이렇게 지적하고 있다.

"다른 어떤 천연자원이나 에너지의 고갈보다도 인류가 직면한 더 심각한 문제는 그 어느 시대보다도 지도자와 리더십 부족의 시대에 우리가 살고 있다."

리더십의 권위자인 존 맥스웰[142]도 이렇게 말하였다.

"리더십이 모든 것이다."

맥스웰의 말처럼 만사가 리더십에 달린 것이다. 이 말은 '인사가 만사이다' 란 말과 일맥상통한다. 우리는 이 시대에 훌륭한 지도력을 갖춘 지도자를 필요로 하는 것이다. 오늘 한국 사회가 정치, 경제, 문화, 교육적으로 흔들리는 이유는 무엇인가? 결국 리더십의 부재 그 자체이다. 이전에 적용되었던 리더십들이 한계점에 이르렀다. 새로운 시대가 되었으므로 새로운 리더십의 적용이 필요하다는 말이다. 개인, 단체, 사회, 국가의 운명을 결정한다는 리더십이 21세기 이 새롭고 복잡다단(複雜多端)한 시대에는 어떻게 정의되고 적용되어야 할 것인가?

한 국가나 단체가 지속적인 성장과 발전을 이룩하려면 현재 당면한 위기 상황을 정확하게 진단하고, 그 문제점들에 대한 적절한 처방을 내리는 것은 기본적 과제라 하겠다. 위기의 본질을 제대로 파악하고 대처할 때 우리는 위기를 극복할 수 있다.

리더십에 대한 연구와 결과물은 부족하지 않을 만큼 나와 있다. 그들의 리더십에 대한 정의와 연구는 물론 옳은 것이다. 물론 다 원칙에 근거한 것이고 성현들의 모범에서 따온 것이라고 볼 수 있다. 원칙(Text)은 변하지 않았지만 상황(Context)은 변하고 있다. 지금은 복합적 사회이다. 다원주의의 영향 아래 접어들었으므로 지금까지 리더십 정의가 적당하였다고 하더라도 현 상황에 맞게 새로이 정의하고 적용하여야 한다.

급변하는 글로벌 사회에서 한국이 지속적으로 번영하고, 복잡 다양한 사회 속에서 회사와 기업들이 건강하게 성장하려면 지도자가 어떤 리더십을 갖추어야 하겠는가? 시대와 상황에 적합한 지도력을 발휘해야 하는데 한국 상황에 알맞은 한국적 지도력은 어떤 것인가? 그것은 남을 지도하기에 앞서 나 자신의 변화와 통제를 할 수 있는 셀프 리더십이다.

이제 제시하고자 하는 자기 통제의 셀프 리더십을 발휘하려면 먼저 셀프 리더십 거장들의 발자취를 따라가야 한다. 거장의 발자취를 따르기 위해서는 거장들에 대해 배워야 한다. 그들이 무엇을 소중하게 여겼으며, 그들이 어떤 원리를 가지고 살았는지를 잘 배워야 한다.

새로운 노마디즘

이순신의 리더십을 논할 때 우리가 잊어버려서는 안 되는 것이 그의 탁월한 네트워크와 팀워크 정신이다. 우리의 민족성을 볼 때, 다른 사람들이 하는 건 나도 해야 한다는 그런 자발성을 이순신이 그의 병사들에게 이끌어낸 것이다. 이 자발성이 현대에 와서 네트워크 강국을 만들지 않았나 생각한다.

우리 민족의 원 뿌리에는 유목민의 피가 흐르고 있다. 노마드 (nomad)[143]는 유목민, 유랑자를 뜻하는 용어로 프랑스 철학자 들뢰즈[144]가 처음 사용한 말이다. 노마디즘은 이러한 노마디의 의미를 살려 유목주의로 번역되는데, 기존의 가치와 삶의 방식을 부정하고 불모지를 옮겨 다니며 새로운 것을 창조해 내는 일체의 방식을 의미한다. 철학적 개념뿐만 아니라 현대사회의 문화·심리 현상을 설명하는 뜻으로도 쓰인다.

즉, 노마드란 공간적인 이동만을 가리키는 것이 아니라, 버려진 불모지를 새로운 생성의 땅으로 바꿔 가는 것, 곧 한 자리에 앉아서도 특정한 가치와 삶의 방식에 매달리지 않고 끊임없이 자신을 바꾸어 가는 창조적인 행위를 뜻한다. 이런 민족적 기질이 한반도에 묶여 있었으니 얼마나 답답했을까? 그러다가 인터넷을 통하여 전 세계를 주름잡게 된 것이다. 말 그대로 물을 만나 물고기가 된 것이다.

단군 이래, 세종대왕과 이순신 장군 이후 우리 민족이 새롭게 세계에 두각을 나타낼 시대가 온 것이다. 아우구스투스[145]가 말하였다.

"벽돌로 만든 로마를 물려받아 대리석 거리로 남기겠다."

출발은 작은 네트워크로 하겠지만 전 세계를 아우르는 네트워크를 형성하라는 말이다. 이순신은 수군통제사였지만 그의 안목과 지략은 바다에만 머물러 있지 않았던 것이다. 역사상 정말 위대하게 높임을 받는 인물 가운데 살아생전에 남들이 성공했다고 입을 모아 칭찬할 수 있는 사람이 과연 얼마나 될까? 오늘날 모든 한국인으로부터 한국의 5천 년 역사에서 뛰어나게 훌륭한 어른의 한 분이라고 존경을 받는 충무공 이순신도 그의 생전에는 그에 어울리는 대접을 받아 본 일이 있었던가?

그의 ≪난중일기≫를 보건대, 그는 고난과 슬픔으로 이어진 실패처럼 보이는 일생이었다. 하지만 그분보다 뛰어난 위인이 전무후무한 것은 사실이다.

이순신의 현대적 리더십

작금 이순신 장군의 해전 중에서 명량해전을 영화화한 <명량>이 관객 1800만명을 돌파하고 있다. 이유는 단순하다고 볼 수 있다. 현재 독도 문제와 일본의 역사교과서 왜곡 문제가 불거지면서 민족적 자긍심을 높이는 테마들이 상당한 인기를 누리고 있다. 이제는 단순한 민족적인 분노나 감정에 기인한 이순신에 대한 리더십을 볼 것이 아니다. 위기 상황 하에서 리더가 얼마나 중요한 역할을 하였으며 한 수군 장수가 국가적인 위기에서 나라를 구한 위대한 사례로 제시될 수 있냐는 것이다. 이순신의 해군 장수로서 전략적인 전투기법을 말하는 것이 아니다. 이러한 전략적인 전투 기술 또한 중요하지만 진정으로 중요한 것은 당시의 위급 상황에 적절한 리더십을 발휘함으로써 조직 구성원을 일사불란하게 움직이게 해 임무를 100퍼센트 달성하였다는 점이 중요한 것이다. 어떻게 매우 열악한 상황 속에서 그러한 리더십을 발휘하였는지에 대한 학문적인 접근이나 정책적인 접근이 필요한 시점이라 생각한다. 항상 우리는 리더십 이론을 논할 때에는 외국의 성공 사례만을 논하는 것이 다반사였다. 이러한 견해를 탈피하기 위해서도 이순신 리더십이 나아가 우리 역사 속에 살아 숨쉬는 위대한 리더들에 대한 연구작업이 매우 활발해져야 할 것이다. 이순신의 리더십을 간략히 살펴보기로 한다.

1. 확고한 신념

이순신의 역사적 기록을 보면 그의 행동은 모두 확고한 신념에 의해서 사고하고 움직였음을 보여준다. 당시의 최고 권력자인 왕 선조의 주장 앞에서도 자신의 판단이 옳다라고 판단하면 굽히지 않는 신념을 보여주고 있다. 물론 여기서 신념이란 아집이나 고집을 말하는 것이 아니라 다양한 증거와 전문 지식을 겸비한 소신을 말한다.

부하들은 신념의 상실감을 없애기 위해서 이순신을 찾았고, 믿고 따랐다. 그에 따라 이순신은 목표와 결정의 정당성을 부하들에게 확신시켜주기 위해서 자신감을 가지고 자신의 신념을 보여주었다고도 생각할 수 있다.

2. 기록에 대한 중요한 선비 정신

오늘날 리더를 포함한 모든 사람의 성공 요인들 중 하나로 꼼꼼히 메모하는 습관을 꼽는 학자들이 많이 있다. 이미 이순신은 16세기에 이러한 것을 실행함으로써 스스로에 대한 선비정신을 이루었다. 그것이 녹둔도에서 실패의 원인을 규명하는 주요한 증거 자료가 되었다.

그의 유명한 ≪난중일기≫에 바쁘고 힘든 와중에도 기후와 전투기법의 활용, 밀물과 썰물의 변화, 조직내의 인간관계를 적어나감으로써 스스로에 대한 반성과 조직에 대한 성찰을 했다. 그래서 긴 전란 중에 수많은 위기 속에서 무패의 성공신화를 이룰 수 있었던 것이다.

3. 불굴의 정신

신념에 의한 행동은 곧 불굴의 의지를 나타내는 것으로 결코 굴하지 않으며 위축되지 않음을 나타낸다. 중과부적의 숫자로도 전투에서 승리를 일구어 냈다. 만약 이러한 정신의 표현이 전투에 임하는 구성원들에게 전달되지 않았다면, 아니, 전달할 수 있는 리더십 역량이 없었다면 과연 성웅 이순신이란 리더가 존재할 수 있었을 것인가?

4. 휴머니즘

가장 주요한 이순신의 리더십 덕목은 바로 인간성에 기인하는 리더십이라고 할 수 있을 것이다. 모든 전투나 위기 상황에서 위기의 총체적 극복은 이러한 리더십이 발휘되지 않는다면 이룰 수 없을 것이다. 리더의 존재는 바로 조직 성원의 존재에 있기 때문이다. 또한 확신과 군기를 엄정히 하면서도 정적인 요소를 십분 활용함으로써 녹도 만호 정운의 최종적인 충성을 확보하는 것은 휴머니즘적 리더로서 자질을 가장 잘 드러내는 사례로 꼽을 수 있다.

5. 혁신적인 사고

그는 오늘날 말로 표현하자면 혁신적인 마인드를 갖고 비전을 제시하며 전라 좌수영의 존재 가치와 그 존재 가치에 대해 조직성원이 확신을 갖게함으로서 불패의 신화를 일궈낸 성공적인 혁신 리더자이다. 그의 관습적이거나 관례적인 답습을 과감히 배격함으로 인하여 조직 내에서 곤란을 겪기는 하였지만 그의 성공 신화를 담보한 좋은 리더십 덕목이라 아니할 수 없다.

6. Empowerment(임파워먼트)

오늘날 강조되고 있는 조직 리더십 덕목으로 적절한 권한과 책임의 위임이다. 수많은 조직내의 문제를 해결하기에는 아무리 유능한 리더라도 혼자서 해결하기는 어려운 것이다. 즉, 제로섬 관점에서 이해하되, 자원과 강점을 찾는 것이다. 그래서 긍정적 사고와 타인 신뢰감을 바탕으로 자신의 역량 책임의식을 키우고 건강한 삶을 결정할 수 있도록 부여하는 힘이다. 이는 믿고 맡기는 임파워먼트(Empowerment)는 구성원들이 능력을 갖추도록 표현할 수 있을 것이다.

7. 벤처정신

거북선의 탄생과 관련하여 또 하나의 덕목은 바로 우리가 흔히 말하는 벤처정신이다. 즉, 모험정신을 겸비한 리더로 표현할 수 있다. 그 당시에 어느 누가 감히 철갑을 두른 배에 화포를 실은 매우 이례적인 배를 상상이나 할 수 있었으며 당시 반대 의견에 부딪쳤음에도 모험가 정신으로 일관하여 탄생된 거북선은 오늘날 우리가 본받아야할 주요한 벤처정신인 것이다.

8. 전문성

일반적으로 리더는 전문성을 겸비하기보다는 일반적인 조직 관리 능력만을 주장하는데 오늘날에는 조직 전반에 대한 전문적인 지식과 식견, 지혜를 갖기를 요망하고 있다. 이순신의 불패 성공 신화는 수많은 전투 기술과 지형, 천문을 볼 줄 아는 지식이 있었기에 적절한 활용을 통하여 전투를 승리로 이끌 수 있었다. 수백 척의 왜선을 십여 척의 어선으로 격파할 수 있었다. 결국 종합적인 전문성의 함양이 이를 뒷받침하게 할 수 있는 밑거름이 되었을 것이다.

9. 추진력

이순신은 언제나 남보다 더 많은 노력을 하였다. 어느 누구보다도 이순신은 한 발 앞서 군사적 상황에 대해 대응책과 국가적 비전을 제시하고, 그에 대한 남다른 성취 욕구를 가지고 있었다. 또 야심적이고, 많은 정력과 지칠 줄 모르는 활동성과 지속성, 창의성을 보여주었다.

10. 일관성

이순신은 부하들에게 영향력을 미치고 그들을 이끌고자 하는 강한 욕망을 가지고 있었다. 동시에 기꺼이 책임을 받아들이고자 하였다. 이순신은 진실하고 거짓말 하지 않았으며, 말과 행동에 있어서 높은 일관성을 보였다. 자신과 부하들 사이에 신뢰성 있는 관계를 형성하였다. 부하들의 세밀한 환경에도 귀기울여 들어주고 그들의 슬픔을 어루만져 줌으로써 더 지도력을 발휘할 수 있었다.

11. 지적 능력

이순신은 많은 양의 정보를 수집, 분석 해석할 수 있는 충분한 지적 능력을 가지고 부단히 노력하였다. 그는 비전을 만들어 내고 문제를 해결하여 정확한 결정을 내리는 역할을 충실히 해내었다.

능력 있는 리더는 조직, 산업 기술적 문제에 관련된 상당한 양의 지식을 가지고 있다. 이 깊은 지식이 있어야만 리더는 정확한 결정을 내릴 수 있으며, 그러한 결정의 함축적인 의미를 이해할 수 있는데, 이순신이 그러하다.

12. 배려

업무 할당과 과업 수행, 방법 지시, 과정 통제 등의 영역들을 주도해 나가면서 도하급자의 처지를 이해하고 따뜻한 감정으로 감싸며 어려울 때 도움을 주는 배려 스타일의 리더십을 동시에 가지고 있는 이상적인 케이스로 분석할 수 있다. 이순신의 리더십은 리더가 자신의 스타일이나 특성에 맞게 상황을 바꿔 나갈 수 있다고 보는 자의론적 관점에서 이해될 수 있다.

13. 카리스마(Charisma)

이순신은 전시를 통하여 솔선수범과 진두지휘로 타의 추종을 불허하는 압도적이고 탁월한 카리스마적 리더십을 발휘하였다. 이순신은 군법을 어긴 군사들은 법에 따라 처리하였으며, 장수나 부하들이 죽었을 때는 손수 제사를 지내며 슬퍼하였다. 카리스마는 원래 신약성서에서 하느님의 온갖 종류의 성령의 선물이나 은혜를 말한다.

M.베버는 이 말의 원뜻을 확대하여 사회과학의 개념으로 확립시켰다. 즉, 보통의 인간과는 다른 초자연적·초인간적 재능이나 힘을 이렇게 불러 그 말에 대한 절대적 신앙을 근거로 맺어지는 지배와 복종의 관계를 카리스마적 지배라고 하고 지배 형태의 하나로 만들었다. 여기서의 카리스마는 완벽한 기획과 준비, 원하는 목적을 이루는 리더를 말한다.

14. 변혁

오늘날처럼 위기 극복과 변화가 함께 요구되는 시기에는 주어진 것을 챙기기만 하는 관리자형 리더보다는 변혁적 리더가 필요하다. 변혁적 리더십을 대표하는 세 가지 행위는 카리스마, 지적 자극, 개별적 배려가 있다. 더불어 많은 요소들을 복합적으로 겸비한 이순신의 리더십에서 명쾌한 변혁적 리더의 청사진을 볼 수 있다.

이순신 장군의 리더십 자질 6가지

이순신 장군의 자질은 뛰어나며 훌륭한 리더십을 가지고 있다.

첫째, 충효정신으로 무장된 리더십-부모에 효도하고 국가에 충성한다. 그는 난중일기에서 항상 노모를 생각하고 전장의 장수로서 부모님을 잘 모시지 못함을 안타깝게 생각하는 점을 기록하고 있다. 노모 역시 나라의 큰 장수로서 국사가 우선이라는 큰 어머니의 모습을 보인다. 또한 그의 충성심에 대해서는 살신성인 정신으로 일본군을 맞아 목숨을 바쳐 전승에 가까운 전적을 이끌어 냈다.

둘째, 충심으로 최선을 다하는 리더십-사즉생 생즉사(死即生 生即死)의 자세로 책무에 임한다. 그는 명량해전에서 임진왜란 사상 가장 열악한 상태의 13척의 전함만으로 10배가 넘는 왜 수군 전함들과 대치했다. 그럼에도 결코 포기하지 않고 사즉생 생즉사의 자세로 스스로 선봉이 되어 전투를 지휘하여 물리친 사실은 너무도 유명하다.

셋째, 살신성인의 리더십-목숨을 바쳐서라도 외적을 물리친다. 마지막 전투인 노량해전에서 퇴각하는 왜군을 끝까지 쫓아서 원수를 박멸하다 전사한 점은 그야말로 목숨을 바쳐 살신성인한 것이다.

넷째, 유비무환의 리더십-항상 위험을 대비한다. 이순신은 율곡의

10만 양병설 주장에도 무감각한 선조의 조정과 달리 임진왜란 1년 전에 전라 좌수사로 부임한 이후부터 꾸준히 전란에 대비한 실전 수군 훈련을 하고 있었기에 첫 해전인 옥포에서부터 대승을 거둘 수 있었다.

다섯째, 능력 위주 인사 정책의 역량 리더십-실력을 가다듬고 배양하는 자를 중용한다. 많은 사람들은 거북선을 이순신 장군이 개발한 것으로 알고 있지만 사실은 군전함 개발에 일생을 바친 나대용의 개발안을 받아들여서 만든 것이다. 나대용은 이순신의 중용을 발판으로 삼아 임진왜란 후에도 창선과 쾌속선인 해추선을 개발하여 조선수군의 전력을 통한 핵심역량 향상에 기여하였다.

여섯째, 신기술 개발의 리더십-새로운 무기와 창조적인 진법을 응용하고 개발해서 전력의 우위를 확보하기 위해 노력한다. 장군이 나대용을 중용해 개발한 개량형 신무기인 거북선은 잘 알려져 있으며 또한 한산대첩[146]은 임진왜란 3대 대첩은 물론 살수대첩[147], 귀주대첩[148]과 더불어 우리 한반도 역사에서도 3대 대첩이며, 무엇보다 세계 4대 해전에 들어가는 유명한 전투를 승리로 이끈 것이다. 이 전면전을 대승으로 이끌며 세계 4대 해전에 포함시킬 수 있었다. 이유는 이전까지는 해전의 양상이 함선 끼리의 격파와 적의 함선에 상륙해 육박전을 벌이는 형태였다. 하지만 이순신은 임진왜란에서 대포를 함선에 장착해 해전을 정밀한 포격전 위주로 전개하였을 뿐만 아니라 육전에서 주로 쓰이던 학익진[149]을 해상에 응용했다. 진법과 포격술의 유기적인 사용으로 대승을 거두었고 이것이 세계 해전사에서 큰 인정을 받은 것이다. 결국 이전에 사용되던 무기와 전술을 답습하지 않고 신기술 신전법을 응용하고 개발하여 임진왜란에서 전승에 가까운 전적을 기록하는 승장이 될 수 있었던 것이다. 지도자의 원칙과 자세는 고대나 중

세 현대의 시대의 흐름에 따라 변하지 않는다. 다만 사물에 대한 가치관의 변화와 첨단기술의 발달이 시대의 변화를 타는 것일 뿐이다. 위의 6가지의 리더십은 현대의 리더에게도 모두 해당된다 할 것이다.

이순신의 인간 중심 리더십 사례

먼저 이순신 장군은 1591년 전라 좌수사로 발령받았을 때 왜적의 침략을 막기 위해 미리 예감하여 전쟁준비에 만전을 기하였다. 이러한 상황을 살펴보게 되면 이순신은 투철하며 리더십의 자신감이 비추어보이고 승리의 확신을 가지고 있는 심정의 긍정과 포부가 있었다. 또 이순신 장군은 부하들을 직책이나 신분으로 한정짓지 않고 아무리 낮은 직책이라도 군사에 관한 일이면 언제든지 자유롭게 의견을 제시할 수 있게 했다. 논리가 타당한 의견은 과감히 채택하고 주도적으로 업무를 수행할 수 있도록 하였다. 이러한 점에서 보게 되면, 아무리 낮은 신분이라도 의견을 받아들여 주고 부하들의 창의적인 아이디어를 긍정적으로 수용하는 모습에서 리더로서 포용력과 전투력이 돋보인다. 거북선을 만들었을 때도 독보적인 의견이 아니라 그 분야에 뛰어난 사람에게 직책을 다 부여하고 적극지원을 함으로써 더 성공적인 장비를 만들 수 있었다.

부하의 복지를 도모와 동시에 불성실한 부하에게 벌을 주는 등 잘못에 대하여는 엄격하게 군율을 사용하여 올바른 방향을 제시하였다. 엄격하게 하여 군 기강을 잡아 흐트러지지 않고 규율을 지킬 수 있게 도왔던 것이 훌륭하다고 본다. 현대와 같이 정보화된 현대적 상황에 맞는 리더십을 발휘하기 위해서는 공정성과 투명성 등 고도의 도덕성과 윤리성이 뒷받침되지 않으면 안 된다. 최고 고위공직자나 리더들이 그들의 비행 사실이 언론에 노출되어 불명예스럽게 퇴진하는 경우를 종종 보게 되는데 과거에는 알려지는 범위나 속도가 지금처럼 넓거나 빠르지 않았지만 현대는 인터넷이 발달하면서 확산 속도가 매우 빨라졌다. 뿐만 아니라 리더에 대하여 구성원들의 다양한 평가 기준과 시각이 존재하며 비판 기능 강화 등으로 과거와 비교시 상대적으로 높은 도덕성과 솔선수범 리더십을 요구한다. 이순신의 리더십과 현대의 리더십은 상호의존적이며 교호적, 변환적 리더십이 요구되고 있다. 이순신 장군의 리더십은 현대 리더십의 관점에서 조명해 보더라도 훌륭한 리더십이라 본다.

이순신 장군의 생애

　이순신의 휘(諱)는 순신(舜臣)이고 자는 여해(汝諧)이며 성은 이씨다. 본은 덕수(德水)인데 충무는 1643년(인조 21년)에 이순신에게 내린 시호(諡號)이다. 이순신은 1545년 3월 8일(음력) 한성부 건천동[150](서울 인현동)에서 부친 덕연군 이정의 사형제 중 셋째 아들로 태어났다. 이순신은 어려서부터 무인의 용력과 문인의 재지를 겸비하여 문학을 공부하다가 뜻한 바 있어 22세에 들어 무예를 연마하기 시작하였다. 당시 조정의 관리들은 당파 싸움에만 정신이 팔려 나랏일은 제대로 돌보지도 않고 있었다. 그래서 이순신은 조선의 앞날을 걱정하였다. 누군가는 나라를 지켜야 한다는 사명감을 깨닫고 있었다. 이런 생각을 할수록 이순신은 무과 시험을 보아야겠다는 결심을 점점 더 굳혀갔다.

　이순신은 무과 시험을 보기로 하고 ≪손자병법≫을 읽고 구체적으로 전쟁에서 실전에 이용하는 공부도 해 나갔다. ≪손자병법≫ 중에서도 이순신이 감명 깊게 읽었던 구절은 전쟁을 이기기 위한 다섯 가지 근본이었다. 손자의 전쟁을 이기기 위한 다섯 가지 근본을 보면 다음과 같다.

　첫째, 도(道)을 지켜야 한다.

　도란 올바른 길로 도를 지키면 백성의 뜻과 다스리는 지도자의 뜻이 하나가 되게 만들어야 한다. 어떤 위험에도 두려움 없이 삶과 죽음을 함께 하도록 한다.

　둘째, 천(天)을 알아야 한다.

　천은 하늘로 적과 싸울 때에는 기후, 온도, 계절, 시간, 적의 사기 등을 고려해서 싸워야 한다.

셋째, 지(地)를 알아야 한다.

지는 땅으로 거리, 험함, 넓음, 높음 등 땅의 이롭고 해로움을 고려해서 싸워야 이긴다.

넷째 장(長)이다.

장이란 대장을 말하며 대장은 뛰어난 슬기, 믿음, 용기, 위엄이 있어야 한다.

다섯째 법(法)이 있어야 한다.

군대는 조직이 있어야 하고, 규율이 있어야 하고, 병기를 갖추어야 한다. 손자는 이 다섯 가지 기본 조건 가운데 하나라도 빠져서는 전쟁에 이길 수 없다고 하였다.

이순신은 무장이 되어 나라를 지키기 위해서 손자의 글 한 줄 한 줄을 머릿속에 깊숙이 새겼다. 이순신이 용기 있는 장군으로서 성공한 이유를 살펴보면 어렸을 때부터 어머니의 가정교육을 통해 국가를 위해서는 죽음을 두려워하지 않는 용기를 배웠다. 그리고 많은 인생의 스승인 명장들의 전사에서 그들의 용감함을 배웠다. 손자의 전쟁을 이기기 위한 다섯 가지 근본을 바탕으로 지혜롭고 용감한 대장이 되어야 함을 배웠던 것이다. 이순신은 28살 되던 1572(선조 5) 8월 무예를 닦은 지 7년 만에 훈련원에서 주관하는 별시에 응시하였다. 이순신은 이 무과에서 낙방하였다. 말을 타고 달리면서 활을 쏘다가 낙마하고 말았던 것이다. 왼쪽 다리가 부러져 구경하던 사람들이 모두 죽었다고 여겼다. 그때 이순신은 한 발로 일어서 버드나무 가지를 꺾어 껍질을 벗겨 싸매고 남은 시험을 마쳐 시험관들에게 깊은 인상을 심어주었다. 비로소 이순신은 32세 때 무과에 합격하였다.

1576년(선조 9)에 임진왜란이 일어나기 15년 전이었다. 당시의 정규

▲이순신 무과교지

무인 채용시험인 식년무과는 4년마다 한 번씩 있었고, 합격자는 29명이었다. 그들을 성적 순위에 따라 갑과, 을과, 병과로 갈랐다. 그는 병과에 4등으로 합격했다. 수위 합격자는 아니었으나 식년무과에 급제한다는 것 자체가 힘든 일이었다. 이순신은 조숙한 천재는 아니었지만 궁술의 명인이었고 강직한 성품으로서 ≪무경≫[151]에 통하고 지략이 뛰어난 무인이었다. 이 무과 시험 때에 ≪무경≫을 해석하다가 황석공[152]이란 대목에 이르러 시험관이 이순신에게 물었다.

"장량[153]이 적송자[154]를 따라 놀았다고 했으니, 장량은 과연 죽지 않았을까?"

이순신은 이렇게 대답하였다.

"사람이 나면 반드시 죽는 것이 정한 이치요, ≪통감강목≫[155]에 임자(壬子) 6년에 유후(留侯) 장량이 죽었다고 기록되어 있으니 어찌 신선을 따라 죽지 않을 리가 있겠습니까? 그것은 다만 꾸며진 말에 지나지 않습니다."

그 당시 무인은 학문을 소홀히 하고 있을 때라 시험관들은 탄복한다.

"무인이 어찌 그런 일까지 잘 알 수 있느냐!"

또 이순신이 무과에 급제하고 선영에 성묘갔을 때에 수십 인이 힘으로도 일으키지 못한 묘 앞의 석인(石人)을 옷도 벗지 않고 등으로 떠밀어 일으켰다. 보는 사람들이 감탄하여 말하였다.

"힘으로만 되는 일이 아니다."

이순신은 타고난 힘도 장사였을 뿐만 아니라 사물의 이치를 알아 임기응변으로 일을 처리하는 능력도 뛰어났던 것이다. 이순신은 무과에 급제하고 군인 생활을 하면서도 세상이 자기를 알아 줄 때까지 묵묵히 맡은 임무를 완수할 뿐, 남의 힘을 빌어 출세하려 하지 않았다. 이순신은 초기의 군인 생활에 있어서 승진이 늦은 편이었다. 비록 무과에 급제하였지만 11개 월이나 보직이 주어지지 않았다. 이순신의 인격과 실력이 남보다 뛰어났음에도불구하고 조그만 벼슬자리 하나도 얻지 못하고 있는 것을 보고 그를 애석히 여기는 이들이 개탄하는 말로서 이순신을 위로 하였다. 그때 그는 말로써 자신의 심정을 표현하였다.

"대장부가 세상에 태어나 나라에 쓰이게 되면 죽기로써 일할 것이요, 쓰이지 못하면 들판에서 농사짓는 것으로 만족할 것이다. 권세있는 곳에 아첨하여 한 때의 영화를 사는 것 같은것은 내가 제일 부끄럽게 여기는 것이다." ≪충민사기≫이항복,

이순신은 정의롭게 살다가 죽는 것이 선비의 정신이요, 정의를 실

천하는 것이 선비로서, 무인으로서 마땅히 지켜야 할 덕목이며, 올바르게 살아가는 길임을 알고 있었다. 그 해(1576년) 12월에 초급 장교인 권관으로 임명되어 함경도에 부임하여 이순신은 첫 벼슬에 오른다.

처음 이순신이 관직에 올라 동구비보156)의 권관이 되었을 때 감사로 부임한 이후백157)은 자기 관할 하에 있는 여러 진을 순행하면서 변방 장수들에게 활쏘기 시합을 시키기도 하고 성적이 나쁜 장수들에게 벌을 주었다. 이순신만은 감사의 우대를 받을 정도로 무예에 능통하였다. 이때 이순신은 ≪함경도일기≫라는 진중일기를 남겼다.

1579년 2월 이순신의 나이 35살에 파직된 지 4개 월 후에 한성 훈련원 봉사로 다시 복직되었다. 10월에 충청절도사의 군관이 되었다. 1580년 7월에 전라도 발포진 수군만호(종4품)에 임명되었다. 최포로 수군의 초급 지휘관이 되었다. 발포는 전라 좌수영(여수) 휘하의 다섯 개 해안 중의 하나였다. 이때 발포진에는 판옥선 2척, 사후선 2척이 배속되어 있었다.

이순신이 육상과 다른 해상의 방비를 위하여 군기를 보수하고 있을 때였다. 거짓을 꾸며서 남을 참소하는 말을 듣게 된 전라감사 손식158)은 이순신에게 단단히 벌을 주려고 하였다. 마침내 순찰 중 능성159)에 이른 감사 손식은 별다른 이유 없이 이순신을 마중 나오라고 하였다. 이순신을 만난 감사는 진서(陣書)에 대한 강독을 명하였다. 이순신의 능숙한 강독에 아무런 트집을 잡을 수 없었다. 또 다시 감사는 이순신에게 여러 진의 모양을 그리게 하였다. 감사는 그림을 잘못 그리면 그것을 구실로 삼아 단단히 벌을 주려고 하였다. 이순신은 진의 모양을 그리는 데도 매우 능숙하였다. 이순신은 침착하게 붓을 들고 감사가 원하는 진도를 정묘하게 그려내었다. 꼭 트집을 잡아야겠다고 생각하고 있던 감사는 한참 동안 보다가 감탄하고 말았다. 이윽고 감사는 말하였다.

"그대는 어쩌면 이와 같이 정묘하게 그렸느냐?"

오히려 벌을 주려는 생각보다 이순신의 조상을 물어본 다음에 다시 말하였다.

"진작 내가 그대를 알지 못했던 것이 한이로다."

그 후에 감사는 정중하게 이순신을 대우하였다. 지금까지 닦아 온 재능으로 이순신은 이유 없이 받아야 할 벌을 쉽게 면할 수 있었지만, 그에 대한 불의의 희롱은 끊이지 않았다.

"내가 거문고를 만들고자 하니 발포 객사 앞 뜰 안에 있는 오동나무를 베어서 보내라."

이순신은 이런 수사 성박의 글을 받았다.

비록 이순신은 한 그루 나무이지만 공유물이며, 또 당장 필요하지 않은 사소한 공유물이라도 관원들이 일시의 욕망으로 마음대로 없애서는 안 된다는 것을 명심하고 거절하였다.

"이 나무는 국가의 물건입니다. 또 여러 해 동안 길러온 것을 하루 아침에 베어버릴 수 없습니다."

이순신의 거절하는 답장을 받은 수사 성박은 노발대발하였다. 옳지 않은 일에는 절대로 의견을 굽히지 않는 이순신의 성격을 잘 알고 있었다. 그는 분해하면서도 결국 오동나무를 베어가지 못 하였다.

1582년 정월에 훈련원 봉사 시절에 나쁜 감정과 불편한 관계에 있던 서익[160](徐益)이 군기를 감사하기 위해 임시로 파견되는 군기경 차관의 직무를 띠고 발포[161]에 내려왔다. 서익은 사실과 정반대의 보고서를 작성하고 군기가 엉성하다고 파직시켰다.

이순신은 말과 행동이 엄격하고 지혜와 용맹이 특출하였다. 다른 무사들로부터 존경을 받았을 뿐만 아니라 학문과 서예까지도 실력을 겸비하고 있었다. 소년 시절부터 같은 동리에서 자라온 서애 유성룡은 그의 초인적인 능력을 일찍부터 알고 있었다. 그때 전랑162)이었던 이율곡이 유성룡을 통하여 상면을 청하였다. 이순신은 일언지하에 이렇게 말 하며 거절하였다.

"우리는 종친이라 당연히 만나야 하지만 전랑으로 있을 때만은 만날 수 없습니다."

이는 이순신의 청렴함을 단적으로 말해 주는 것이리라.

그해 5월 훈련원 봉사에 임명되었다. 1583년 이순신이 39살이 되던 해의 7월 남병사163) 이용164)의 특별한 인사 내신이 있었다. 이순신은 이용의 군관이 되어 다시 북쪽 변방으로 떠났다. 전라 감사와 같이 앉아 여러 부하 장수들의 인사 고과를 논의하는 자리에서 이용이 근무 성적을 최하위에 두려고 하였다. 이에 조헌165)은 당시 전라 감사를 보좌하여 행정 사무를 맡아보는 도사166)였다. 조헌은 여러 진장들의 성적을 기록하던 중 수사의 그릇된 평가를 듣고 있었다. 그는 의분을 참지 못하고 붓을 멈추고 감사와 수사를 정면에서 보고 엄숙한 태도로 이렇게 말하였다.

"이순신이 군사를 다스리는 법이 도내에서는 제일이라는 말을 들어서 알고 있습니다. 다른 진은 모두 그 아래에 둔다 하더라도 이순신만은 나쁘게 평할 수 없을 것입니다."

실로 의기에 찬 조헌의 듬성한 음성은 동석한 사람을 압도하는 위엄이 있었다. 계획적으로 이순신을 나쁘게 평가하려던 수사 이용도 다시 입을 열지 못 하였다. 이순신은 3개월의 군관 생활을 충실히 수행

하여 같은 해 10월 건
원보 권관으로 전임되
었다. 건원보는 함경북
도 두만강변의 경원군
내에 위치하여 여진족
의 침입이 자주 있던 접
경 지역이었다. 이곳에
서 악명을 떨치던 추장
울지내(鬱只乃) 일족을
유인하여 복병으로 사
로잡는 전과를 올렸다.
이순신이 최초의 지상
전투를 승리로 이끈 작

▲장양공 정토 시전부호도

전이었다. 그러나 이순신의 직속 상관인 북병사 김우서[167]는 이순신이
단독으로 작전을 크게 성공한 것을 질투하였다. 김우서는 이런 보고
서를 조정에 제출해 보상도 중지되고 말았다.

  "주장인 나에게 보고하지 않고 임의로 큰일을 행하였으므로 옳지
못하다."

  그 무렵 야인 갑청아(甲靑阿), 사송아(沙送阿) 등이 대규모로 기습
침입하여 수비장 오형과 감관 임경번 등이 전사하고 군민 160여 명이
포로가 된 사건이 발생한다. 병마절도사 이일[168]은 여진족의 기습에
의한 패전으로 규정하여 조정에 보고하고 이순신을 투옥하였다.

  당시 이순신은 병마절도사 이일에게 녹둔도의 군병 증원을 거듭 요
청하였다. 그게 이루어지지 않은 상황에서 야인의 기습을 받은 것이었

다. 그 전투는 병력의 증파가 이루어지지 않은 상황이었다. 소수의 병력으로 이순신은 이운룡[169] 등과 함께 여진족의 침입을 격퇴하고 포로 군민 60여 명을 생환시켰다. 오히려 이는 소수의 병력으로 잘 대처한 것으로 평가받았다. 그 때문에 이순신은 이일의 문책에서 벗어날 수 있었다. 병마절도사 이일의 장계를 받은 조정에서도 이순신이 패전한 것이 아니라고 판정하고 백의종군하게 하였다.

백의종군은 나라에서 주어진 일체의 관직과 계급을 박탈하여 평복(平服)으로 계급없는 일개 군사로서 종군하는 것이다. 일종의 죄에 대한 벌칙이었다. 결국 이순신은 두 번째의 지상전투에서 상관의 모함으로 백의종군이라는 비참한 처지에 놓여 있었다. 같은 해 겨울 이순신은 여진족의 근거지인 시전마을[170] 정벌에서 공을 세워 특사를 받았다. 시전마을 정벌은 이순신에게는 세 번째 지상전투의 참가한 것이다.

이순신은 건원보에서 참군(정7품)으로 승진하였다. 여진족의 추장을 생포한 다음 날인 11월 15일 이순신의 부친 정(貞)이 73살의 일기로 세상을 떠났다는 비보를 듣는다. 아산 고향으로 이순신은 내려가 상복하고 상중의 몸이 된다.

1586년(선조 19)에 이순신은 부친 상을 마친 후 사복사 주부에 임명되었다. 이때 북방 여진족이 난리를 일으키자, 조정의 천거로 이순신은 조산보 병마만호에 임명되었다. 이순신이 조산보 병마만호에 임명된 이듬 해에는 녹둔도 둔전관을 겸임하여 목책을 설치하고 둔전[171]을 개간하여 군비를 재정비하는 중책을 맡게 되었다. 이순신은 시전 마을 전투 이후 북변의 순탄하지 못한 생활을 청산하고 벼슬을 떠나 고향으로 돌아오게 되었다.

이순신의 나이가 45세(1589년)되는 1월에는, 조정에서 인재를 얻는 방책으로 불차탁용(不次擢用)의 탁발책을 써서 무신을 천거한 일이 있었다. 북방 지역의 전공으로 이순신이 서열 2위에 올라 있었다. 이순신은 장재로서 자질을 중앙 조정에서도 널리 인정받고 있었지만 천거되지 않았다. 그 후 이순신은 전라 감사 이광[172]의 내신에 의해 이광의 군관으로 임명된 후 조방장을 겸임하게 되었다. 이후 잠시 선전관[173]으로 재직하고 있었다. 1589년 12월에 유성룡의 추천으로 정읍 현감에 임명되었다.

이순신은 정읍 고을을 잘 다스려 명성을 얻었다. 이듬해인 1590년 7월 이순신은 다시 북방 방어를 담당하는 고사리진 병마첨절제에 거듭 임명되었다. 승진이 너무 빠르다는 대간[174]의 반대로 무산되고, 그해 8월에 만포진 수군첨절제사에 임명되나 대간들의 반대로 정읍 현감에 그대로 유임되었다.

이순신 장군의 한반도 남해안 사수

　1591년(선조 24) 2월에 일시 이순신은 진도 군수에 임명되었다. 곧 이순신은 특진되어 전라 좌수사에 발탁되었다. 이때는 임진왜란 발발 1년 전이었다. 이처럼 이순신이 종6품인 현감에서 정3품 직인 수사로 파격 승진을 하였다. 그 배경은 유성룡의 추천에 의한 것이다.　당시의 조정은 일본군의 침입이 급박해진 상황이었다. 그런 조정의 판단하에 국방의 만전에 대비하여 이순신과 같은 유능한 장수를 필요로 하였기 때문이었다.

▲동래부순절도

　이순신은 장차 일본군이 쳐들어올 것을 직감하고 있었다. 조정에서 분당에 의한 의견 대립을 무시하고 이순신은 자신의 권한과 범위 내에서 전쟁 준비에 열중한다.

　그해 3월에 이순신은 일본군이 반드시 쳐들어올 것을 인지하고 있었다. 그는 본영과 부속 진의 전쟁 무기를 모두 수리 정비한다.　또 판옥선도 새로 만들어 앞으로 위기에 처할 조선의 운명에 대비하고 있었다. 이순신은 전라 좌수영 관할 아래 모든 장정의 군사 훈련과 장비를 점검했다. 한반도 역사상 가장 훌륭한 무기였던 거북선을 만들기에 이르렀다. 세계 최고 철갑선의 원조로 임진왜란에 큰 공을 세웠던 것이다. 48세 되던 해 1592년 4월 13일 드디어 일본군이 부산에 상륙하였다. 다음 날 부산진이 무너지고 15일에는 동래성이, 5월 3일에는 한양이 함락되었다. 이순신은 전라도 관할이지만 4월 16일 부산이 함락되었다는 정보를 입수했다. 급히 여러 장수를 본영으로 소집하여 자유로운 토론을 가졌다.

"전라도 수군은 전라도를 지키는 것이 자기 임무요, 나가 싸우는 것은 좋은 계책이 아니오."

이런 신중론을 말하는 장수도 있었다.

"이제 왜적들의 기세가 커졌으니 앉아서 외로운 성을 지키자 해도 지켜지지 않을 것이오. 다행히 싸워 이기면 왜적의 기세를 꺾을 것이며, 설사 불행히 전사한다 해도 그 또한 남은 신하된 도리에 부끄러움이 없지 않겠소."

이런 의견도 있었다. 마침내 녹도 만호 정운[175]은 눈물을 흘리며 말하였다.

"왜적을 치는 데 전라도 경상도가 어디 있소. 경상도를 내버려두어 오늘에 다 무너지고 나면, 내일의 우리 일은 또 어떻게 할 것이오. 왜적이 울타리 밖에 밖에 있을 때에는 막기가 쉽지만 울타리 안에 들어오고 나면 막기조차 어려운 것이오. 영남은 호남의 울타리인데 울타리가 무너지면 전라도 보전하지 못할 것이오. 이제 군사를 이끌고 나가 쳐서 한편으로는 경상도를 돕고 또 한편으로는 전라도를 보호할 생각을 아니하고서 그저 머뭇거리며 바라만 보고 목전에만 편안하려 든다고 하는 것은 그야말로 왜적을 울타리 안으로 인도해 들이는 것이라고 할 수 있소."

112

정운의 말을 들은 이순신은 군대를 정렬해 놓고 엄하게 명하였다.

"국가가 위급한데 어찌 타도(他道)라고 좌시하면 되겠는가, 이에 후퇴하는 자는 목을 베어 징계할 것이다."

5월 1일 여러 장수를 모아 전함 24척을 당포176) 앞 바다로 집결시켰다. 이때 도망갔던 여도 권관 황옥천의 목을 베어 높은 곳에 매달아 군율의 지엄함을 전군에 알렸다. 5월 7일 옥포에서 약탈하는 일본군을 무찔러 쳐부수었다.

이것이 제1차 옥포해전의 승전이다. 그 다음 5월 29일 경상도 사천해전에서 승전한다. 6월 2일 다시 당포해전에서 승전한다. 경상도 해상의 일본군을 모조리 격파한다. 이것이 제2차 당포해전 대승첩이다. 그 다음 달 7월 8일 한산도 앞 바다에서 이른바 학익진법177)으로 서해로 가려는 일본군을 완전 소탕한다.

이것이 제3차 한산도해전이다. 그런데 더욱 강해진 일본군은 부산포를 기지화시켜 갔다. 이순신은 부산포 앞 바다에서 적을 공격하여 가장 큰 전과를 올렸다. 이것이 9월 1일 제4차 부산포 대승첩이다. 7월 15일 여수 전라 좌수영의 본영을 그대로 두고 이순신은 전투 본부를 한산도로 옮겼다. 이순신은 서해로 가려는 일본군을 쳐부술 전략을 세우고 있었다. 이때 조정에서는 삼도의 수군을 통괄하는 주장(主將)이 필요하다고 판단한다. 조정에서는 이순신을 삼도 수군통제사로 승진시켰다. 이때가 8월 15일이었다. 1591년 2월 13일에 처음 전라 좌수사로 임명되었을 때 이순신의 군영은 여수의 전라 좌수영이었다. 이순신은 크게 세 차례에 걸쳐 활동 공간의 군영을 이동시켰다. 이 근거지로 1593년 6월까지 해상 군사 활동을 전개했다.

임진왜란이 소강 상태로 접어든 1593년 7월에 군영을 이순신은 한

▲ 난중일기 초고본. 현충사 제공

산도로 옮겼다. 여기를 근거로 1597년 2월 6일 파직당할 때까지 해상 군사 활동을 전개했다. 이후 1597년 8월 3일에 다시 삼도 수군통제사로 이순신은 재임명되었다. 이순신은 진도 벽파진과 해남 우수영을 근거로 명량해전의 승리를 이끌어내었다. 10월 29일에 군영을 고하도로 잠시 옮겼다. 1598년 2월 17일에 군영을 다시 고금도로 옮겼다. 11월 19일 노량해전에서 전사당할 때까지 이곳을 근거지로 삼았다.

이제 이 세 시기를 중심으로 이순신의 활동 공간 문제를 살펴보기로 한다.

1. 좌수영 시기(1591년 2월 13일~1593년 6월)

임진왜란이 일어나기 1년 2개월 전인 1591년 2월 13일에 이순신은 전라 좌수사로 특진되어, 여수에 위치한 전라 좌수사 직에 취임하였다. 전라 좌수영 시기에 이순신의 활동 공간을 살펴볼 필요가 있다. 왜냐하면 이순신은 일본군의 침략을 대비하여 만전을 다하고 있었기 때문이다. 먼저 여수에 전라 좌수영을 설치하게 된 내력과 그 관할 범위를 알아보면 다음과 같다. 원래 조선 초 전라도에는 해양 방어의 총사령부인 전라수군처치사영(全羅水軍處置使營)이 옥구에 1개소가 설치되어 있었다. 이런 국방 전략에 따라 태종은 바닷길의 길목으로 옮기자는 건의를 받아들인다.

1408년(태종 8)에 옥구에서 무안 대굴포[178]로 옮겼다. 다시 1432년 (세종 14)에 세종대왕은 대굴포에서 목포로 옮기도록 명한다. 1440년 (세종 22)에 해남 주량(우수영)으로 이전하였다. 그리고 1478년(성종 9)에 순천 내례포[179]에 왜가 침입하여 군기와 화약을 탈취해간 사건이 있었다. 성종 10년(1479) 전라도 순천 내례포에 전라좌도수영을 설치하고 해남 주량은 전라 우도수영으로 바꾼다. 처음의 영역은 남북 길이 10리, 동서 너비 5리의 크기이며, 석축의 둘레는 3,843척, 높이 11척, 연못 3개소가 있었다.

≪전라 우수영지≫에 의하면 영내에는 민가 620호, 수군 병력 1,085명 을 보유하고 있었다고 한다. 임진왜란 때에는 전라 우도 연해 지역 14관을 관할하였을 만큼 군사적인 규모와 역할이 매우 컸다. 선조 30년(1597) 정유재란 때 수사 김억추는 통제사 이순신과 더불어 명량대첩에서 승리를 거두었다. 해안선을 따라 가며 쌓은 전라 우수영은 돌과 흙을 섞어 쌓은 혼합형으로, 사각형과 원형의 중간 형태를 띄고 있다. 성벽을 쌓은 아래쪽의 돌은 150cm 이상이 되는 큰 것들인데 올라가면서 30~50cm 정도로 작아진다.

이때 전라좌도수영에는 첨절제사진(종3품의 첨절제사, 첨사 배치) 1개 사도진[180]과 만호진(萬戶鎭, 종4품의 무관인 만호 배치) 7개(회령포,[181] 달량,[182] 여도,[183] 마도,[184] 녹도,[185] 발포,[186] 돌산도[187])가 우도수영에는 첨절제사진 1개 임치도진[188]과 만호진 8개(검모포[189] 법성포[190] 다경포[191] 목포 어란포[192] 군산포 남도포[193] 김갑포)가 소속되어 있었다. 이런 편제는 이후 사정에 따라 몇 차례의 변혁된다. 먼저 1552년(중종 17년) 추자도 왜변 이후에 우도수영 관내에 첨사진 1개 가리포

194) 진관이 신설되면서 좌수영 관하의 달량진과 마도진이 우수영 관하로 이관되었다. 그 뒤에 회령포진 역시 우도수영 관내로 이관되었다. 돌산도진은 만호진에서 첨사진으로 승격되어 방답진이라 개칭되었다. 이후 1555년(명종 10)에 발생한 을묘왜변을 계기로 제승방략의 새로운 분군법이 실시되었다. 이에 수군 편제에도 상당한 변화가 일어났다. 즉, 종전에는 연해 지역의 각종 포에만 수군을 배치하던 것에서 이제 연해안의 여러 읍에까지 수군 기지를 두었다. 여러 읍을 수사 관할 하에 포함시킴으로써 해안 방어를 강화하려는 조치였다.

이순신이 취임했을 때의 전라 좌수사는 사도, 방답진의 첨사 2인과 여도, 녹도, 발포진의 만호 3인과 인근 여러 읍의 수령들까지도 휘하의 참모로 거느릴 수 있었다. 다시 말해 전라 좌수영의 관할 범위는 흥양(현재는 고흥) 관내의 사도, 녹도, 발포, 여도의 4진과 순천 관내의 방답진 등의 수군진과 순천, 흥양, 보성, 낙안, 광양 등의 여러 현·군까지 포괄하였다. 이순신은 전라 좌수사에 취임하자 이 관할 지역을 순회하면서 군사 시설 점검과 엄정한 군기 확립을 위한 모든 전략 전술을 구사했다. 1592년 3월 하순에 전라 좌수영 앞 바다에 철쇄(鐵鎖) 가설을 완료했다. 일본군이 부산포를 공격하기 불과 며칠 전인 4월 11일에는 거북선 건조를 완료했다. 마치 임진왜란의 발발을 예견이라도 한 듯이 그 직전에 방어전을 위한 만반의 전투 태세를 갖추었다. 전라 좌수영 시기에 이순신은 경상도 해역을 종횡무진 누비며 화려한 전공을 기록한다.

이 시기에 이순신이 수행한 해전 격전지는 다음과 같다.

● 1차 출전(1592. 5. 4 ~ 5. 9)
  옥포해전 : 5월 7일 경남 거제군 동구면 가공관리

합포해전 : 5월 7일 경남 창원군 내서면 산호리

적진포해전 : 5월 29일 경남 고성군 거류면 화당리

● 2차 출전(1592. 5. 29 ~ 6. 10)

사천해전 : 5월 29일 경남 사천군 용현면 선진리

당포해전 : 6월 2일 경남 통영시 산양면 당포리

당항포해전 : 6월 5일 경남 통영시 회화면 당항리

● 3차 출전(1592. 7. 4 ~ 7. 13)

한산도해전 : 7월 8일 경남 통영시 한산도

안골포해전 : 7월 10일 경남 창원군 태동면 안골리

● 4차 출전(1592. 8. 24 ~ 9. 2)

장림포해전 : 8월 29일 부산시 강서구 신호동

부산포해전 : 9월 1일 부산시 사하구 다대동

● 기타

웅포해전 : 1593년 3월 3~4일 경남 진해시 제덕동

2. 한산도 시기(1593년 7월~1597년 2월)

이순신이 이끄는 전라 좌수영의 수군을 중심으로 이억기[195]의 전라 우수영 수군, 원균의 경상 우수영 수군이 연대한 삼도 수군이 경상도 일대의 해전에서 일본 수군과 싸워 연전연승한다. 이에 일본 수군은 더는 바다에 나오지 못하고 경상도 연안 지역에 왜성을 축성한다. 그 곳에 머무르면서 수시로 주변 마을을 노략질하는 소극 전술로 전환한 다. 이순신은 왜성에 농성하는 일본군을 바다로 끌어내야 하는 또 하 나의 어려운 상황에 직면하게 되었다. 이 군사 작전은 멀리 여수에 군 영을 둔 상태에서는 더욱 불가능한 일이었다. 그리하여 이순신은 군 영을 한산도로 옮기기로 한다. 1593년 7월에 결행한다. 그 다음 달 8 월 15일에 이순신이 전라 좌우도, 경상 우도의 수군을 총괄하는 삼도

수군통제사로 임명된다. 한산도는 삼도 수군통제사영의 소재지로 승격되었다. 이런 전황이 전개되자 일본군은 더욱 왜성에 칩거할 뿐, 바다에 나올 엄두를 내지 못하게 되었다. 더욱이 1592년 8월부터 강화회담이 개시되어 다음 해 4월부터 일본군이 철수해 남해안의 왜성에 집결하기 시작한다. 대규모 해전이 더는 일어나지 않았다. 다만 당항포 2차 해전(1594년 3월 4일, 경남 통영군 회화면 당항리), 장문포해전(1594년 9월 24일~10월 4일, 경남 거제시 장목면 장목리)과 같은 소규모의 해전만이 어쩌다 한두 번 전투를 하고 있었다.

그후 1596년 하반기까지 지지부진하게 끌어오던 강화회담이 결렬되었다. 다시금 전운이 감돌기 시작했다. 그 동안에 조선 조정과 이순신 사이에는 치명적인 간극이 벌어지고 있었다. 선조는 이순신에게 일본군에 대한 선제공격을 감행할 것을 하명한다. 이순신은 왜성이 농성해 있는 일본군을 공략하기 위해서는 수군과 육군의 합동작전이 반드시 필요하다는 것을 건의하면서 선제 공격을 망설이고 있었던 것이다. 여기에 조정의 선제 공격론을 충청병사 원균은 지지하고 있었다. 또 이순신을 제거하려는 일본군의 공작까지 겹쳐지고 있었다. 결국 조선 조정은 1597년 2월 6일에 이순신을 삼도 수군통제사 직에서 파직시키고 한양로 압송해 오라는 명을 하달하기에 이르렀다. 이로써 이순신의 한산도 시기도 막을 내렸다. 이순신의 뒤를 이어 삼도 수군통제사 직을 원균이 이어받았다. 원균은 일본군에 대한 수륙 양면 공격의 필요성을 새삼 확인한다. 원균은 공격하지 못하고 주춤거리고 있었다. 조정의 추상 같은 재촉을 받아 원균은 무리하게 일본군을 공격하다가 칠천량해전(1597년 7월 16일, 경남 거제군 하청면 칠천도)에서 참패하고 만다. 이 전투에 지고 도망치다가 원균도 전사한다.

3. 우수영·고하도·고금도 시기(1587년 8월~1598년 11월)

칠천량해전으로 조선 수군은 전멸에 가까운 손실을 당했다. 제해권은 일본 수군에게로 넘어갔다. 조선은 수륙 양면에서 일본군에 거의 무방비상태로 노출되는 극도의 위기 상황에 빠져들어 갔다. 임진왜란 중에 일본군은 곡창지대인 전라도를 장악하지 못한 것이 실패의 가장 큰 요인이었다고 판단했다. 일본군은 수륙 양면으로 전라도 공략을 우선 감행했다. 그리하여 전라도의 관문인 남원을 1차 공격 대상 지역으로 정하고 일본 육군은 함양을 거쳐, 수군은 하동으로 상륙하여 남원으로 집결했다. 남원을 함락시키고 전라도의 중심 지역인 전주를 공략하여 함락시켜 나갔다.

이런 상황에서 조선 조정은 이순신을 삼도 수군통제사로 다시 복직시켜 수군의 재건을 주문했다. 통제사영인 한산도는 이미 적의 공격을 받아 잿더미로 변한 상황이었다. 이순신은 명을 받자마자 전라도의 순천과 보성을 거쳐 옛 부하를 주축으로 군사를 끌어모아 진도 벽파진에 이르렀다. 그때 일본군이 남원과 전주 공략에 집중하고 있었다. 그 사이 이순신은 남은 전선을 모아 수리하고, 새로운 전선을 건조하면서 수군의 재건에 박차를 가했다. 조정은 수군이 재기불능한 상황에 이른 것으로 판단했다. 조정에서 이순신에게 수군을 포기하고 군사를 모아 육군과 합동작전에 나설 것을 주문했다. 이에 이순신은 수군의 필요성을 역설하면서 끝내 수군을 포기하지 않았다.

일본 육군이 전주를 거쳐 북상함과 함께 일본 수군이 서남해를 거쳐 서해로 병진해 올라갈 것이 분명한 상황이었다. 이순신은 해남 우수영에 본영을 다시 세우고, 진도와 해남 우수영 사이의 명량해협(일명 울돌목)에서 일본 수군의 진로를 차단하기 위한 일대 전략을 세웠다. 1597년 9월 16일에 이순신은 전선의 숫자상 10대 1의 절대적 열세를 극복하고서 역사적인 명량해전의 대승리를 이끌어냈다. 만약 이 해전의 승리가 없었다고 한다면, 일본 수군은 서해를 따라 북상하여, 전라도를 장악한 육군과 합세하여 한양을 다시 점령하고 돌이킬 수 없는 나라가 망하는 화를 초래했을 지도 모른다. 이 해전은 풍전등화와 같은 조선의 운명을 되살려낸 구국의 등불과 같은 것이었다.

이순신은 조국의 운명이 자신의 한 몸에 달려있음을 의식하고 있었다. 이순신은 명량해전에서 대승리를 거두었음에도 불구하고 조심스런 행보로 일관하였다. 10월 29일에 우수영에서 서북 방향으로 후퇴하여 영산강 하구의 작은 섬 보화도[196)로 본영을 옮겼다. 명량해전의 참패에도 불구하고 여전히 일본 수군은 완고했다. 이순신은 다시 일본 수군이 총공격을 해온다면 절대 열세의 조선 수군으로 이를 재차 물리치기 어려울 것으로 판단하고 있었다.

명량해전에서 불의의 일격을 당한 일본군은 사기가 크게 위축되었다. 일본군은 기존의 왜성 이외에 새로운 성을 축성하여 지키면서 관망하는 자세로 돌아섰다. 전선(戰線)이 소강상태에 이르자 이순신은 고하도[197)에서 겨울을 지냈다. 이순신은 일본 수군과 일대 격전을 치르기 위한 수군력 증강에 매진했다. 어느 정도 수군력의 틀이 갖추어졌다. 이순신은 1598년 2월 17일에 고이도[198)에서 다시 남동 방향으로 진군하여 울돌목을 지나서 강진만 하구에 위치한 고금도[199)으로 본영을 옮겼다. 고금도는 천혜의 요새지였다. 비교적 넓은 농장도 있어서 본영지로는 최적의 조건을 갖추고 있었다. 서남해 연해민들의 적극적 협조도 이순신에게 큰 힘이 되었다. 같은 해 7월에 명나라의 해군 제독 진린이 5천여 명의 수군을 거느리고 고금도에 합류해 들어옴으로써 전력은 더욱 보강되었다. 이순신은 거만한 진린 제독과 원만한 관계를 유지하면서 조·명 연합수군의 전력 극대화에 온 정성을 기울였다. 일본 수군에 대한 최후의 일격을 가하기 위한 전략 전술을 순조롭게 진행해 가고 있었다. 원균은 자신이 선배인데도 이순신의 부하가 되었음을 부끄럽게 알고 시기하기 시작한다. 그래도 이순신은 조금도 그에 개의하지 않고 군무에만 정진하여 수만 석의 군량을 확보하고 각종의 무기를 갖추고 있었다.

이순신은 전염병으로 십여 일이나 고통을 당하면서도 군무에는 조금도 게을리 하지 않았다. 전염병으로 죽은 군사와 백성들의 시신을 거두어 장례(葬禮) 지내게 하고, 글을 지어 제사를 지내 주었다. 원균은 충청도에 가서 공을 비방하는 말만 퍼뜨렸다. 이순신은 아무 변명도 하지 않고 조금도 원균을 비방하지도 않아 모두들 원균이 옳은 줄로 알았다. 그해 겨울 다시 일본에서 오는 가토 기요마사[200]을 요격하라는 고니시 유키나가[201]의 조정의 비밀 요청에 이순신은 응하지 않았다. 다음 해 1월 21일에 가토 기요마사가 다시 조선에 왔다. 조정에서는 2월 26일 그 호기를 놓쳤다는 죄목으로 이순신을 체포해 한양으로 압송한다. 조정에서 삼군 수군통제사 직을 원균으로 정한다. 이는 왜적의 음모와 원균의 시기로 역사의 큰 오점을 남긴 것이다.

이순신이 백의종군을 하고 있을 때 삼도 수군통제사를 맡은 원균은 칠천량(漆川梁)해전에서 참패했다. 임진왜란 해전사에서 처음이자 마지막인 조선 수군의 유일한 패전이다. 그 자신은 물론 임진왜란 발발 때부터 충무공을 도운 전라 우수사 이억기와 충청 수사 최호[202]·조방장 배흥립[203] 등 조선 최고 수군 지휘관들이 모두 전사했다. 그동안 건재한 함선 등 수군 무기도 잃어버리는 결정적인 타격을 받았다.

이를 본 많은 대신들이 임금 선조에게 상소문을 올려 출옥을 청하였다. 정탁[204]도 선조에게 상소문을 올렸다. 다행히 선조는 이순신에게 백의종군하라고 명한다. 이에 탈옥된 지 26일 만인 4월 1일 석방은 되었다. 얼마 후 모친상을 당했다.

1597년 1월에 일본군이 다시 쳐들어오니 이를 정묘재란[205]이라 한다. 삼도의 수군이 모두 적멸 당하고 원균도 전사하였다. 그래서 이순신이 다시 삼도통제사로 복직하여 병사 백여 명과 13척의 전함으로 결사 항전하기로 맹세했다. 그해 9월 16일 명량(울독목)으로 가서 세계 해전사에 유래가 없는 13척의 전함만으로 133척의 일본 전함을 격파한 이른바 명량해전에서 대승첩을 거두었다. 명량해전이 끝나자 공은 진을 목포 고하도로 옮겼다. 다시 고금도로 옮기니 그때 수군의 병력이 팔천 명에 이르렀다. 여기서 명나라 진린[206] 도독(都督)이 오천의 군사와 함께 조선의 수군과 합세하였다.

드디어 조선·명나라 연합 함대는 11월 10일을 기해 노량해협[207]을 향해 출동하였다. 18일에서 19일로 넘어가는 새벽녘에 조선 수군과 일본 수군의 1천여 척이 뒤얽힌 처절한 명량해전이 전개되었다.

진린도독도 충무공의 인격과 실력 앞에는 굴하여 "당신은 작은 나라 사람이 아니오"라고 감탄하기를 마지 않았다.

1598년 8월 17일 임진왜란의 원흉 도요토미 히데요시[208]가 죽자, 일본군의 철군이 시작되었다. 이순신은 이를 용납하지 않고 마지막 달아나는 일본 함선 500여 척을 추격하여 남해 노량에서 큰 격전을 치루었다. 이순신은 밤새 독전하다가 날이 샐 무렵에 탄환을 맞아 전쟁 중에 순직하였다. 7년여의 지루한 전쟁이 끝나는 그 순간에 운명을 달리한 것이다.

1598년 11월 19일 임종시 유언에 따라 전투가 끝난 뒤에 발상(發喪)하였다. 향년 54세였다.

이 마지막 격전으로 적은 크게 패하여 500여 척의 전함 중 겨우 50척만이 남해로 달아났다. 이로써 일본군은 완전히 의기소침하여 전의를 잃고 침략의 야욕을 잃었다. 피 비린내 나는 7년간의 임진왜란이 종식되었던 것이다. 이러한 활동으로 이순신은 당대에 있어서도 국난을 극복한 장수로서 주목받았다. 임진왜란 이후 이순신은 세계 역사상 가장 위대한 인물로 추앙받고 있다.

이순신이 전사한 뒤 보름 후인 1598년 12월 4일 조정에서는 우의정에 봉하고 1604년(선조 37)에 선무공신 1등과 좌의정[209]을 겸하여 풍덕 부원군에 추봉하였다. 1613년(광해군 5)에는 좌의정에서 영의정[210]으로 추증한다. 1643년(인조 21)에는 충무(忠武)라는 시호를 내렸다.

조선 수군의 임진왜란 발발 당시 전투력

고려가 망하기 전인 1389년(창왕 1년) 2월, 박위[211] 장군이 쓰시마를 정벌한다. 이때 동원된 전투력은 함선이 대략 100척 이상, 병력은 1만여 명 내외다.

조선 건국 이후에도 여전히 왜구의 침략은 지속되었다. 이에 조선 조정은 1396년(태조 5년)에 첫 번째 쓰시마정벌을 추진한다. 동원된 함선의 수와 병력은 자세히 알 수 없지만 약 2개월이 소요되었다. 어느 정도의 성과가 있었던 것으로 추정된다. 조선조 두 번째 쓰시마정벌은 1419년(세종 1년)에 단행되었다. ≪세종실록≫에 따르면 이때 동원된 함선은 227척, 병력은 1만 7285명이고, 식량은 65일 분을 마련한다. 이종무를 삼군도체찰사로 한 정벌군은 쓰시마에 도착해 114명을 참수하고, 포로로 21명을 잡았으며, 가옥 1939호를 불태웠다.

또한 선박 129척을 노획하였고, 중국인 포로도 131명을 구출하였다. 고려 말에서 조선 초기에 걸쳐 이뤄진 세 번의 쓰시마정벌은 강력한 수군 전력이 없었다면 불가능한 일이었다. 조선 건국의 기틀을 다지는 태종 연간에 이르러 화약 무기는 새로운 무기체계로 위상을 갖게 된다. 화약 무기를 전문으로 연구하고, 제조하는 화약감조청[212]을 세웠다. 여기서 만든 화약 무기는 서북 방면의 국경 지대에 광범위하게 배치되었다.

육전에서도 화약 무기의 시대가 활짝 열렸다. 조선의 세종대에 이르면 화약 무기는 비약적 발전이 이루어진다. 이때 화약 및 화기의 성능이 크게 발전하여 기존의 화포에 비해 파괴력과 사정거리가 크게 향상되었다.

조선조에 이르러서도 왜구의 침략은 끊이질 않았다. 1510년(중종 5)

의 삼포왜란,[213] 1544년(중종 39)의 사량진왜변,[214] 1555년(명종 10)의 을묘왜변[215] 등은 해전에서 대형 화약 무기류의 중요성을 일깨워주었다. 동시에 조선 수군이 첨단화·정예화하는 중요한 계기였다. 특히 명종대에 이르러 왜구와 해전에서 대형 화약 무기인 총통과 발사체인 대장군전[216]의 성능이 증명되었다. 임진왜란 때 주력 무기로 사용됐던 천자·지자·현자·황자총통은 대개 1555년(명종 10)부터 1565년(명종 20) 사이에 만들어졌다.

조선 전기의 수군 전투력을 가늠할 수 있는 가장 중요한 자료는 ≪세종실록지리지≫[217]와 성종 때 편찬된 ≪경국대전≫[218]이다. ≪세종실록지리지≫에 기록된 군선은 829척이고 군사는 5만 402명이다. ≪경국대전≫에 기록된 군선은 739척이며 군사는 4만 8800명이다. 이를 통해 볼 때 조선 전기에 대략 5만 명 정도의 수군 군사를 유지하고 있었음을 알 수 있다.

임진왜란 발발 당시 조선의 수군은 신예 함선인 판옥선과 천자·지자·현자·황자 총통 이른바 함포를 보유한 첨단 수군이었다.

언제부터 조선은 함선에 함포를 장착해 운용했을까. 고려가 멸망하기 전 40여 년 동안 약 500여 회에 걸쳐 왜구가 침략해 왔다. 이는 사실 왜구의 격퇴 문제가 얼마나 시급한 문제였는지 반증한다.

당시 조선의 수군은 전함과 화력면에서 세계 어느 나라에 뒤지지 않았다. 조선군은 천자총통,[219] 지자총통,[220] 현자총통,[221] 황자총통,[222] 승자총통,[223] 대완구,[224] 중완구,[225] 소완구,[226] 비격진천뢰,[227] 신기전,[228] 화차[229]에 이르기까지 화학무기를 개발 보유하고 있었다.

1. 천자총통

▲현충사 제공

　임진왜란 당시 사용하던 화포 중에서 천자총통은 가장 큰 화기로 거북선 및 판옥선에 장착하여 큰 성능을 발휘하였다. 화약 서른 냥을 사용하여 대장군전을 발사하였다. 사거리는 9백 보였다. 태종 때 처음으로 발명되어 사용된 이래 더욱 연구·개발되었다. 포의 크기에 따라 가장 큰 것부터 차례로 함께 개발된 지자·현자·황자총통 중에서도 가장 크다. 임진왜란 때는 발사 장치는 포구에 장전한 포탄에 화승으로 인화하여 발화 폭발시켰다. 포탄은 대장군전으로, 그 무게가 30kg이나 되며, 사정거리는 1천 2백 보(960미터)이다.

2. 지자총통

　지자총통은 천자총통 다음으로 큰 화기로 화약 스무 냥을 사용하여 조란탄이라는 철환 2백 개나 장군전을 발사한다. 스물아홉 근에

▲문화재청 제공

달하는 장군전의 경우 8백 보를 날아갔다. 지자총통은 천자·현자·황자총통과 함께 조선 태종 때 발명된 것으로, 임진왜란 때는 거북선 등 전선의 주포로 사용되었다. 발사장치는 포구장전탄에 화승으로 불을 붙여서 발화하면 폭발되었다. 여기에 쓰이는 것은 장군전이라는 쇠화살과 수철연의환탄이라는 탄환이다. 길이 890mm, 내경 105mm, 외경 172mm, 무게 92kg이다.

3. 현자총통

현자총통은 천자총통, 지자총통 다음으로 큰 화포이다. 한 번 발사에 네 냥의 화약으로 차대전이나 은장차중전 조란탄을 사용하였다. 사정거리는 8백 보에서 1천 5백 보

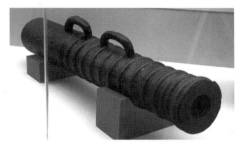

▲현충사 제공

에 이른다. 구조는 통신과 약실로 구분되며, 통신에 대나무와 같은 마디 8조(條)가 있고, 따로 총구에 구연대(口緣帶)가 있으며, 약실은 통신보다 약간 도톰하다. 약실에서 총구 쪽으로 두 번째와 네 번째 마디 사이에 손잡이가 있다. 기록에 따르면 현자총통은 임진왜란 때 화기류 중 가장 많이 사용하였다. 화약 4냥과 격목(檄木)의 힘으로 길이 6자 3치 7푼(약 2m), 무게 7근에 이르는 차대전을 발사하면 사정거리가 약 1천 8백 보(1,600m)에 이른다고 하였다.

4. 황자총통

황자총통은 크기가 가장 작은 화포로 화약 세 냥을 사용하여 조란

▲현충사 제공

탄 마흔 개나 피령차 중전 한 발을 발한한다. 사정거리는 1천 1백 보이다. 통신(筒身)과 약실로 구분되며, 통신에 나무마디 같은 통 마디가 6조(條) 있다. 총구에 구연대(口緣帶)가 있으며, 약실에서 총구 쪽으로 첫째와 넷째 마디 사이에 손잡이가 있다. 기록에 따르면 이 화기는 임진왜란 때 사용한 화기의 하나로, 총이라기보다는 중화기에 가깝다. 화약 3냥과 격목(檄木)의 힘으로 길이 6자 3치(약 2m), 무게 2.28kg에 이르는 피령전을 발사하면 사정거리가 약 1천 2백 보(1,100m)에 이른다고 하였다.

5. 승자총통

선조 초기에 김지(金之)가 전라 좌수사 재임 시에 육전에서 사용하기 위해 개발하였다. 조선 화기의 단점을 개량하여 장전과 휴대가 간편하였다. 총신을 길게 하여 사정거리를 늘이고 명중률을 높였다. 화약 한 량을 사용하여 철환 열다섯 개를 발사한다. 사정거리는 육백 보이다. 유물에 있는 명문에는 중간 탄환은 여덟 개, 작은 탄환은 열 개를 발사하는 것이라고 새겨져 있다.

▲현충사 제공

6. 대완구, 중완구, 소완구

이 화포는 조선 전기에 사
용하였던 총통완구에서 분
화·발전시킨 화포이다. 화약
의 폭발력을 이용하여 각각
포의 구경에 맞는 돌로 둥그
렇게 만든 단석이나 비격진천

▲문화재청 제공

뢰를 발사하였다. 사격 시 사용하는 화약은 대완구 서른 냥, 중완구
열세 냥, 소완구는 여덟 냥이다. 사정거리는 모두 오백 보 내외이다.

7. 비격진천뢰

선조 때 화포장인 이
장손230)이 창안한 조선
의 독창적인 폭탄이다.
감겨진 도화선의 숫자가
폭발 시간을 좌우한다.
심지에 불을 붙인 후에
성벽 위에서 직접 손으로
던지거나 굴리거나 혹은

▲현충사 제공

완구류를 이용해서 발사하면 심지가 타 들어가 폭발하게 된다. 유성룡
의 ≪징비록≫231)에 이렇게 기록하고 있다.

　　"권응수가 영천을 수복하자 박진 또한 병사 1만여 명을 이끌고 경주성에
　이르렀다. 그러나 왜적의 기습을 받아 안강까지 후퇴하고 말았다. 그날 밤 박
　진(朴晉)232)은 군사를 성 밑에 매복시킨 후 비격진천뢰(飛擊震天雷)를 쏘도록

하였다. 뜰 안에 떨어진 비격진천뢰를 처음 본 왜적들은 신기한 듯이 모여들어 이리 저리 굴러도 보고 밀어도 보는 등 구경에 여념이 없었다. 그러다 포가 큰 소리를 내며 폭발하면서 수많은 쇳조각을 흩뜨리자 그 자리에서 서른 명이 넘는 적이 즉사하고, 맞지 않는 자들도 큰 소리에 놀라 한참 만에야 정신을 차렸다. 이때부터 적들은 한편으론 놀라고 또 한편으론 두려워하면서 어떻게 만들어지는지 궁금해 했었다."[233]

이처럼 그 위력을 짐작해 볼 수 있다. 당시 쓰이던 화기들은 목표물에 충격을 주었다. 진천뢰는 목표물에 날아가서 폭발하는 금속제 폭탄이었다. 이에 육전뿐만 아니라 해전에서도 유용하게 사용되었다.

8. 신기전

신기전은 화약의 힘을 빌려 스스로 적진에 날아가 한 번에 많은 양을 발사할 수 있다. 비행 중에 연기를 분출해서 적에게 공포심을 주며 적진을 불사를 수도 있다. 사정거리도 길며 앞부분에 발화통이 달려 있어서 적진에 이르러 폭발한다는 장점이 있다. 특별한 발사 장치를 필요로 하지 않으며 1451년 화차가 제작되면서 대량으로 발사되었다. 각도를 조절하여 사정거리도 자유롭게 조절할 수 있었다.

9. 화차

화차는 수레 위에 총을 수십 개 장치하여 이동이 손쉽고 한 번에 여러 개의 총을 쏠 수 있게 한 무기이다. 각종 화기를 장착하고 좁고 험한 도로에서도 쉽게 움직일 수 있었다. 적의 공격으로부터 군사들을 보호하기 위해서 칼과 창 및 방패를 갖춘 기동 전투 수단이었다. 평상시에는 물건 등을 운반하는 수레로 사용되었다. 전쟁이 일어나면 총통기·신기전기 틀을 장착하여 병기로 사용할 수 있었다. 그럼으로써

적의 전지를 불사르거나 적을 살상하는 무기로 쓰종 신호의 수단으로
도 사용되었다.

10. 선소

선소[234]는 이순신이 조선 기술을 가진 나대용과 함께 거북선을 만
든 장소이다. 이곳에는 현재 자연적 지세를 이용하여 거북선을 대피시
켰던 굴강(屈江)과 거북선을 매어 두었던 계선주(繫船柱), 돌벅수(돌장
승) 6기(동벅수 2기, 서벅수 2기, 굴강변벅수 2기), 수군들이 칼을 갈았
다는 세검정지의 초석이 남아 있다. 돌벅수는 마을에 들어오는 재앙과
역병을 막는 역할뿐만 아니라 군사 요충지를 지키는 호국 벅수의 역
할도 하였다. 선소는 포구 안쪽을 둥글게 담을 쌓아 만든 공간이다.
선소의 중심부에는 직경 40미터(면적 1,338제곱미터) 정도의 굴강(거북
선 건조, 수선, 대피소로 사용)이 있다. ≪난중일기≫나 ≪임진장초≫에
명시된 거북선 소속 명칭으로 보아 거북선은 본영인 여수의 선소를 비
롯하여 순천 선소, 방답진 선소(돌산 선소) 등 세 곳에서 건조되었을
것으로 추측된다.

11. 여수 선소 유적지

이순신은 거북선을 보면서 구국의 다짐을 하고 있었다. 선소는 이순신의 나라 사랑의 출발점이었다. 이순신은 선소에서 조선의 어려운 미래를 내다보고 있었다. 불안한 조선의 미래를 스스로 헤쳐나가야함을 느끼고 있었던 것이다. 그래서 이순신은 더욱 강력한 거북선을 만들고 있었다. 거북선은 적군 깊숙이 들어가 왜적을 교란시키고 전투의 초기에 승기를 잡을 수 있게 구상하였다. 이순신은 선소에 나가면 왠지 모르는 자신감과 구국의 열정이 솟구쳤을 것이다. 선소는 비록 저 바다에 비해 작고 작은 곳이었다. 하지만 저 바다를 호령할 자신감과 비전을 느꼈던 곳이었다. 무생물 거북선이었지만 이순신은 거북선을 보며 살아 있는 사람을 보는 것처럼 눈을 마주쳤을 것이다. 나라를 위해 최선을 다해 싸워달라고 부탁했을 것이다. 이순신은 이 선소에서 암울한 조선의 미래와 비전을 바라보고 있었을 것이다. 여수 선소 유적지는 1995년 4월 20일 사적 제392호로 지정되었다.

12. 거북선의 건조

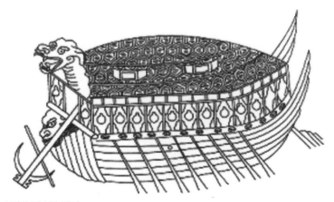

▲전라 좌수영 귀선

132

전라 좌수영에서 3척의 거북선을 건조한다. 방답진 선소에서 만든 방답귀선(防沓龜船), 시전동 선소에서 만든 순천귀선(順天龜船), 좌수영 본영 선소에서 직접 만든 본영귀선(本營龜船)이 있었다. 임진왜란 때에 활동한 귀선은 전라 좌수영 본영의 선소에서 건조되어 영귀선이라고 불린 것 1척, 방답진과 순천부의 선소에서 만들어져 각각 방답귀선과 순천귀선이라고 불린 것 1척씩 모두 3척 뿐이었다. 이 거북선은 조선 함대의 선봉이 되어 돌격선으로 크게 활약한다. 귀선이 적중에 마음대로 뛰어들어 전투를 벌일 수 는 전력과 강력한 화력을 보유한 군선이었다. 통제영 귀선은 선수에 6개, 좌우 방패판에 각각 22개, 좌우 개판 위에 각각 12개씩 모두 74개의 총포혈을 가지고, 전라 좌수영 귀선은 선수에 2개, 좌우 외판에 각 1개, 좌우 방패판에 각각 10개, 좌우 개판 위에 6개씩 모두 36개의 총구멍을 가지고 있다. 여기에 쓰인 화기는 천자포, 지자포, 현자포, 황자포 등이며, 이들은 철환 아니면 대장군전, 장군전 등 화살을 골라가며 사용하였다. 최대 150명까지 승선 앞 뒤 2개의 출입문과 지붕에 4개의 비상문이 있다. 기어오르는 것을 막기 위해 여러 개의 못을 박아 놓았다. 좌우에는 16개의 노와 2개의 돛이 있어 기동력을 높였다. 앞의 용 머리에서 연막을 터뜨려 적을 혼란시켰다. 위에서 총포를 쏠 수 있게 설계하였다.

　　한국인에게 거북선(龜船)이란 과연 무엇인지, 누가 만들었는지, 어떻게 생겼는지에 대해 묻는다면 아마 모르는 이가 없을 것이다. 16세기 동아시아 최대의 전쟁이었던 임진왜란 때 누란(累卵)의 위기에서 조선을 구한 민족의 성웅 이순신이 발명한 배, 한민족 지혜의 정수가 담긴 세계 최초의 철갑선이다. 용구로는 연막을 뿜고 등에는 철갑과 송곳을 씌웠으며, 옆구리에서는 대포를 마구 쏘아대는 천하무적의 군함

등, 우리가 알고 있는 거북선에 대한 이미지는 여기에서 크게 벗어나지 않을 것이다. 실제로 예전에 거북선은 지폐와 동전, 그림 등에 그 모습을 자주 드러냈다. 지금도 관광지의 기념품, 박물관의 축소 모형과 실물 크기 복원 거북선 등으로 확대 재생산되고 있다. 정작 우리 학계에서는 임진왜란 당시에 사용된 거북선의 원형에 관하여 아직 합의 된 결론을 도출하지 못하고 있다. 이미 일제 강점기 때부터 수십 명의 학자와 연구자가 사료를 해석하여 나름대로 거북선을 제시해오고 있지만, 여러 가지 의문을 완벽하게 설명해주지 못하고 있다.

13. 거북선의 구조

구조는 선상을 큰 널조각으로 덮고 판상(板上)에는 좁은 십자로를 만들어 사람이 다닐 수 있도록 했다. 모두 송곳으로 박아서 덮어 사방에서 발을 붙일 수 없게 만들었다. 이물의 용머리와 고물의 거북꼬리에는 총안을 만들어 대적 공격이 가능하였고, 적을 만났을 때에는 곧 지붕을 덮고 송곳으로 에워싸서 선봉을 설 수 있게 하였다. 또 적선에서 군사들이 오르고자 할 때에는 송곳을 떼게 되어 있고, 적선에게 포위당하면 일시에 발사할 수 있는 구조였다.

≪이충무공전서≫[235]의 권수(卷首) 도설(圖說)에는 통제영귀선과 전라 좌수영귀선의 판화귀선도(版畵龜船圖), 700자 정도의 안설(按說)이 실려 있다. 안설에서 거북선 구조에 대한 기술 내용을 옮기면 다음과 같다.

거북선의 제도

저판(底版)은 10쪽을 이어붙였는데, 길이는 64척 8촌이고, 머리쪽 너비는 12척, 허리 너비는 14척 5촌, 꼬리쪽 너비는 10척 6촌이다. 좌우 현판(舷版)은 각

134

각 7쪽을 이어붙였는데, 높이는 7척 5촌이고, 맨아래 첫째 판자의 길이는 68척이며, 차츰 길어져서 맨위 7번째 판자에 이르러서는 길이가 113척이 되고, 두께는 다같이 4촌씩이다. 노판(艣版)은 4쪽을 이어붙였는데, 높이는 4척이고 2번째 판자 좌우에 현자포 구멍 1개씩을 뚫었다. 축판(舳版)은 7쪽을 이어서 붙였는데, 높이는척 5촌, 위쪽 너비는 14척 5촌, 아래쪽 너비는 10척 6촌이다. 6번째 판자 한가운데 지름 1척 2촌의 구멍을 뚫어 키(舵)를 꽂게 하였다. 좌우 현(舷)에는 난간(舷欄:속명은 信防)을 설치하고 난간머리에 횡량(橫梁:속명은 駕龍)을 건너 질렀는데, 바로 뱃머리 앞에 닿게 되어 마치 소나 말의 가슴에 멍에를 메인 것과 같다. 난간을 따라 판자를 깔고 그 둘레에 패(牌)를 둘러 꽂았으며, 패 위에 또 난간(牌欄)을 만들었는데, 현란에서 패란에 이르는 높이는 4척 3촌이며, 좌우 패란 위에 각각 열한 쪽의 판자(덮개:속명은 蓋版 또는 龜背版)를 비늘처럼 서로 마주 덮고 배등에는 1척 5촌의 틈을 내어 돛대를 세웠다 뉘었다 하는 데 편하도록 하였다.

　뱃머리에는 거북머리를 설치하였는데 그 길이는 4척 3촌, 너비는 3척이다. 그 속에서 유황·염초를 태워 벌어진 입으로 연기를 안개같이 토하여 적을 혼미하게 한다. 좌우의 노는 각각 10개이고, 좌우 패에는 각각 22개의 포혈을 뚫었으며, 12개의 문을 만들었다. 거북머리 위에도 2개의 포혈을 뚫었고, 그 아래에 2개의 문을 냈으며, 문 옆에는 각각 포혈 1개씩이 있다. 좌우 복판(覆版)에도 각각 12개의 포혈을 뚫었으며 귀(龜)자 기를 꽂았다. 좌우 포판(鋪版) 아래 방이 각각 12칸인데, 2칸에는 철물을 넣어두고 3칸에는 화포·활·화살·창·칼 등을 넣어두고, 19칸은 군사들의 휴식처로 사용하였다. 왼쪽 포판 위의 방 1칸은 선장이, 오른쪽 포판 위의 방 1칸은 장교들이 거처하는데, 군사들은 쉴 때는 포판 아래에 있고 싸울 때는 포판 위로 올라와 모든 포혈에 대포를 대놓고 쉴새없이 쟁여 쏜다.

　거북선의 선체 좌우에는 각각 22개의 포혈과 12개씩의 출입문이 있었다. 선내는 왼편 포판 위에는 함장실이 있고, 오른쪽 포판 위에는 장교실이 있었다. 좌우 포판 아래에는 24개의 방을 두어 철물고 무기고 사병 휴게실 등으로 썼다. 배의 좌우에서 10개씩의 노를 저어 운행하기 때문에 속력이 매우 빨랐다. 내부는 2층 구조로 대포가 있는 층과 노를 젓는 층으로 나누어져 있었다. 그 밑으로는 물이 찰 수 있는 창고가 있는데 물을 채웠다 빼웠다 할 수 있었다. 거북선은 고려 때부터 제작된 것이다. 거북선은 적함과 충돌하여 해전의 결정적 승리를 이끌어내는 돌격선 역할을 하는 견고한 함선이었다.

이분[236)]의 ≪행록≫에 따르면 위에는 판자를 덮고 그 위에 십자로 좁은 길을 내어 다닐 수 있게 하였다. 나머지는 칼과 송곳을 총총히 꽂아서 사방으로 적이 기어올라 발붙일 곳이 없었다. 앞에는 용의 머리를 달았고 그 입에는 총구멍을 만들고 뒤에는 거북의 꼬리처럼 만들었다. 그 모양이 마치 거북의 모양과 같았으므로 이름을 거북선이라 하였다. 용의 입에 해당하는 부분에 저격수가 1명씩 탑승해 있었다. 이순신의 ≪난중일기≫를 살펴보면 거북선을 건조하는 이야기가 나온다. 1592년(선조 25) 음력 2월 8일(기해)에 이날 거북선에 쓸 돛베 스물아홉 필을 받았다. 음력

▲거북선 건조(현충사 소장)

3월 27일(정해)에 거북선에서 대포 쏘는 것도 시험했다. 음력 4월 12일(신축)에 식후에 배를 타고 거북선의 지자포, 현자포를 쏘았다. 이처럼 기록하고 있는 것을 보아 거북선을 완전히 건조하고 대포를 적재하고 발사하는 시험을 하였을 것이다. 임진왜란 때 사용하였던 거북선은 본영귀선, 방답귀선, 순천귀선 3척이었다.

14. 거북선의 규모

임진왜란 전후에는 배를 개량(改良)하여 제작하였다. 일본 함선에 비해 배의 재질이 단단하고 우수하여 돌격하여 충돌하는 전법과 함포 전법을 전개할 수 있었다. 본래 거북선은 한쪽에 8문의 대포와 노군이 약 100~150명이 승선하는 배였다. 거북선 1척에는 약 150명이 승선하고 80~90명이 노군으로 노를 저었다.

윗 갑판을 덮고 칼과 창으로 방어하면 일본 수군의 특기이던 접근하여 승선한 후 백병전을 벌이는 전법이 통하지 않았다. 그외 거북선을 이용하여 왜군의 지휘관을 사살하는 등 다양한 전술을 구사할 수 있었다. 구성원은 선장 1명, 좌·우 포도장 각 1명, 장령(오늘날의 소위~대위급 장교) 5~6명, 선직 2명, 무상 2명, 타공 2명, 요수 2명, 정수 2명, 사부 14명, 철포저격수 1명(거북선의 용머리에 탑승), 화포장 8명, 화포 포수 24명, 노군 90명이었다.

15. 거북선의 성능

전후좌우로 화포가 설치되었고, 용머리에도 화포가 설치되었다. 배 아래쪽에 용 모양을 한 충각전술용 돌기가 설치되었다. 이런 구조로 거북선은 함대의 선두에서 적진을 돌파하는 돌격선 역할을 맡았다. 그리고 물창고에 물을 채우고 배를 가라앉힌 다음 돌기로 배를 들이 받는 공격도 할 수 있었다. 거북선 지붕은 철못이나 칼을 박은 목갑으로 덮여 있었기 때문에 근접전에서 조총이나 화살 등의 무기를 막는 데 뛰어났다. 일본 군함에 비해 튼튼한 구조와 재질로 충돌 전법 시에도 충분히 버틸 수 있었다. 대포가 설치된 선창의 아래층에는 노와 격군이 배치되었다. 격군은 노를 젓는 뱃사람을 가리키는 말이다. 보통 좌우 각각 10착[237]이 배치되고 1착의 노에 4명씩의 격군이 배치되고 사공 무상이 각각 1명씩 배치되어 82명이 한 조를 이루었다.[238] 이 법제는 임진왜란 이후 계속 써 왔으며 배의 크기나 무게도 그리 변하지 않았다. 배 밑 부분은 평편한 형태인 평저형이기 때문에 한반도 남해, 서해와 같은 조수 간만의 차가 심한 곳에서 기동하기에 알맞았다. 이동 중에도 급속으로 180도 회전이나 좌우측으로 방향 전환이 가능하였다. 이 덕분에 학익진 같은 다양한 해상 기동 진법을 자유롭게 펼 칠 수 있었다.

조선의 대표 군함(軍艦) 판옥선

　임진왜란 당시 판옥선은 조선 수군의 주력 전함이었다. 임진왜란 당시 거북선을 가장 많이 보유했을 때도 그 척수는 5척 내외였다. 판옥선은 임진왜란 2년차인 1593년에 보유량이 약 200여 척에 육박했을 정도였다. 거북선의 독특한 겉모습 때문에 판옥선의 중요성이 상대적으로 가려진 면이 있다. 하지만 전체 조선 수군 전력에서 판옥선이 차지하는 위상은 대단한 것이었다.

　판옥선은 조선 전기의 주력 군함이었던 맹선에 갑판 한 층을 더 만들어 3층으로 만든 배다. 우리나라 전통 배인 한선(韓船)239)의 1층 주갑판을 포판이라고 한다. 포판 위에 상장이라 부르는 2층 갑판을 둔 배가 바로 판옥선이다. 포판 아래에도 병사들이 휴식할 수 있는 선실이 있다. 이 선실까지 포함한 전체 높이는 3층이 된다.

　이처럼 갑판이 2중 구조로 되어 있기 때문에, 노를 젓는 격군은 1층 갑판에서 안전하게 노를 저을 수 있고, 전투 요원들은 2층 갑판에서 적을 내려다보면서 유리하게 전투를 수행할 수 있었다.

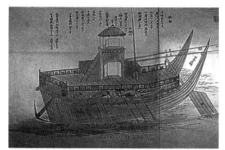

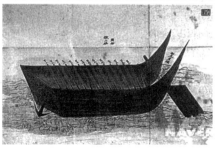

▲판옥선 모형도

1. 화력전에 적합하게 설계 된 판옥선

선체 길이가 20~30m 정도였던 판옥선은 임진왜란 해전에 참전한 조·명·일 군함 중 크기가 가장 큰 편에 속한다. 선체도 높은 덕택에 일본군의 장기인 승선 전투 전술을 사용하지 못하게 막는 효과도 있었다. 조선군은 기본적으로 활과 화약무기 같은 원거리 무기를 능숙하게 사용한다. 하지만 칼과 창 같은 단병 무기를 운용하는 데는 상대적으로 서툴렀다. 이순신은 이 같은 약점을 극복하고 조선 수군이 해전에서 승리하기 위해서 상대방이 승선 전투전술을 사용하지 못하게 할 병법을 연구했다. 이순신은 조선의 장기인 활과 대구경 화약무기로 전투를 수행할 수 있는 군함이 필요함을 절실히 깨닫고 있었다. 판옥선은 그 같은 요구를 충족할 수 있는 군함이었다. 그 같은 성능이 이순신 장군의 뛰어난 능력과 결합했을 때의 결과가 바로 임진왜란 해전의 승리였다.

2. 판옥선의 저력은 소나무이다

판옥선은 한국 전통 선박이 가지는 고유의 특성도 고스란히 물려받았다. 판옥선을 비롯한 한국의 전통 배는 기본적으로 주 재료로 소나무를 사용한다. 배 앞부분의 이물비우 등 높은 강도가 필요한 부분은 상수리나무나 졸참나무 같은 참나무 계통의 나무를 사용한다. 하지만 배 밑바닥의 저판, 좌우 측면의 삼판, 주갑판인 포판 등 선체의 대부분은 소나무를 사용한 것이다. 한국의 소나무는 평균적으로 옹이가 많고 굽어 있는 경우가 많다. 불규칙적인 목질의 특성을 보완하기 위해서 배를 만들 때 판재를 두껍게 가공한다. 이런 이유 때문인지 한국 전통 배들은 두께 12~18cm의 두꺼운 판자를 사용했고 최종 가공도 다소 투박한 약점이 있었다.

그러나 소나무 중 선박 제조에 많이 사용한 적송의 굴곡 강도는 526~977kg/㎠에 달했다. 시료의 시험면에 구분의 凹부를 만드는데 요한 하중을 그의 영구 凹의 표면적(㎟)으로 나눈 경도도 2.20~5.80에 달하였다.

▲해군사관학교 박물관에 전시 중인 판옥선 모형

일본 전통 선박에 주로 사용하는 삼나무나 전나무에 비해 기본적으로 강도와 내구성이 우수한 것이다. 이런 선박용 목재의 특성 차이로 함포전과 충돌에서 조선의 판옥선은 일본 군함에 비해 우위를 누릴 수 있었다.

3. 판옥선은 조선의 환경에 특화된 군함

판옥선을 비롯한 한선은 함수 모양이 평면이었다. 이 때문에 선체 저항이 커서 속도가 느린 편이었다. 또한 판옥선은 배 밑바닥이 평평한 평저선(平底船)인 탓에 흘수가 작아 배가 직진할 수 있는 성능이 떨어진다. 이런 단점 때문에 평저선은 연안이나 내륙 하천에서 주로 사용한다. 그럼에도 불구하고 조수간만의 차가 큰 서해에서 이 같은 평저선 구조는 큰 장점을 발휘할 수 있었다. 배 밑바닥이 뾰족한 첨저선은 썰물 때 갯벌 위에서 넘어질 수밖에 없다. 하지만 평저선은 안전하게 바닥에 내려앉기 때문이다. 배 바닥이 뾰족한 첨저선에 비해 평저선은 원시적인 배로 간주된다. 하지만 평저선은 한반도의 해양 환경에 맞추기 위해 의도적으로 선택한 구조였기 때문에 그 같은 특성은 오히려 장점으로 부각됐다.

4. 임진왜란 40여 년 전 판옥선을 개발

임진왜란 당시 판옥선이 최소 120명 이상의 전투원과 비전투원을 탑승시킬 수 있었다. 임진왜란 이후 조선 후기의 판옥선은 200여 명에 가까운 수군이 탑승할 수 있었다. 이에 비해 노가 40개 정도인 세키부네에는 비전투 요원인 수부 40명과, 조총병 20명을 포함해 70~80명이 탑승한다. 또한 판옥선이 대포에 해당하는 지자·현자·황자총통을 안정적으로 운용할 수 있었다. 이에 비해 기껏 1~2문의 대포만 탑재하고 주로 조총으로 전투를 수행한 세키부네는 화력 면에서도 판옥선의 상대가 될 수 없었다. 역사학자들은 흔히 조선 왕조가 임진왜란 전 200여 년 동안 전쟁을 잊고 살았다고 말한다. 그 말이 어떤 의미에서는 사실일지도 모른다. 임진왜란이 벌어지기 불과 40여 년 전 무렵인 1555년을 전후해 판옥선이 개발된다. 임진왜란 해전 승리는 이미 전쟁 시작 40여 년 전부터 준비되고 있었던 것이다.

일본의 대표 군함 세키부네

임진왜란 당시 일본의 군함에는 아타케부네,[240] 세키부네,[241] 고바야 (小早)[242] 등 세 종류가 있었다. 이 중에서 제일 큰 군함은 아타케부네 였지만 임진왜란 초반만 해도 비중이 크지 않았다. 고바야는 30여 명 정도의 인원만 탑승하는 소형 선박이었 다. 때문에 임진왜란 초반 집중적으로 벌 어진 해전에 주로 활약한 일본 군함은 세키부네였다. 세키부네는 일본에서 흔 히 야마토형 군선(大和型 軍船)의 대표로 간주할 만큼 일본인의 자부심이 서려 있 는 배다.

▲아타케부네 모형도

세키부네를 비롯한 일본 전통 선박은 소나무에 비해 가공하기 쉬운 삼나무나 전나무로 만들었다. 그 덕에 세

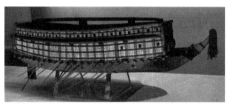
▲일본 도쿄의 배 과학관에 전시된 세키부네 모형

▲고바야 모형도

키부네는 매우 얇은 판재가 사용되어 정밀한 구조로 만들어진다. 그러 나 강도 면에서 삼나무나 전나무는 소나무에 비해 약하다. 가공하기 쉬운 덕에 얇은 판재를 쓴 일본 배는 약해지고, 가공하기 힘든 탓에 두꺼운 판재를 쓴 판옥선은 강해지는 아이러니가 벌어진 것이다. 또 한 세키부네의 배 밑바닥은 평저선과 첨저선의 중간 형태를 가지고 있

었다. 이런 형태의 배 밑바닥은 조수 간만의 차가 심한 한반도 서해와 남해에서 작전할 때 적지 않은 부담이 되었다. 세키부네에도 부분적인 2층 갑판이 있긴 했지만 선체 전체 높이가 판옥선에 비해 낮고 선체 크기도 작았다. 기본으로 인원·무기 탑재 능력이 판옥선에 두드러지게 열세였다.

도요토미 히데요시의 천하통일

도요토미 히데요시(豊臣秀吉, 1537~1598)는 오와리 출신으로 처음 이름은 기노시타 도키치로(木下藤吉郎)였다. 29살 이후에는 하시바 히데요시(羽柴秀吉)라고도 불렸다. 오다 노부다[243]가 밑에서 활약하면서 두각을 나타냈다.

1582년 오다 노부나가가 혼노자(本能寺)에서 아케치 미츠히데[244]에게 변을 당하자 그를 토벌한 후에 노부나가의 후계자로 실권을 장악하였다. 이

▲도요토미 히데요시(豊臣秀吉, 1537~1598)

시기 노부나가의 후계자로서 정통성을 과시하기 위해 디이라 씨로 성을 삼았다. 1585년 관백이 되자 후지와라 씨로 성을 바꾸었다. 1586년 태정대신[245]의 지위에 올라 도요토미라는 성을 하사 받았다. 이런 정치적 실권을 배경으로 하여 1587년 전국(戰國) 시대의 반대 세력을 제압하고 일본 국내를 통일하고 모모야마[246] 시대를 열었다. 국내 문제가 일단락되자 명나라 대륙의 정복을 시도하였다.

1587년 (선조 20)에 당시의 쓰시마 도주 소 요시시게를 통해 조선과 교섭토록 하였다. 도요토미 히데요시는 일본의 명나라 정복에 협조

하여 줄 것을 요청하였다. 그후 4년간에 걸친 교섭이 실패하자 1591년 관백의 자리를 양자인 도요토미 히데츠구[247])에게 양도하고 자신은 다이코(太閤)[248])가 되어 정한령(征韓令)[249])을 내렸다. 이듬해인 1592년 가토 기요마사, 고니시 유키나가 등의 무장을 선봉으로 20만 명이 넘는 육군과 수군으로 조선 침략을 개시하고 나고야성[250])에서 전쟁을 지휘하였다. 1593년 일본군이 조선에서 철수한 뒤에 고니시 유키나가·이시다 미츠나리[251])와 함께 일본에 건너간 명나라의 강화 사절인 심유경[252]) 등을 만나고서 일본 측의 칠 조목(七條目)을 조건으로 화의를 추진케 하였다. 이 틈을 이용해 조선은 일본군에게 반격을 명령하여 진주성을 공격하도록 하였다. 그후 약 3년 동안 일본과 명나라 사이에 강화 교섭이 진행되는 동안 전쟁은 거의 휴전 상태였다. 1596년 강화 교섭이 완전히 결렬되자 이듬 해인 1597년 1월에 다시 군대를 동원해 정유재란[253])을 일으켰다. 일본군은 별다른 성과를 얻지 못하고 1597년 도요토미 히데요시 자신의 죽음을 숨기고서 철군하라는 유명을 남기고 후시미성[254])에서 병사하고 말았다.

막을 수 있었던 조·일 7년 전쟁

　이순신이 전라 좌수사가 된 것은 1591년 2월 13일이었다. 1년 2개월 후에 조·일 7년 전쟁이 발발했다. 조·일 7년 전쟁은 조금만 주의를 기울였어도, 아니 집권층이 애써 무시만 하지 않았어도 충분히 예견할 수 있는 전쟁이었다. 그 많은 전쟁의 징후의 보고도 집권층은 애써 무시하였다. 1591년은 조선의 운명을 좌우할 수 있는 사건이 일어난 해이기도 하다. 하지만 통신사가 파견되기 이전에 전쟁을 막기 위한 움직임이 있었다. 거리로 볼 때 일본보다 한반도가 더 가까운 쓰시마 섬255)이다. 조선과 일본의 사이라는 지정학적 위치를 이용해 조선산 인삼과 약품 등 양국 교역을 중개하고 있었기 때문에 쓰시마 도주는 전쟁을 바라지 않았다.

　쓰시마 도주는 전쟁을 막기 위해 동분서주하였다. 1587년 도요토미의 명으로 다치바나 야스히로256)는 조선에 파견된다. 그는 조선 조정에 일본의 변화를 설명하면서 조선통신사 파견을 요청한다. 전쟁 발발 5년 전이니 조선이 통신사를 잘 활용하였으면 전쟁 대비에 충분한 시간이었다. 하지만 조선은 일본으로 가는 물길이 어두워 사신을 파견할 수 없다는 상식 밖의 이유를 들어 통신사 파견을 거절한다. 〈징비록〉에 실린 야스히로의 탄식을 통해 양국이 화평하기를 바라던 쓰시마 도주의 고민을 알 수 있다. 이를 물끄러미 바라보던 야스히로는 숙소로 돌아와 통역에게 말했다.

　"너희 나라가 망할 날이 멀지 않았다. 아랫사람들의 기강이 이 모양이니 이러고서 어찌 나라가 온전키를 바라겠느냐."

　그가 임무를 마치고 돌아갈 무렵, 조정에서는 답장을 이렇게 써 주었다.

'수로가 험해서 보내지 못하노라.'

제 나라로 돌아간 야스히로는 내용 그대로 히데요시에게 전했다. 답장을 받은 히데요시는 크게 화를 내며 그 자리에서 야스히로를 죽이고 그의 가족까지 없애 버렸다고 한다.[257]

명나라 정복의 꿈을 가진 도요토미가 조선의 한 차례 거절에 그만둘리 만무하였다. 이번의 요구는 조선 국왕을 일본에 입조(入朝)시키라고 하였다. 쓰시마 도주 소 요시토모는 도요토미의 요구와 함께 1589년에 야나가와 초신, 승려 겐소 등을 데리고 부산포에 도착하였다. 제2차 일본 사신 파견이었다. 그들은 조선에 통신사 파견을 요청하였다. 조선 국왕의 일본 입조라는 말은 입 밖에도 꺼낼 수 없었다. 그 말을 꺼냈다가는 조선의 노여움만 살 것이 자명하였기 때문이다. 결국 조선통신사 파견은 또 이뤄지지 않았다. 잠시 쓰시마 섬으로 돌아갔던 그들은 다시 부산포로 건너왔다. 그들의 요구를 접한 조선은 일본 해적의 앞잡이가 되어 노략질한 조선인을 잡아 보내면 응하겠다고 하였다. 조선통신사 파견의 명분도 찾고 그들의 성의도 시험하자는 의도였다.

이런 과정을 거쳐 조선은 1590년에 조선통신사 일행을 일본에 파견한다. 이런 쓰시마 도주의 노력에도 불구하고 김성일이 전쟁은 없을 것이라고 보고하였고 조정은 그 말을 그대로 따랐다. 쓰시마 도주는 도요토미가 진정으로 원하는 것이 명나라와의 조공 무역이라고 생각하였다. 그는 조선과 일본의 충돌을 막기 위해 명나라에 대한 조공 무역을 중재해달라고 조선에 계속 청원한다. 그의 판단에 일리가 있었음은 나중에 증명되었다. 조·일 7년 전쟁 때 명나라와 강화 협상에서 도요토미가 요구한 일곱 가지 조건에 조공 무역도 포함되어 있었다. 쓰시마 도주는 조선통신사가 일본만 건너가면 모든 문제가 풀릴 것이라고 생각하였다. 일본의 전쟁 준비를 알려주어 조선이 대응하게 하는 것이었다. 쓰시마 도주 소 요시토모가 동원한 모든 전쟁 방지 노력은 허사로 끝났다. 그에게 남은 일은 살아남기 위해 일본에 적극적으로 붙는 것이었다. 조·일 7년 전쟁이 발발하면서 결국 그는 도요토미의 전위대로 돌아섰다.

조선 조정의 잘못된 선택

420여 년 전 조선 왕조는 정치·경제·사회·문화와 군사력 면에서 막강한 국가였다. 국가 통치 체제와 행정 조직, 군사 제도와 문화 창조력 면에서 일본에 비해 월등히 앞서 나갔다. 16세기 조선은 세계 수준의 국방 과학 기술을 갖추고 있는 나라였다. 국방 과학 기술력을 기반으로 7년여에 걸친 16세기 동아시아 최대의 국제 전쟁 임진왜란은 조선의 최후 승리로 끝났다. 당시 조선은 일본국을 압도한 무기 체계로 최후의 승리를 가져올 수 있었다. 조선 초기에 국방 체제와 군사 제도는 긴밀히 정비되었다. 군사를 중앙군과 지방군으로 나누었다. 중앙군으로는 오위도총부[258] 산하에 중위·전위·후위·좌위·우위를 두었다.

중위는 한양 중부와 경기·강원·충청·황해도, 전위는 한양 남부와 전라도, 후위는 한양 북부와 함경도, 좌위는 한양 동부와 경상도, 우위는 한양 서부와 평안도 지방군을 지휘하였다. 임진왜란이 터질 무렵에 오위도총부는 중종(1506~1544)때 설치된 비변사[259]로 바뀌었다.

조선은 문치주의 국가였다. 조선에는 문관이 무관을 지배하는 체계가 일반화되어 있었다. 관료를 동반과 서반 즉, 양반 중심의 문관인 동반이 국가를 통치하였다. 주요 정책을 의결하는 의정부[260]에 문관만 참석하였다. 국방을 책임지는 병조판서도 문관이 독점했다. 군사 문제를 다루고 전쟁을 지휘하는 비변사마저 최고책임자인 도제조[261]에 전현직 의정, 즉 영의정, 좌의정, 우의정[262] 등이 겸직하였다. 위원들인 제조도 이조· 호조 ·예조·병조판서와 강화유수[263] 등 5인이 겸직했다. 일본을 통일한 도요토미 히데요시는 명나라 침공계획을 1585년 경부터 구체화한다. 1587년에는 일본 규슈 정벌을 끝마치고 조선 침공의 뜻을 표하였다.

조선 사정에 정통한 쓰시마 섬의 소 요시토모[264)]가 일본의 외교 승려 겐소[265)]와 함께 1589년 음력 6월 한양에 와서 8월 28일 조선 국왕 선조를 알현했다. 소 요시토모는 1580년 쓰시마도주 소 요시시게[266)]의 초빙에 응해서 쓰시마 섬으로 건너간 이후 일본국 왕사의 사자로 여러 차례 조선을 방문했다. 그는 평생토록 쓰시마 섬에 머물면서 대 조선 외교를 담당하였다. 이후 소 요시토모는 쓰시마 섬을 도요토미 히데요시에게 복속하였다. 히데요시로부터 소 요시토모는 조선 국왕의 입조와 이른바 정명향도(征明嚮導)[267)]를 조선 측에 요구하라는 교섭 명령을 받았다. 다시 겐소는 조선으로 건너와 앞서 도요토미 히데요시의 요구를 통신사 파견과 가도입명(假途入明)[268)]이라는 내용으로 바꾸어 교섭을 진행했다. 그는 임진왜란이 일어나기 이틀 전인 1592년 음력 4월 11일에도 부산으로 건너와서 최후 통첩을 전달했다. 1592년 임진왜란이 일어나자 겐소는 고니시 유키나가와 소 요시토모의 종군승으로 동행하면서 전쟁 기간 동안 명나라와 강화교섭에 임했다. 이 계획이 그는 무모하다는 것을 알고 조선이 일본에 통신사를 파견할 것을 건의했다.

1587년 겐소는 일본국 통신사 왕사로 조선에 파견되었다. 그는 일본 국내 사정의 변화를 설명하고 통신사 파견을 요청했다. 첫 번째 일본의 사신이 부산에 도착하였을 때, 그들의 영접에 대한 태도가 종래와 달리 오만하다고 판단했다. 오히려 조선 조정에서는 일본 정벌 강경론이 대두되었다. 이에 통신사 파견은 자연히 거절되었다. 그들은 왜구의 앞잡이가 되어 노략질한 조선인을 잡아 보냈다. 도요토미 히데요시는 첫 외교에 실패하자 다시 쓰시마 섬의 소 요시토모의 알선으로 1588년 10월과 다음 해 6월 두 차례에 걸쳐 통신사의 파견을 간청하였다. 이에 조선은 1590년 황윤길을 통신정사로 선임했다. 그는 부사 김성일, 서장관 허성[269]과 함께 수행원 등 200여명을 거느리고 쓰시마 섬을 거쳐 오사카로 가서 일본의 관백[270] 도요토미 등을 만나보고 이듬해 봄에 환국하여, 국제 정세를 자세히 보고하였다. 서인에 속한 황윤길은 일본의 내침을 예측하고 대비책을 강구하였다. 허나 동인에 속한 김성일이 도요토미의 인물됨이 보잘것없고 군사 준비가 있음을 보지 못하였다고 엇갈린 주장을 한다. 하여 일본 방비책에 통일을 가져오지 못 한다. 조선 조정에서는 일본의 국서에 명기한 침공 의사를 그저 협박으로 결론지었다. 조선 조정의 대신은 전쟁은 먼 옛날의 이야기로 여기고 있었다. 이리하여 1592년 임진왜란이 일어나자 선조는 당시 황윤길의 말을 쫓지 않은 것을 크게 후회한다. 황윤길은 일본에서 돌아올 때 쓰시마 섬에서 조총 두 자루를 얻어가지고 돌아와 바쳤다. 그 조총을 조정에서 실용화할 계획을 하기도 전에 임진왜란이 일어났다.

세계인이 알아야 할 성웅 시크릿

제5장

–

이순신의
전략 리더십

조선의 전략- 일본의 침략을 예상

　조선 조정은 임진왜란 발발 한두해 전부터 남해안의 수비 태세를 강화한다. 이에 따라 이순신을 임진왜란 14개 월전인 1591년 2월 13일에 전라 좌수사로 발령한다. 이순신은 전라도 좌수영 수사로 부임한 뒤 곧 관내의 모든 현황 파악에 나섰다. 군선이 제대로 정비되어 있는지 군기가 확립되어 있는지를 알기 위해 관할 구역인 5진(사도진, 방답진(구, 돌산포), 여도진, 녹도진, 발포진) 5관(순천 도호부, 낙안군, 흥양(현, 고흥), 보성군, 광양현)을 순시하였다.

　이순신은 자신의 관할 지역에서 전략에 관한한 가능한 최선, 최대의 전략을 구사한다. 평소의 군기강 확립과 전투 준비를 바탕으로 전쟁발발 사흘 전에 거북선을 진수하고, 그 거북선에서 지자, 현자 총통 발사를 시험한다. 그 사흘 뒤인 1592년 4월 16일 일본군의 침략 소식을 알게 된다. 이에 일본군 침략에 대응하기 위해 수군을 집합시키고 신병 700명을 보충하면서 정찰활동을 강화할 것을 지시한다.

임진왜란 발발

    도요토미 히데요시는 1585년 관백(關白,간파구)이 되어 일본 국내를 통일한다. 곧 대외 침략 계획을 추진한다. 1591년 정월부터 전국에 군량·병선·군역의 수를 할당 징집한다. 행영 본부로 구주(九州)의 한 촌락이었던 나고야(名護屋)[271]에 성을 축성하여 조선 침략 전진기지로 만들었다. 다음 해 1592년 정월에 바다와 육지 침략군의 군대 편성을 마치고 3월에 재편한다. 육병 중 침략군은 1번대에서 9번대까지 총 15만 명 8천 7백 명이었고, 일본내 잔류는 11만 8천 3백여 명이었다.

    선봉대로서 최전선에 투입된 병력은 1번대 주장은 고니시 유키나가, 2번대 주장은 가토 기요미사, 3번대 주장은 구로다 나가마사[272]였다. 구키 요시타카[273], 와키자카 야스하루[274], 가토 요시아키[275], 도도 다

시마즈 요시히로
하치스카 이에마사
우에스기 카게카츠
카토 요시아
호소카와 타다오키
후루시마 마사노리
카토 키요마사
호리 히데하루
하시바 히데야스
나베시마 나오시게
우키타 히데이에
유키 히데야스
도루가와 이에야스
나고야 성
마에다 토시이에
쿠로다 나가마
초소카베 모토치카

▲ 일본군 편성도

카토라[276] 등이 별도로 수군을 편성하고 있었다. 1592년 (선조 25) 4월 13일 오후 3~5시에 쓰시마 섬을 출발한 일본 수군 선단이 부산진 앞에 도착하여 장장 7년간의 임진왜란이 발발한다. 전쟁이 터진 선조 때에 부제조[277]에 무관을 배치하였다. 문관들에게 행정 및 사법권은 물론 군사권까지 주어졌다. 문관들도 문무겸전을 선비의 덕목

156

으로 여겼기 때문에 무예를 닦고 군사 지식을 쌓았다.

임진왜란이 터지면서 선조는 육·해군 총사령관격인 도원수를 임명한다. 이 역시 문관 가운데 최고 원로를 임명한다. 왕명으로 도순변사[278]나 순변사[279]를 임명하여 현지를 순시하며 군무를 총괄하게 한다. 이들은 현지에서 지휘권을 행사한다. 이 밖에 순찰사[280]에게 도의 군무를 총괄하도록 한다. 이도 현지 관찰사[281]가 겸직한다. 1592년 4월 13일(음력) 부산에 상륙한 일본군은 부산포를 함락시킨 후 파죽지세로 국토를 유린시킨다. 5월 3일에 한양을, 6월 13일에 평양을 점령한다. 조정이 철석같이 믿던 당대의 명장이라던 순변사 이일(李鎰)과 도순변사 신립(申砬)[282]은 각각 상주와 충주 탄금대에서 대패한다.

그 후로 조선에서는 변변한 전투 한 번 치르지 못하고 있었다. 다만 무인지경과 같았던 육전과 달리 해전에서는 이순신이 연전연승하며 일본 수군의 수륙 합동 전략을 봉쇄한다. 조선 수군의 활약은 남해와 서해를 보존하고 있었다. 그마나 명나라 군의 도움을 얻어 전세를 뒤집고 일본군을 몰아낼 수 있는 동력이 되었다. 활과 창이 주력 무기였던 조선 관군은 조총으로 무장한 일본군의 상대가 될 수 없었다. 더 중요한 점은 국

▲ 충주 지형도

가에 대한 충성심과 나라를 지키고자 하는 정신력 자체가 해이하였다. 장수들의 방어 전략과 전술 체계도 너무 허술하여 패전할 수밖에 없는 상황이었다. 제승방략의 분군법은 여러 고을의 군사를 거느리고 일정한 장소에 주둔한 후 한양에서 장수가 내려오길 기다려야 했다. 지역 군사들과 파견 지휘관이 서로 알지 못하니 통일된 전력이 나올 리 없었다. 게다가 임명된 장수가 내려오다 도망가고 오지 않으면 기다리던 병사들이 동요하여 흩어지기 일쑤였다. 이런 폐단을 들어 유성룡이 임진왜란 전 조정에 진관 체제를 바꿔야한다고 건의했으나 받아들이지 않았다. 가슴을 치게 하는 장면이 아닐 수 없다. 조선 장수들의 오만과 무능도 패전의 요인이다. 대표적인 예는 천혜의 요충지인 험준한 조령283)을 버리고 충추 탄금대284)에 배수진을 친 신립의 작전이다. 후에 명나라 원군으로 온 이여송(李如松)285)이 조령을 지나면서 탄식했던 건 당연한 일이다.

"이렇게 험준한 곳이 있는데도 지킬 줄 몰랐다."

물론 도순변사 신립이 오합지졸인 관군을 도망가지 못하도록 두 강물 사이에 진을 친 것이라는 옹호론도 있다. 하지만 병법을 오판한 궁색한 변명일 뿐이다. 임진왜란 발발 전부터 유성룡이 신립에게 왜란에 대비토록 몇 번이

▲ 임진왜란 일본군 침략도

나 조언하였다. 하지만 신립은 오만한 태도로 이를 무시했었다는 얘기가 전해져 온다. 그는 용맹하긴 했지만 지략이 없는 장수였던 것이다. 오만과 무능이 부른 예견된 패배였던 셈이다.

임진왜란의 최고책임자는 임금 선조이다. 그는 정파적 분쟁을 조정하고 일사분란하게 전쟁을 치를 만큼 냉철하고 합리적인 판단력을 갖추지 못하고 있었다. 선조는 한양 도성을 버리고 개성으로, 평양으로, 의주로 기약 없는 피난길에 올랐다. 이에 백성들은 궁궐을 불사르고 임금의 피난 행렬이 가는 곳마다 통곡의 원성이 자자하였다. 임금의 피난길 인근의 지방 수령들은 달아나기 바빴다. 수행 신하들이 굶주리는 등 거처나 음식 조달의 초라함도 이루 말할 수 없었다. 전쟁 초기에 바다에서 일본군과 제일 먼저 접전했어야 할 경상 좌수사 박홍은 싸워보지도 않고 달아났다. 일본군의 침략 소식을 들은 경상 좌병사 이각(李珏)[286]은 병영을 떠나 동래성으로 들어갔다. 이미 부산이 함락되었다는 정보를 접한 그는 어쩔 줄 몰랐다. 겁이 난 이각은 다른 부대와 협공을 논의하겠다고는 핑계를 대고 소산역으로 물러났다. 당시 동래 부사 송상현(宋象賢)[287]은 이각에게 자신과 함께 성을 지킬 것을 제안했으나 이각은 그대로 후퇴하였다. 일본군은 침략한 지 이틀 뒤인 15일 동래에 입성한다.

▲ 부산진순절도

송상현이 남문에 올라 반나절 버티며 분투하며 지키던 동래성은 함락되고 말았다. 왜적이 성에 들어왔음에도 송상현은 자리에 앉은 채 꼼짝하지 않았다. 결국 일본군의 칼에 찔려 죽었다. 순변사에 임명된 이일은 한양의 정예병사 3백 명을 선발, 거느리고 가려고 했다. 그러나 병조에서 선발한 병사라는 것이 대부분 집에서 살림하던 사람들이거나 아전 또는 유생들뿐이었다. 불러 모아 점검을 해 보자 관복을 입고 옆에 책을 낀 채로 나온 유생, 평정건(각 관사의 서리들이 쓰던 건)을 쓰고 나온 아전 등 모두들 병사로 뽑히기를 꺼리는 자들로 뜰이 가득 찼다.[288]

조선은 전쟁이 발발하자 박홍의 경상 좌수영군이 전혀 저항도 하지 못한 채 무너졌다. 원균의 경상 우수영군은 적선 10여 척을 불태웠다. 조선 수군은 모두 흩어지고 단지 전선(戰船) 73척 중 4척만이 남았다. 이순신은 일본군의 침략 소식과 더불어 부산이 함락되었다는 정보를 듣고 즉시 전선을 정비하고 방어와 전투 태세를 갖추었다. 이순신은 경상 좌수사 원균의 거듭되는 구원 요청에도 불구하고 즉시 출동하지 않았다. 우선 이순신은 전황을 조정에 보고하면서 면밀하게 분석하고 출전의 대책을 세웠다. 이 때까지도 조선 조정에서는 해상, 해안에서 왜적의 상륙을 저지하겠다는 기본 계책조차 조정에서 갖고 있지 않았다.

▲ 호좌수영 영성도

옥포해전

이순신은 1592년 4월 23일에 작성되어 4월 27일에 선전관 조명(趙銘)이 가져온 좌부승지의 서장을 받았다. 아래와 같은 요지의 유서를 받았다.

"왜적들이 이달 부산과 동래를 함락시키고 또 밀양(密陽)에 들어왔다는데, 이제 경상도 우수사 원균의 계본을 본 즉 '각 포의 수군을 이끌고 바다로 나가 군사의 위세를 자랑하고 적선을 엄습할 계획이라'하니, 이는 가장 좋은 기회이므로 불가불(不可不) 그 뒤를 따라 나가야 할 것이다. 그대가 원균과 합세하여 적선을 쳐부순다면 적을 물리칠 수 있을 것이다. 그러므로 선전관을 급히 보내어 이르니, 그대는 각 관포의 병선들을 거느리고 급히 출전하여 기회를 놓치지 말도록 하라. 그러나 천리(千里)밖이라 혹시 뜻밖의 일이 있을 것 같으면 그대의 판단대로 하고 너무 명령에 구애받지는 말라."²⁸⁹⁾

즉시 이순신은 전선을 정비하고 임전 태세를 갖추었다. 곧장 모든 포구에 있던 장수들에게 '본영 앞 바다에 일제히 도착하라'고 급히 통고하였다. 경상도 우수사 원균에게도 '물길의 형편과 두 도의 수군이 모이기로 약속한 곳과 적선의 많고 적음과 정박해 있는 곳과 그 밖의 대책에 응할 여러 가지 기밀을 아울러 긴급히 회답하라'고 통고했다. 거제도에 근거를 둔 경상 우수사 원균은 적이 이르기도 전에 싸울 용기를 잃고 접전을 회피했다. 도저히 원균은 대항하여 싸울 수 없다고 전하고 전투 장비를 모조리 바다 속에 던져버린 뒤 조선 수군 1만여 명을 모두 해산시켜 버렸다. 이후 원균은 홀로 옥포 만호 이운룡과 영등포 만호 우치적²⁹⁰⁾을 데리고 남해현 앞 바다에 정박하고 있었다. 곧 육지로 찾아 올라가 일본군을 피하려고만 하였다. 이에 이운룡이 반대하여 말하였다.

"첨사에게 나라의 중임을 맡게 한 것은 의(義)를 위하여 마땅히 죽어야 할 때에 수임지에서 죽게 함인 줄 아오. 이곳은 전라도, 충청도 양호 지방에 이르는 해로의 긴요한 요지라 만일 이곳을 잃는다면 곧 양호(兩湖) 지방이 위태로울 것이오. 이제 우리 수군의 군사들이 비록 해산하였다 할지라도 아직도 다시 모아 경내를 보위할 수 있사오니 호남 수군에 구원을 청하는 것이 옳은 처사로 아오."

이에 경상 우수사 원균이 이운룡의 의견에 찬성했다. 원균은 소비포[291] 권관 이영남[292]을 뽑아서 여수에 있는 전라 좌수영에 보내 전라 좌수사 이순신에게 구원을 요청케 했다. 4월 29일 밤 12시경에 원균의 공문을 접수한다. 공문의 내용은 아래와 같다.

"적선 500여 척이 부산·김해·양산·명지도[293] 등지에 둔박(屯泊)하고, 제멋대로 상륙하여 연해변(沿海邊)의 각 관포와 병영(兵營) 및 수영(水營)을 거의 다 점령하였으며, 봉화(烽火)도 끊어졌으니 매우 통분합니다. 본도의 수군을 뽑아 내어 적선을 추격하여 10척을 분멸(焚滅)했으나, 날마다 병사를 끌어들인 적세는 더욱 성해져서 적은 많은데다 우리는 적기 때문에 상적(相敵)할 수 없어서 본영(경상 우수영)도 이미 점령되었습니다. 두 도가 합세하여 적선을 공격하면 상륙한 왜적들이 후방을 염려하여 사기가 떨어질 것이니, 귀도(전라 좌도)의 군사와 전선을 남김없이 뽑아내어 당포 앞 바다로 급히 나와야 하겠습니다."[294]

이순신은 관내의 현령·첨사·만호 등에게 물길을 안내할 사람을 대기하도록 전달했다. 이순신은 5월 2일 이 날의 상황을 ≪난중일기≫에 이렇게 적었다.

맑음 … 참으로 놀랄 일이다. 오시(午時, 정오경)에 배를 타고 바다로 나가

162

진을 치고, 여러 장수들과 약속을 하니, 모두 기꺼이 나가 싸울 뜻을 가졌으나, 낙안 군수(신호申浩)만은 피하려는 뜻을 가진 것 같아 한탄스럽다. 그러나 군법이 있으니, 비록 물러나 피하려 한들 그게 될 법한 일인가.[295]

전라 우수영군의 합류가 늦어져 더는 지체할 수 없었다. 3일 이순신은 전 함대에 출동 명령을 하달하고 도망병의 목을 베어 전군에게 효시함으로써 군법의 준엄함을 보여 주었다. 4일 첫 닭이 울자 전라 좌수영 함대는 이순신 장군 지휘하에 여러 장수들과 판옥선 24척, 협선 15척, 포작선 46척, 모두 85척을 거느리고 출전하여 경상 우도의 소비포에서 밤을 지샜다. 5일 새벽에 배를 출항하여 두 도의 수군들이 모이기로 약속한 당포로 급히 갔다. 경상 우수사 원균이 약속한 곳에 도착하지 않았다. 이순신은 경쾌선을 보내 '당포로 빨리 나오라'고 공문을 보냈다. 6일 아침에 원균이 우수영 경내의 한산섬에서 전선 1척을 타고 도착하였다. 곧장 왜적선을 어떻게 물리칠지 작전 회의를 하였다.

경상도의 장수인 남해 현령 기효근,[296] 미조항 첨사 김승룡, 평산포 권관[297] 김축[298]이 판옥선 1척에 같이 타고, 사량 만호 이여념, 소비포 권관 이영남 등이 각각 협선을 타고, 영등포 만호 우치적, 지세포 만호 한백록,[299] 옥포 만호 이운룡 등은 판옥선 2척에 타고 5, 6일 사이에 도착한다. 두 도의 장수들은 송미포[300]에서 밤을 지샜다. 7일 새벽 일제히 배를 띄워 적선이 머물고 있다는 천성·가덕으로 향하여 가다가 정오 쯤에 옥포 앞 바다에 이르자 우척후장 사도 첨사 김완,[301]여도 권관 김인영[302] 등이 신기전 쏘아 일이 생겼음을 보고하였다.

이에 이순신은 장수들에게 명령을 내렸다.

"가볍게 움직이지 말고 침착하게 태산 같이 신중한 행동을 취하라

(勿令妄動 靜重如山)."

　조선 수군은 대열을 갖추어 옥포를 향하였다. 도도 다카토라가 이끄는 일본 전선 30여 척이 옥포 부두에 정박하고 있었다. 큰 전선은 사면에 온갖 무늬를 그린 휘장을 둘러치고 휘장 변두리에는 대나무 장대를 꽂고, 붉고 흰 작은 기들을 어지러이 매달고 있었다. 깃발 모양은 모두 비단으로 만들었고 바람결에 따라 펄럭이며 눈이 어지러울 지경이었다. 일본군은 포구에 들어가 분탕하여 연기가 온 산을 가리고 있었다. 그때 조선 수군 군선을 보고는 허둥지둥 어찌할 줄 몰랐다. 일본 수군은 분주히 전선을 타고 아우성치며 급히 노를 저어 바다로 중앙으로는 나오지 못하고 기슭으로만 배를 몰았다. 그 중에서 6척은 선봉으로 달려 나왔다. 그때 이순신과 여러 장수들이 분발하여 모두 힘을 다했다. 배 안에 있는 군사와 관리들도 서로 격려하면서 죽기로 싸웠다. 조선 수군이 동서로 포위하면서 바람과 우뢰 같이 총통과 활을 쏘기 시작하였다. 일본 수군도 총환과 활을 쏘다가 기운에 지쳐 배 안에 있는 물건들을 바다에 내어 던지느라 정신이 없었다.

　화살을 맞은 자는 그 수를 알 수 없고 헤엄치는 자도 얼마인지 그 수도 헤아릴 수 없을 정도였다. 일본군은 일시에 흩어져서 바위 언덕으로 기어오르면서 서로 떨어질까 봐 두려워하였다. 이 날의 승전 전

▲ 옥포 해전도

과를 아주 상세히 〈제1차 옥포 승첩을 아뢰는 계본〉에 기록하고 있다.

"좌부장 낙안 군수 신호[303]는 왜대선[304]1척을 당파하고 왜적의 머리 1급을
베었는데 배 안에 있던 칼·갑옷·의관 등은 모두 왜장[305]의 물건인 듯 하였으
며, 우부장 보성 군수 김득광[306]은 왜대선 1척을 당파하고 우리 나라 사람으
로 포로되었던 1명을 산채로 빼앗았고, 전부장 흥양 현감 배흥립[307]은 왜대선
2척을, 중부장 광양 현감 어영담[308]은 왜중선 2척과 소선 2척을, 중위장 방답
첨사 이순신(李純信)[309]은 왜대선 1척을, 우척후장 사도 첨사 김완은 왜대선 1
척을, 우부 기전통장이며, 사도진 군관인 보인[310] 이춘은 왜중선 1척을, 유군
장이며 발포 가장인 신의 군관 훈련 봉사 나대용은 왜대선 2척을, 후부장 녹
도 만호 정운은 왜중선 2척을, 좌척후장 여도 권관 김인영은 왜중선 1척을 당
파하고, 좌부 기전통장이며 순천 대장(代將)인 전 봉사 유섭은 왜대선 1척을
당파하고 우리나라 사람으로 포로되었던 소년 1명을 산채로 빼앗았으며, 한
후장이며 신의 군관인 급제 최대성[311]은 왜대선 1척을, 참퇴장이며 신의 군관
인 급제 배응록[312]은 왜대선 1척을 돌격장이며 신의 군관인 이언량[313]은 왜대
선 1척을, 신의 대솔 군관인 훈련 봉사 변존서(卞存緖)[314]와 전 봉사 김효성
(金孝誠)[315] 등은 힘을 합하여 왜대선 1척을 각각 당파하였으며, ……"[316]

이 해전에 참전한 일본 수군은 도도 다카토라, 호리우치 우지요시
[317]의 대소 전선 50여 척이었다. 일본 수군은 첫 해상 전투에서부터 사
기가 떨어졌다. 이 첫 해전에 대한 두려움은 인간 본성인 것이 아니겠
는가? 군사들 역시 첫 출전이라 내심 두려움에 떨고 있었음은 불을
보듯 뻔한 일이다. 여기에서 조선 수군의 전라 좌수영 총지휘관으로서
이순신이 취한 행동을 유심히 보아야 한다. 그는 첫 전투에 나서는 군
사들에게 냉정심을 갖도록 유도했다. 즉, 최고의 리더로서 누구보다도
냉정한 자세로 전쟁에 참여하고 있었다. 이순신은 어떤 상황에서도 냉
정한 판단력이 필요함을 보여주었다.

이순신은 부하들의 마음을 미리 헤아리고 다독였다.

"가볍게 움직이지 말고 침착하게 태산 같이 신중한 행동을 취하라."

장군의 위엄 있는 명령 한 마디에 군사들은 침착하면서도 질서 정연히 전투를 치렀다. 용기백배하여 전투에 임한 수군의 사기는 한 척 두 척 왜선을 무찌르면서 하늘을 찌를 듯이 올라갔다.

합포해전

7일 오후 4시경 옥포로부터 남쪽의 영등포[318]로 이동하여 머무르려고 했다. 와키사카 야스하루가 이끄는 일본 수군의 대선이 5척이 웅천 땅 합포[319] 앞 바다로 지나가고 있다는 척후선의 급보를 받았다. 곧 조선 수군은 출항하여 전력으로 추격하기 시작했다. 일본 군선은 정신없이 달아나 합포 앞 바다에 이르러 너무 급한 나머지 전선을 버리고 육지로 기어올라 갔다. 일본군은 바위나 나무 뒤에 숨어서 조총을 쏘기 시작하였다. 이순신의 전선은 그 사정거리 밖에서 일본군의 정세를 살피다 곧 배를 몰아 포구 안으로 쳐들어가 일제히 함포를 쏘았다. 우척후장인 사도 첨사 김완이 일본 대전선 1척, 중위장 방답 첨사 이순신(李舜臣)이 일본 대전선 1척, 중부장 광양현감 어영담이 일본 대전선 1척, 귀양살이 하던 전 첨사 이응화,[320] 훈련 봉사 변존서, 송희립,[321] 김효성(金孝誠), 이설(李渫)[322] 등 용장들이 총통과 화살로 일본

▲ 합포해전도

군의 대선 4척과 소선 1척을 부딪쳐 부순 뒤에 불태웠다.

　이때 일본 수군의 전선은 홍색, 또는 흑색의 철갑과 여러 가지 색으로 만든 투구, 황금으로 만든 관, 장식 깃털, 금바늘, 날개옷, 날짐승 깃으로 만든 빗자루, 소라 껍질로 만든 악기 등을 사용하고 있고, 그 모양이 귀신 같기도 하고 매우 사치스럽게 꾸며져 있었다.

　조선 수군은 밤을 타서 노를 저어 남쪽의 남포323)에 도착하여 진을 치고 밤을 지냈다. 이순신은 ≪제1차 옥포 승첩을 아뢰는 계본≫에서 승전의 공훈을 세운 군사들의 이름을 자세히 적고 있다. 이는 조선 수군 전라 좌수영의 총지휘관으로서 승전의 공을 혼자 독식하는 것이 아니라 조선 수군의 여러 장수와 군사들이 함께 이룬 것임을 강조한 것이다. 이런 이순신의 행동에 수많은 조선의 군사들이 이순신을 존경하고, 그가 이끄는 대로 전라 좌수영군 군사는 따랐던 것이다.

적진포해전

　5월 8일 이른 새벽 또다시 척후장으로부터 진해 땅 고리량에 일본 전선이 정박해 있다는 보고를 받는다. 이순신의 함대는 주도면밀하게 수색을 하면서 이동하고 있었다. 조선 수군은 일본군을 치기 위하여 남포 앞 바다에 모든 전함을 출항시켜 여러 섬을 협공하면서 수색한다. 마침내 일본 군선을 발견하지 못하고 저도324)를 지나 고성땅 적진포357)에 다다랐다. 이 적진포에 일본 전선 13척이 정박해 있음을 발견한다.

　여기에서 지역에 대한 논의가 분분한 적진포에 대해 살펴보자. 김정호가 제작한 동여도에는 적진포(積珍浦)라고 나온다. 적(積)이라고 씌여진 곳이 대략 적진포이다. 이순신 해전 연구가 이봉수 씨는 '고산자 김정호가 그린 대동여지도의 교본 필사본인 동여도를 자세히 보면 적진포는 춘원포326) 보다 북쪽에 위치하고 당항포327) 바로 남쪽에 위치하고 있다. 그래서 결코 광도면 적덕리는 아니다' 라고 한다. 이 일본 전선의 수군은 적진포 포구 안 여염집을 분탕질하고 있었다. 일본 수군은 조선 수군의 위세를 보고 겁내어 산으로 도망쳤다.

　이에 좌부장 낙안 군수 신호는 좌부기전통장 순천대장 전봉사 유섭328)과 힘을 모아 일본 수군을 물리치고, 부통장 급제 박영남,329) 보인 김봉수330) 등이 힘을 모아 일본 전선 1척을 깨뜨렸다. 또 우부장 보성 군수 김득광도 일본 전선 대선 1척을, 중위장 방답 첨사 이순신이 일본 전선 대선 1척을, 우척후장 사도 첨사 김완이 일본 전선 대선 1척을, 후부장 녹도 만호 정운이 일본 전선 대선 1척을, 귀양살이 하던 부통장 전 봉사 주몽룡331)이 일본 전선 중선 1척을, 대솔 군관

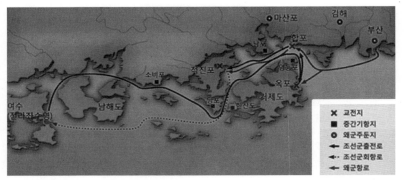

▲적진포 해전도

이설과 송희립이 힘을 합쳐 일본 전선 대선 2척을, 군관 경로위 이봉수[332]가 일본 전선 대선 1척을, 군관 별시위 송한연[333]이 일본 전선 중선을 분전하여 베고 총통을 쏘아 배를 깨뜨렸다.

이순신의 조선 수군은 일본 수군 대선 9척과 중선 2척을 파손하는 성과를 거두었다. 이에 5박 6일간 1차 해전에서 이순신 함대는 인명 피해도 거의 없고, 단 한 척도 부서지지 않고 적선 42척을 격파한 대전과를 올렸다. 이 때의 전투 경위를 이순신은 조정에 올린 제1차 옥포승첩을 아뢰는 계본에 이렇게 기록하고 있다.

"대체로 보아 신이 거느린 여러 장수와 관리들은 모두 분격하여 서로 앞을 다투어 적진에 돌진하면서 함께 대첩(大捷)을 기약하였는데, 무릇 지금까지 해전에서의 40여 척을 불살라 없앴으나, 왜의 머리를 벤 것이 다만 둘 뿐이므로 신이 섬멸하고 싶은 대로 다 못하여 더 한층 분하고 통분하오나, 접전할 때를 생각해보면 그럴 수밖에 없었던 것입니다. 적선은 빠르기가 나는 듯하여, 우리 배를 보고 미처 도망치지 못하게 되면 의례히 기슭을 따라 고기두름 엮은 듯이 행선하다가 형세가 불리하면 육상으로 도망하였던 까닭에 이번 길에 섬멸하지 못하여 간담이 찢어질 것 같아 칼을 어루만지면서 혀를 차고 탄식하였습니다."[334]

1차 해전은 큰 해전은 아니었다. 하지만 임진왜란 해전 중에서도 첫 전투라는 의미가 있다. 조선 수군의 사기는 충전한다. 일본 수군과 전투에서 조선 수군은 자신감을 갖게 되었다. 이순신은 조선 수군 전라좌수영의 총지휘관으로서 지도 리더십이 힘을 발휘한 것이다. 이때 전라도 도사 최철견[335]으로부터 임금 선조의 행차가 4월 30일 한양을 떠나 피난길에 올랐다는 소식을 전해 들었다. 이순신은 눈물을 머금고 전 함대에 귀환 명령을 내렸다. 전라 좌수영으로 돌아가는 배 위에 홀로 칼을 짚고 서서 임금이 있는 북녘 하늘을 바라보는 이순신의 얼굴에는 두 줄기 뜨거운 눈물을 흐르고 있었다.

이순신이 지휘하는 조선 수군은 5월 4일부터 9일까지 6일간의 1차 출동에서 세 차례의 전투를 치러 일본 전선 42척을 격파하고 불태우는 큰 전과를 올렸다. 이순신은 일본군으로부터 노획한 쌀 등의 물자를 수군들에게 나누어주고 노고를 위로했다. 이 점은 ≪제1차 옥포 승첩을 아뢰는 계본≫에도 잘 나타나 있다.

> "왜선에 실려 있었던 물건 중에 우리 나라의 쌀 300여 석(石)은 여러 전선의 굶주린 격군과 사부들의 양식으로 적당히 나누어 주고, 의복과 목면 등의 물건도 군사들에게 나누어 주어서 적을 무찌른 뒤에는 이익이 따른다는 마음을 일으키게 하려는 바, 아직은 그대로 두고 조정의 조치를 기다립니다."[336]

이처럼 전쟁의 공과도 골고루 분배하는 이순신의 배려하는 리더십을 볼 수 있다. 이 전투의 승리로 이순신은 조정으로부터 가선대부(종2품)라는 품직을 받았다.

사천해전

부산포에 있는 일본 수군은 계속 해상에서 함부로 날뛰고 육군과
병행하여 서해안 쪽을 제압하면서 평양 방면으로 북상할 뜻을 버리지
않았다. 거제도 서쪽 작은 섬에 세력을 미쳐 연해안의 여러 고을을 분
탕질 하고 있었다. 다시 이순신은 소속 전선을 모으고 전라 우수사 이
억기에게 공문을 보내 합력하여 일본 수군을 격퇴하자는 뜻을 전했다.
동시에 6월 3일에 여수 본영 앞 바다에 모여 경상도 쪽으로 출격하자
고 제안한다. 5월 27일 이순신은 경상 우수사 원균으로부터 공문을
받았다.

"적함선 10여 척이 사천, 곤양 등지까지 쳐들어 왔으므로 본 수사는
배를 남해땅 노량으로 옮기게 되었소."

급히 이순신은 6월 3일에 여수 본영에 모이기로 한 전략 전술을 수
정했다. 휘하 장병을 이끌고 이순신은 원균을 지원 사격하기로 결심했
다. 이순신은 여수 본영을 군관 윤사공에게, 흥양현[337]을 조방장 정걸
에 사수하라고 대비시키고선 거북선과 판옥선을 거느리고 노량으로
출정했다.

▲사천해전도

172

1592년 5월 29일 새벽에 이순신의 함대는 여수 본영에서 출진하여 남해 노량에 도착하니, 다만 하동 부두에서 원균이 3척의 전선을 이끌고 대기하고 있다가 전라 좌수영 함대와 합세했다. 이 때에 일본 군선 1척이 곤양으로부터 나와 사천 방면으로 움직이고 있다는 정보를 입수했다. 즉시 전부장 방답 첨사 이순신(李純信)과 남해 현령 기효근 등이 적선을 추격했다. 일본 수군은 당황하여 곧 배를 버리고 육지로 도망갔다. 원균은 분한 나머지 곧 추격하기를 요청했다. 이에 이순신은 타이르며 말했다.

　　"수사께서는 병법의 도를 잘 모르는 듯 하오. 그렇게 좁고 얕은 항구 안으로 쳐들어간다면 반드시 패할 것이 아니겠소."

　　조선 함대는 쉬지 않고 노를 재촉하여 사천 부두 가까이에서 바라보니, 산이 부두를 둘러싸고 7, 8리나 뻗쳤는데 형세가 험준한 곳에 일본군이 4백여 명이 장사진을 치고 붉고 흰 기를 수없이 꽂고 있고 장수용 막을 치고 있었다. 연안에는 누각 모양의 일본 대선이 13척이 정박해 있는데 일본 수군이 늘어서서 소리를 지르고 야단들이었다. 이순신은 호각을 불고 기를 휘둘러서 거짓 퇴각하여 400미터도 못 물러났다. 이 때는 바닷물길이 썰물이었다. 일본 수군은 약 200명이 진지에서 내려와 반은 배를 지키고 반은 언덕 아래 진을 치고 총통을 쏘면서 대항하였다.

　　이 무렵 저녁 조수도 밀려들어 오고 있었다. 먼저 조선 수군은 거북선을 앞세우고 일본 전선 중간을 향하여 일제히 돌진한다. 그리고 천자·지자·현자·황자총통을 집중 발사하면서 일본군을 향해 맹공한다. 일본 수군과 조선 수군 사이에 처절한 화력전이 전개되었다. 조선 수군의 여러 장수들도 분전하여 철환과 장편전, 피령전과 화전 천자총통과 지자총통을 우뢰같이 퍼부었다.

우척후장 사도 첨사 김완은 적진중에서 아군의 어린 여자 1명을 구했고, 참퇴장 전 봉사 이응화는 적군 1명의 목을 베었다. 여러 조선 장수들은 포구에 정박하고 있던 일본 전선 13척을 부서버렸다. 이때 이미 날이 저물어 조선 수군은 밤을 타서 배를 돌려 사천땅 모자랑포338)에 도착하여 밤을 세웠다.

이 전투에서 이순신은 선두에 서서 직접 전투를 지휘하다가 적탄으로 왼쪽 어깨를 부상당했다. 군관 봉사인 나대용도 적탄에 맞았다. 이설도 적의 활에 맞았으나 죽지는 않았다. 여기에서 우리는 이순신이 전쟁에 참가하고 그가 취한 행동을 살펴볼 필요가 있다.

이순신은 조선군과 일본군이 서로 치열하게 싸우는 전쟁터의 한복판에 서 있었다. 그런 전쟁터에서 조선 수군 전라 좌수영의 총지휘관으로서 어깨에 일본군의 탄환을 맞은 것이다. 이순신은 자신이 리더라는 사실을 확실히 인식하고 있었다. 그래서 이순신 자신이 총상을 당했어도 이를 숨기고 전쟁의 진두지휘를 한 것이다. 이는 지도자의 리더십의 좋은 본보기를 보여주고 있는 것이다.

당포해전

조선 수군은 1592년 6월 1일까지 모자랑포에 결진해 있었다. 곧장 고성땅 사량도[339]로 이진하여 군사를 쉬도록 하고 일본군의 정세를 탐색하였다. 이순신은 전라 우수사 이억기에게 연합 작전을 제의하여 6월 3일 출정하기로 약속한다. 6월 2일 아침 8시 경 일본 함선이 통영 건너편 섬 당포에 정박 중이라는 정보를 듣고는 곧 그쪽으로 직행한다. 당포 부두에는 일본 수군 장수 가메이 고레노리[340]와 구루시마 미치유키[341]가 인솔하는 대선 9척, 중·소선 12척이 정박하고 있었던 것이다.

이틀 후 6월 4일 당포 앞 바다에서 일본군 선단이 거제로 향했다는 정보를 접하고 즉시 이순신은 전 함대에 거제로 출격할 것을 명했다. 막 전선을 출발하려는 때에 전라 우수사 이억기가 전선 25척을 거느리고 합류하여 사기는 더 드높아졌다. 거제도로 가는 길목인 창신도(昌信島)[342]에서 밤을 세웠다. 6월 5일 이순신은 4척은 포구에 머물게 하여 복병을 삼고 51척의 전선은 일렬 종대로 노를 저어 나갔다. 조선 수군은 마산과 진해 앞 바다를 수색하면서 거제도로 나갔다.

마지막 굽이를 돌자 넓은 바다 안 만이 나타나고 일본군 대선 9척, 중선 4척, 소선 13척이 정박 중이었다. 그 중 가장 큰 전함 1척은 뱃머리에 삼층판각을 짓고 단청과 회벽을 하여 마치 절간과 같았다. 앞에는 푸른 우산을 세우고 누각 아래에는 백화문이 크게 그려진 장막을 내려져 있었다. 장막 안에는 일본군 군사들이 무수히(400여 명) 열 지어 서 있었다. 또 일본 대선 4척이 포 안에서 나와 한 곳에 집결하고 있었다. 그것들은 나무묘법연화경(南無妙法蓮華經)이라

▲당포진도

고 쓴 검은 기를 꽂고 있었다. 조선 수군의 내습을 발견한 일본 전선이 먼저 포문을 열어 만 안에서 해전은 시작되었다. 조선 수군의 전선도 일본 수군 함선을 향해 천자·지자총통을 발사시켰다. 이어 여러 전선은 1척씩 교대로 일본 전선에 접근하여 총통과 화전을 퍼부었다. 일본 전선도 응사하여 치열한 접근전을 계속하였다. 이때 후진에서 전투를 지휘하고 있던 이순신은 해안에 정박 중인 전선에게 모든 화력을 한꺼번에 집중시킬 수 없을 뿐만 아니라 만일 전세가 불리하면 적이 육지로 도주할 우려가 있다고 여겼다. 우선 이순신은 일본 전선을 유인하여 포위·섬멸하려고 부하 장수들에게 포위를 풀고 퇴각하려고 했다. 이순신은 바다가 얕고 벌써 썰물이라 판옥선 같은 큰 배가 쉽게 돌진할 수 없다고 판단하고, 날도 어두워가니 무모한 공격을 피하라고 장수들에게 명령을 내렸다.

"저 적들이 매우 교만한 태도를 갖고 있으므로 우리들이 만약 거짓으로 물러나는 척하면 적은 반드시 배를 타고 우리와 상전(相戰)하려고 할 것이니, 이때 우리는 적을 한 바다로 끌어내어 힘을 합쳐 격멸하는 것이 가장 좋은 방책이다." 343)

전 함대가 뱃머리를 돌리자 2백여 명의 일본군들은 산의 진에서 뛰어 내려왔다. 그 반은 해안에서, 그 반은 전선에 승선하고 포격을

176

가해 왔다. 때마침 만조가 되어 배가 포구 내에서 자유롭게 움직이게 되었다. 일제히 이순신은 전선을 돌리게 명하고 먼저 거북선의 돌격장에게 적을 공격하도록 명한다. 거북선은 적선에 돌진하여 천자, 지자, 현자, 황자천통 등 각종의 화포를 발사한다. 조선 수군의 전함은 교대로 공격한다. 여러 장수들이 모여 장편전·피령전·화전 천자·지자총통 등을 비바람같이 발사하여 천지를 진동시켰다. 중위장 권

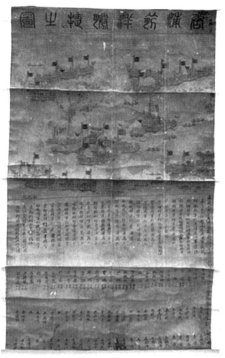

▲당포앞바다 승첩지도 시도유형문화재25호(전남)

준이 돌진하여 일본 장수를 쏘아 맞추었다. 그때 사도 첨사 김완과 군관 흥양 보인 진무성(陳武晟)[344]이 일본 장수 구루시마 미치유키[345]의 머리를 베었다. 일본 수군은 겁을 먹고 당황하여 달아났다. 승선하였던 일본 수군은 산으로 도주하였다. 일본 전선 대선 9척, 중선 9척, 소선 3척은 모두 21척을 파선시켰다. 조선 수군의 모든 전선이 힘을 합해 집중 공격하는 바람에 어찌할 바를 모르던 일본 수군은 거의 전멸되었다. 조선 수군의 군사들이 여러 전선으로 일본 수군을 끝까지 쫓아서 수색하고 일본군의 목을 베려 하였다. 이에 이순신은

다만 1척만을 남겨 놓으라고 한다. 이는 산으로 도주한 일본군이 조선의 양민을 해칠 것을 우려하여 그 도망갈 길을 터준 것이었다. 이런 세심한 배려에서 이순신의 백성을 사랑하는 마음을 알 수 있다. 조선 수군의 전라 좌수영 최고 지휘관이었던 이순신 장군의 뛰어난 전략전술은 팀워크를 이루어 전투에 온 힘을 다해 싸웠다. 그 때문에 조선 수군은 큰 손실을 입지 않고 해전에서 승리할 수 있었다.

당항포해전

당포해전에서 타격을 입은 일본 수군은 거제도 방면으로 달아났다. 그들이 안전지대인 당항포에서 정박해 있다는 정보를 이순신은 보고받았다. 6월 5일 이순신은 조선 통합 함대를 당항포로 출진시켰다. 먼저 판옥선 3척으로 강 하구에 진입시켜 정찰을 한다. 당항포에 30척 가량 정박 중인 일본 군선을 발견한다. 총 51척의 막강한 통합 함대는 소요강 입구에서 일본 군선을 유인하며 만반의 공격 준비를 갖추었다.

소요강 하구에 이순신은 판옥선 4척을 배치하고 일본군의 증원군이 나타나면 격멸하는 임무를 주고, 당항포 수로를 통하여 나머지 44척은 진격한다. 이미 일본 수군은 접전할 태세를 갖추고 집결 중이었다. 이순신의 통합 함대는 처음으로 우세한 진용으로 유리한 지형지물을 이용하여 일본 수군을 완전히 포위한다. 거북선이 가장 먼저 일본 대장선을 정면 공격한 다음 다른 전선도 순차적으로 각개 격파해 나갔다. 이순신은 여러 장수들에게 명하였다.

"적의 목을 베는 대신에 적을 쏘아라! 적의 목이 많고 적은 것이 문제가 아니라 적을 명중시키는 것이 급선무다. 역전의 여부는 내가 바라보고 있다."

이 때문에 전투 시에는 무수히 적을 사살하였음에도 불구하고 전라 좌수군은 일본군의 목을 중요시하지 않았다. 장막의 네 면에는 황(黃) 자가 크게 씌어 있고 그 위에 투구를 쓰고 비단옷을 입은 일본 수장이 위엄 있게 앉아서 독전하고 있었다. 먼저 거북선이 적장이 타고 있는 누층선으로 돌진하여 선수에 있는 앞 머리 입용에서 현

▲당항포해전도

자총통을 쏘아대며, 전 포문을 열어 대장군전을 적선에 퍼부었다. 즉시 적선은 당파되었다. 다른 전함도 장편전, 피령전과 화전 천자총통과 지자총통을 적에게 쏘기 시작하여 격전은 더 가열차게 벌어졌다. 이때 조선 수군은 전선의 확장을 위해 일본군 대선 1척만 남겨두고 오후 늦게 당항포의 소용강 입구로 돌아와 야간 매복 작전에 돌입한다. 6월 6일 새벽에 산으로 도망쳤던 적군 100여 명을 태운 전선 1척이 강하구로 빠져 나오자 이를 함포로 수장시켰다.

당항포해전은 일방적 전투로 조선 수군은 피해가 거의 없고, 일본 수군은 대선 9척, 중선 4척, 소선 13척을 격파시킨 전과를 올렸다. 도요토미의 신복인 구루시마 미치유키가 3,040명의 피를 발라 서명한 분군기(分軍記)를 노획하였음을 당항포 승첩 장계에 기록하고 있다.

6일 새벽 방답 첨사 이순신(李純信)이 '당항포에서 산으로 올라간 적들이 필시 남겨둔 배를 타고 새벽녘에 몰래 나올 것이라'하여 그가 통솔하는 전선을 거느리고 바다 어귀로 가서 적들이 나오는 것을 살피고 있다가 전부를 포획하고 급히 보고한 내용은 이렇다

"…… 왜선의 맨 앞쪽에는 별도로 햇볕을 가리기 위하여 양방(배 위에 마련 된 방)을 만들었는데, 방 안의 장막이 모두 극히 화려하였으며, 곁에 있는 작은 궤안에 문서를 가득 넣어 두었기에 집어보니, 왜인 3,040여 명의 〈분군기(分軍記)〉였습니다. 자기 이름 아래 서명하고 피를 발라 둔 것이 필시 삽혈(歃血 : 맹세할 때 서로 피를 들어 마셔 입술을 벌겋게 하고 서약을 꼭 지킨다는 단심을 신에게 맹세하는 일을 뜻한다. 《史記》 王當歃血 而定從)하여 서로 맹세한 문서인듯 합니다. 그 분군건기(分軍件記) 9축을 비롯하여 갑옷 · 투구 · 창 · 칼 · 활 · 총통 · 범가죽으로 딘 말안장 등의 물건을 올려 보냅니다." 하였으므로 신이 그 〈분군전기〉를 살펴보니, 서명하고 피를 바른 흔적이 과연 보고된 바와 같았는데, 그들의 흉악한 꼴을 형언할 수 없습니다.[346]

율포해전

　1592년 6월 6일 새벽에 도주하는 일본군의 패잔병 1척의 대선을 격추시킨 다음 고성 연안은 고요하였다. 소요강 하구에서 휴식 및 군선 정비를 위해 1박을 한 다음 조선 수군의 통합 함대는 시루섬[347]으로 이동하여 결진할 전투 태세를 점검한다. 살아 남은 일본 수군은 전선을 타고 나오다가 이순신 휘하의 부장이었던 방답 첨사 이순신(李純信)이 통솔하는 전함에게 나포되었다. 이 일본 전선은 조선의 전선과 비교할 수 없을 만큼 호화스럽고 우수한 군사장비를 갖추고 있었다. 이 일본 전선에서 총포 등 무기류를 노획하였다.

　7일 아침 삼도 수사의 연합 함대 51척은 고성땅 마을 우장 앞바다에서 출항하여 용천땅 증도[348] 앞 바다에 진을 쳤다. 가덕도[349]의 천성보와 가덕포에 있는 일본 수군의 동태를 정찰하던 조선 수군 전선인 진무 이전과 군사 오수 등이 적의 머리를 베어 오전 10시 쯤에 급히 돌아와 말하였다.

　"가덕도 앞바다에서 적 3명이 한 배를 타고 있다가 우리를 보고 달아나므로 온 힘을 다해 쫓아 가서 다 쏘아 죽이고 머리 셋을 베었는데 그 중 하나는 경상 우수사의 군관으로서 이름 모를 사람이 작은 배를 타고 와서 위력으로서 강분하여 갔소이다."

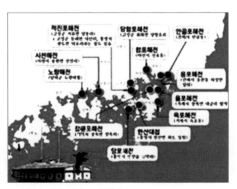
▲이순신 장군 경상도 승첩지

　이순신은 보고를 받고

그들을 다시 천성보 등지로 돌려보냈다. 정오 쯤에 거제도 영등포 앞 바다에 이르러 일본 수군의 대선 5척과 중선 2척이 율포에서 나와 부 신진 쪽으로 도망가는 것을 발견한다. 이때 좌별장 우후 이몽구가 일 본 대함선 1척을 바다에서 완전히 당파하여 배에 뛰어 올라 적의 머리 7급을 한 칼로 번개같이 베어버렸다. 또 1척은 적이 바다 언덕에 버리 고 육상으로 도주하였다. 그 배를 그 자리에서 불태우자 연기가 율포 만에 가득찼다.

우척후장 사도 첨사 김완은 적의 대선 1척을 부수고 적의 머리 20 급을 베어버리자 나머지는 스스로 바닷물로 뛰어들었다. 좌척후장 녹 도 만호 정운은 적의 대선 1척을 부수고 도망치려는 적의 머리 9급을 베었다. 뒤이어 중위장 광양 현감 어영담은 가리포 첨사 구사준과 둘 이서 힘을 모아 대선 1척을 바닷가 언덕까지 뒤쫓아 가서 그 배를 화 전으로 불살라 버렸다. 일본 수군은 구사일생으로 겨우 언덕으로 기어 올라 도망치기에 바빴다. 이에 첨사 구사준은 크게 노하여 빠리 도망 치지 못하는 적 두 명의 머리를 베어버렸다.

이때 적장 구루시마 미치유키는 전선 위에서 전투 지휘를 하다가 혈로를 뚫고 도망치기에 정신이 없었다. 처절한 백병전이 계속되자 우 별장인 여도 권관 김인영은 덤벼드는 적을 목의 베었다. 소비포 권관 이영남은 소선으로 갈아타고 급히 적중에 돌입하여 좌우로 적의 머리 를 잘랐다. 나머지 적선 한 척은 적이 도망친 채로 주인 없이 바다에 떠 있자, 조선 수군이 불태워버렸다. 9일 아침 일찍 조선 수군은 전선 을 움직여 웅천 앞바다에서 진을 친 뒤 소선으로 가덕포, 천성보, 안 골포, 제포 등지로 정찰을 보냈다. 하지만 적의 그림자도 발견할 수 없었다. 이날 저녁에 송진포로 돌아와 밤을 지냈다.

6월 10일 남해도의 미조항에서 기동함대를 해체하고 여수 본영으로 귀항한다. 11일간의 당항포해전이 끝났다. 매우 결정적 전과를 올렸다. 4군데의 개별 전장에서 각각 어느 정도 조선측 병력도 손실이 있었는지 사료에는 명시되어 있지 않다. 이 기간 중 전사상자가 58명으로 집계되고 있다. 조선 수군은 5월 29일부터 6월 10일까지 11일간 제2차 출동에서 일본 전선 70여 척을 격멸하는 큰 전과를 올렸다. 이 출동에서도 역시 선박의 피해는 없었다. 1차 출동 때와 달리 전사자 13명, 부상자 34명이 생겨났다. 이 피해는 일본군 수군이 받은 피해와 비교도 되지 않는 정도였다. 1·2차 출동의 결과 조선 수군은 가덕도에서부터 서해안 제해권을 완전히 장악하게 되었다. 여수를 기지로 하는 전라좌수군은 일본군의 서진으로 육지로부터 위협을 받고 있었다. 부산에는 아직 일본 전선 수백 척이 있었다. 구키 요시타카, 와키자카 야스히로 등 일본에서 이름난 수군 장수의 함대는 아직 직접 해전에 참가하지 않고 있었다.

한산도대첩

일본 수군은 이순신 함대의 막강한 전력을 파악하고 있었다. 일본은 수군의 힘을 총동원하여 조선 수군을 격파하려는 작전으로 전환시킨다. 일본 수군장 와키자카 야스하루는 6월 7일과 19일 거제도 안쪽에 조선 전선이 많이 출현한다는 보고서를 도요토미 히데요시에게 보냈다. 이 보고서를 받은 도요토미는 구키 요시타카, 가토 요시아키, 와키자카 야스하루 등 3명의 수군장에게 협동하여 조선 수군을 격파하라는 명령을 내렸다. 그러나 와키자카 야스하루는 합동작전을 펼치라는 도요토미의 명령에 따르지 않고 개별 행동을 취한다. 구키 요시타카, 가토 요시아키 두 장수가 전선을 준비하고 있는 사이에 와키자카는 휘하의 수군을 이끌고 7월 7일에 거제도로 진군한다.

이순신의 활약으로 일본 수군의 피해는 더는 방치하기 곤란한 지경이었다. 조선 수군의 공격으로 일본 수군의 활동 반경은 경상도 연해안에 머물고 있었다. 일본의 기본 구상인 수륙병진책을 실현하려면 반드시 바다를 확보해야 하는 상황이었다. 이에 일본군은 수군을 재편성했다. 전라도 바다 공격에는 총 115척의 전선을 배치했다. 공격 함대는 원활한 공격을 위해 다시 3개 부대로 나누었다. 조선 수군의 궤멸을 지시받은 와키사카 야스하루, 구키 요시타카, 가토 요시아키는 6월 7일 한양에서 1만여 명의 군사를 이끌고 남하했다. 초대형전선 7척을 포함한 73척으로 함대의 규모가 가장 컸다.

적장 와키사카 야스하루는 이순신에 대해서는 이미 많은 정보를 접한 상태였다. 와키사카 야스하루는 이순신의 함대를 궤멸시킨다면 그의 입지는 제1군의 고니시나 제2군의 가토와 같은 반열로 오르는 것도

▲한산대첩도

기대할 수 있었다.

　한편 이순신은 전력 보강에 힘쓰고, 적정의 정보 수집에 전력을 다하며 적 해군을 격멸 소탕할 기회를 기다리고 있었다. 가덕·거제 방면에 10여 척 혹은 30여 척의 일본 전선이 출몰하고 전라도 금산에도 일본 육군의 세력이 크게 뻗치고 있어 수륙 양면으로 전라도를 공격해야 할 상황에 있었다. 위급함을 느낀 이순신은 선제공격으로 거제도·가덕도 등지에 출몰하는 일본 수군을 격멸하겠다는 결단을 내렸다. 7월 6일 이순신의 전라좌·우수군의 연합 함대는 일제히 출동하여 노량 앞 바다에서 경상 우수사 원균의 전선 7척과 합세한다. 이순신의 주력 함대인 48척의 전선과 원균의 전선 7척을 합한 55척의 전선을 이끌고 7월 7일 고성 땅의 당포에 다다랐다. 이때 거제도의 목동인 김천손(金千孫)이 '적의 대 중 소선을 합하여 70여 척이 오늘 하오 2시쯤에 영등포 앞 바다로부터 거제와 고성의 경계인 견내량에 이르러 머무르고 있다'라는 일본 전선에 대한 아주 중요한 정보를 제공하였다.

　이순신은 다음 날인 7월 8일 이른 아침 견내량을 향해 전선을 출동시켰다. 견내량의 바깥 바다에 이르렀을 때 일본 수군의 척후선 2척이 이순신 함대를 발견하고 본대로 도주하자 이를 추격하며 견내량의 일본 수군 상황을 살펴보았다. 그 결과 견내량에 정박 중인 일본 전선

186

은 대선 36척, 중선 24척, 소선 13척 등 73척이 정박 중이라는 정보를 입수하였다. 여기에 정박하고 있던 일본 수군은 와키자카의 함대였다. 와키자카는 토요도미의 명령을 받고 7월 7일에 견내량으로 출진하였던 것이다.

와키사카가 가장 중요하게 여긴 것은 군사의 사기였다. 적의 함대와 부딪치면 백병전으로 승리를 가르는 일본 수군의 전술상 군사의 사기는 무엇보다 중요하였다. 조선 전선이 크고 육중하다는 것은 이미 알고 있었다. 조선 전선이 여러 문의 대포를 쏜다는 것도 새삼스러울 것이 없는 정보였다. 하지만 와키사카에게는 속도가 있었다. 조선 수군이 포를 한 번 쏘고 주춤하는 사이에 쏜살같이 돌진하여 백병전을 구사하면 조선이 자랑하는 포는 무용지물이 된다고 생각하였다.

그러나 와키사카의 기본 구상은 당장 견내량에서부터 어긋나기 시작하였다. 1592년 7월 8일 고요한 새벽을 틈타 견내량에서 여수로 진격할 구상에 바쁜 그 앞에 느닷없이 이순신의 함대가 나타났다. 지휘 전선에서 부하들과 작전 구상을 벌이던 와키사카는 그 급보에 벌떡 일어섰다. 와키사카의 반응은 재빨랐다.

즉시 전 함대에 공격 태세를 갖출 것을 명령하였다. 곧이어 조선의 전 함대가 견내량에 모습을 드러냈다. 어차피 작전은 속도전이었다. 와키사카는 전 함대에 공격 명령을 내렸다. 그의 전 함대가 일제히 바다를 가르며 나아갔다. 그러자 무서운 기세로 진격해 들어오던 조선의 선봉 전함이 주춤하더니, 갑자기 선체를 뒤로 돌렸다. 견내량 바다 입구로 돌진하자 그곳에 버티고 있던 조선 함대 본대도 후퇴하기 시작하였다. 와키사카는 승리를 확신하였다. 이제 조선 함대의 섬멸은 속도에 달렸다.

한 척도 놓쳐서는 안 된다. 한산도 앞바다로 도망가던 조선 수군은 오죽이나 급했던지 대열이 서서히 흩어지고 있었다. 이제 조선 수군과 접전에 대비해야 하는 국면이었다. 그는 전군에 백병전을 준비하라고 명령을 내렸다.

그런데 조선 함대에서 급작스런 변화가 일어나고 있었다. 도망가던 조선의 함대가 서서히 멈춰 섰다. 그러고는 빠른 속도로 선회하기 시작하였다. 조선의 함대가 마치 초승달처럼 넓은 바다를 가로막는 것이었다. 학익진이었다.

그러나 와키사카는 학익진은 구사하는 쪽의 전력이 셀 경우에 사용하는 것을 알고 있었고, 더 밀어 붙어야 한다고 판단했다. 조선 함대의 전투 배치는 이미 끝난 상태였다.

선회를 끝낸 조선 함대에서 강력한 포환이 날아들었다. 와키사카는 버텨야 한다고 판단했다. 와키사카의 일본 함대는 조선의 학 날개 속으로 완전히 들어갔다. 자진하여 그 안으로 뛰어 들어간 것이다.

포 사격이 격렬하지만 다시 장전하는 데 시간이 필요하다는 것이 그의 판단이었다. 일차 포 사격이 끝난 후 조선의 함대가 다시 선회하기 시작했다. 한쪽 포를 쏜 뒤 반대쪽 포를 가동했다. 잠깐 사이 다시 포가 날아왔다.

와키사카의 머릿속에 후퇴라는 절망적인 단어가 스쳤다. 하지만 빠른 속도로 나아가고 있는 일본 전선은 가속도가 붙어 선회하기엔 너무 많은 시간이 걸렸다. 그대로 밀고 들어가는 수밖에 없다. 조총 사정거리에 들어오자 일본 전선의 조총과 조선의 화살이 교차되었다. 격전이었다. 하지만 조금만 더 있으면 그의 정예 수군이 적함에 용감하게 기어 올라가 적을 모조리 섬멸할 것이라는 믿음은 흔들리지 않았다.

그 순간 거북선 두 척이 일본의 선봉 함대의 빠른 속도를 맞받아칠 기세로 전진해 들어왔다. 이미 거북선은 포사격으로 만신창이가 된 일본 전선을 그대로 받아버렸다. 거북선의 충돌로 일본 전선은 갈가리 찢겨졌고 백병전을 준비하던 부하들이 바다에 수장되었다. 거북선의 저지에 선봉선이 다시 그 뒤의 전선과 충돌시켰다. 일본 전선끼리 차례로 들이받으면서 생기는 피해도 만만치 않았다. 아비규환이었다. 남은 것은 전선을 뒤로 선회하여 도망가는 수밖에 없었다. 강한 밀집 대형 안에서 게다가 선회 폭이 큰 일본 전선으로써는 이것도 여의치 않았다.

그 와중에 우리에 갇힌 토끼를 사냥하듯 조선군은 맹렬히 일본 전선을 격파하고 있었다. 퇴로를 두고 최후의 격돌이 벌어졌다. 요행히 조선 수군의 우쪽 사이를 빠져나간 전선 몇 척의 모습이 보였다. 한산도로 접근한 전선들에 있던 400여 명의 부하들이 조선 수군의 추격을 뿌리치고 전선을 버려둔 채 허겁지겁 근처 숲으로 도망가고 있었다. 이 패전으로 와키사카는 결정적으로 도요토미의 신뢰를 잃었다. 와키사카는 자신의 영광만이 아니라 도요토미의 야망도 일순간에 날려 버렸다.

와키사카의 함대를 발견한 이순신은 몇 가지의 이유로 유도 작전을 실행하였다. 이때의 상황을 ≪임진장초≫의 〈제3차 한산도 승첩을 아뢰는 계본〉에 다음과 같이 기록하고 있다.

> "견내량의 지형이 매우 좁고, 또 암초가 많아서 판옥전선은 서로 부딪치게 될 것 같아서 싸움하기가 곤란할 뿐만 아니라, 적은 만약 형세가 불리하게 되면 기슭을 타고 육지로 올라갈 것이므로 한산도 바다 한 가운데로 끌어내어 모조리 잡아버릴 계획을 세웠습니다. 거제와 고성 사이에 있는 한

산도는 사방에 헤엄쳐 나갈 길이 없고, 적이 비록 육지로 오르더라도 틀림없이 굶어 죽게 될 것이므로 먼저 판옥선 5,6척을 시켜서 선봉으로 나온 적선을 뒤쫓아서 엄격(掩擊)할 기세를 보이게 한 즉, 여러 배의 적들이 일시에 돛을 달고 쫓아 나왔습니다."[350]

이순신의 수군은 일본군을 넓은 바다로 유인하여 적의 도주 해로 차단을 계획하고 있었다. 이순신은 판옥선 5, 6척으로 일본군을 총공격하는 듯 시위하여 적을 한산도 앞 바다로 유인한다. 조선 수군은 퇴각하여 바깥 바다로 나온 후에 속도를 조절하여 적선이 일렬로 서도록 유도한 다음 마치 학의 날개와 같이 전개하여 적선을 좌우에서 포위하고 공격한다. 신속하게 적을 포위한 뒤에 조선 수군은 먼저 3척의 거북선으로 적진에 돌입하여 공격하였다. 모든 전선이 각기 지자 · 현자 · 승자 등 각종의 총통과 화전을 발사하여 일본 수군을 궤멸시켰다.

이 전투에서 조선 수군은 와키자카의 휘하 전선 73척 중 47척을 격파시키고, 12척은 나포하였고, 무수한 일본 수군이 참수되거나 익사했다. 전투 중 뒤떨어졌던 일본 대선 1척과 중선 7척, 소선 6척 등 14척만이 안골포 및 김해 등지로 도주했다.

이 한산해전의 승리는 이순신의 탁월한 작전 지휘와 그의 지휘에 따라 조선 수군의 눈부신 활약에 힘입은 것이었다. 이 한산해전은 조선 수군의 대승리로 끝났다. 다음 날 9일 안골포[351]에 일본의 전선 40여 척이 머무르고 있다는 정보를 입수하자 이순신 함대는 10일 이른 아침에 출동한다. 전라 우수사의 함대는 예비 선대로써 가덕도와 가까운 바다에 진을 치도록 하였다. 곧장 학익진의 대형으로 먼저 진격하고 경상 우수사의 선대가 그 뒤를 항해하며 안골포에 다다랐다. 안골포 부두에는 일본 대선 21척, 중선 15척, 소선 6척이 머물러 있었다. 그 중에 3층으로 방이 마련된 대선 1척과 2층으로 만들어진 대선 2척이 포구에서 밖을 향해 떠 있었다. 안골포에 정박 중이었던 일본 전선 42척은 구키와 가토의 함대였다.

이들은 와키자카가 견내량에서 패한 사실을 알고 급히 이곳으로 향한 것이다. 허나 조선 수군과 대적할 수 없어 안골포로 돌아와 대기하고 있었다. 이 지역이 이순신은 매우 협소하고 얕아서 썰물이 되면 판옥선이 자유롭게 출입할 수 없다는 것을 알고 일본 전선을 여러 번 끌어내려 하였다. 일본군은 형세가 불리해지면 육지로 오르려 하였기 때문에 나오지 않았다. 그러자 이순신은 유인작전을 포기하고 각 전선에게 교대로 적선에 접근하여 하루 종일 포와 불화살로 공격하도록 하였다. 이에 일본 수군들도 반격하게 되어 조그만 포구에서 치열한 전투가 전개되었다.

요란한 총성과 더불어 바깥 바다에서 대기 중인 이억기 함대도 계획에 따라 포구 안으로 돌입하여 이 포구에서 접전은 하루 종일 계속되었다. 이 접전으로 일본 수군의 대장선과 다른 전선들도 거의 파선되었다. 이 전투에서 승리한 이순신의 조선 수군 함대는 그날 밤 육지로 도망한 일본군이 백성들에게 해를 끼칠 것을 염려하여 포구 안의 일본 전선들만 그대로 남겨두고 1리 정도 밖으로 이동하여 휴식을 취하였다.

이 안골포해전은 처음 해전에 참가한 3인의 일본 수군장 중 와키자카를 제외한 나머지 2인의 구키와 가토의 연합 함대를 격멸시켰다는 데 큰 의미가 있다. 거북선이 일본 수군에게 상당한 위협적 존재라는 점을 극명하게 보여준 해전이었다.

일본 수군들은 한산도에서 패전으로 사기가 급속히 떨어져 제해권을 상실하여 끝내 호남지방을 점령할 수 없었음으로 조선군과 명나라 원군의 군량이 확보되었다. 한산도해전의 패전으로 인해 도요토미는 새로운 작전을 지시한다.

　"거제도에 축성하여 구키, 가토 등 두 세 명의 일본 수군 장수들이 협의하여 견고하게 지킬 것을 계획하라."

　이는 도요토미가 와키자카에게 임진년 7월 14일에 내린 명령이었다. 도요토미는 해전에서 조선 수군을 이겨낼 수 없음을 깨닫고 새로운 작전으로 바꾸었다. 즉, 수비 위주의 작전으로 전환하도록 지시한 것이다. 3차례 출동의 결과 도요토미는 당초 수륙합공으로 조선을 점령하려던 계획을 변경하여 해전을 포기한다. 이 해전은 일본 수군에게만 미친 것이 아니라 지상군에게도 상당히 깊은 인상을 남겨 놓은 결과를 낳았다. 이순신과 전라 수군은 공포의 대상으로 떠올랐다.

이순신 해상 의병을 일으키다

한산도 해전에서 일본 수군을 크게 격파한 후 이순신은 해군의 전력을 보강해야 함을 절감하고 있었다. 하여 사찰의 승려와 민간의 유림을 대상으로 한 의병모집에 적극 노력을 기울인다. 당시 옥포해전에서 한산도해전에 이르기까지 전라 좌수군과 조선 수군이 완전히 일본 수군을 제압함으로써 해전에 자신감을 갖게 되었다. 동시에 그 동안이 전력 손실로 인해 그만한 병력을 보충할 필요가 있었다.

1592년 8월에 이순신은 전라 좌수영 관내 고을에 통문을 발송하여 해상의병 활동에 참여해 줄 것을 촉구한다. 그 결과 1개월 안에 순천·흥양·광양·보성·낙안 등지에서 4백여 명의 승려들이 몰려들었다. 그 밖에 진사·한량·교생 등 유생들도 의병을 이끌고 모여들었다. 이들 모두 전라 좌수사의 지휘 통제 하에 들어와 행동한다. 그 중 일부는 해안지역 요해처에 파수 임무를 맡았고, 따른 일부는 수군 병력으로 충원되어 행상의 실전에 참가한다. 여기에서 해상 의병의 양상에 대한 당시의 정황을 이순신의 장제문을 통해 살펴보면 다음과 같다.

"(임진년) 8, 9월 사이에 가까운 각 고을에 통문을 보내 여러 사찰에 숨어있는 승려들과 병적에 들어있지 않아 놀고 있는 사람을 적발하여 석주(石柱), 도탄(陶灘), 두치(豆峙) 등지에 나누어 파수하도록 했더니 이 소문을 들은 승려들이 흔쾌히 모여들어 한 달 안에 4백 명을 헤아리게 되었습니다. 그 중에서 순천의 승려 삼혜(三惠)는 시호별도장, 흥양의 승려 의능(義能)은 유격별도장, 광양의 승려 성휘(性輝)는 우돌격장, 광주의 승려 신해(信海)는 좌돌격장, 곡성의 승려 지원(智元)은 양병용격장으로 정한 뒤에 따로 더 모병할 즈음에 구례의 진사 방처인,[352] 광양의 무사 강희열,[353] 순천의 교생 성응지(成應祉) 등이 의기 분발하여 항병을 모아 왔습니다. 이에 방처인은 구례 도탄으로, 강희열과 성휘 등은 광양 두치로, 신회는 구례 석주로, 지원은 운봉 팔랑치로 가서 요해처를 지키며 관군과 협력하여 군사 활동을 펴게 하였습니다. 그리고 순천의 성응지에게는 순천 읍성의 수비를 전담하게 하고, 삼혜 역시 순천을 지키게 하였으며, 의능은 좌수영에 머물러 방위하고 있다가 적의 형세에 따라서 혹은 해전에 참전할 것을 약속하였습니다. 그러나 수군의 전력을 보강하기 위해서 순천의 의병장 성응지와 의승장 삼혜 및 의능에게는 파손된 전선을 수리해 타고 해상전투에 참전하도록 지시하였습니다."[354]

이들 해상의병은 해상과 전라 좌수영에서 가까운 연안지역을 중심으로 활동한다. 전투에만 참전하는 것이 아니라 때로는 군량 보급의 임무를 수행한다. 의병장 성응지나 의승장 삼혜, 의능 외에도 전라 좌수영 관내에 거주했던 전직 또는 현직 관리들 중에는 자신들이 직접 전선을 타고와 전라 좌수군에 소속되기도 하였다. 순천 감목관 조정도 스스로 배를 준비하여 집안의 노예와 목동을 이끌고 부산포해전에 자원 참전하였다. 본래는 육장(陸將)이었던 강진 출신의 배경남[355]은 신병으로 향리에 있다가 이순신을 통하여 해전에 지원하였다. 이런 해상의병은 전라 좌수사 이순신의 통제 하에 그의 작전지휘를 받으면서 수군 병졸들과 더불어 직접 해상전투에 참전하고, 전라 좌수영 관내 연안지역 방어임무를 수행하며 전라 좌수군의 전력 보강에 많은 영향을 끼쳤다.

해상 전투에 참전하여 거둔 의병의 전과는 이순신이 남긴 승전 기록을 검토하면 쉽게 확인할 수 있다. 최초로 벌어진 옥포해전에서 순천대장이란 가관으로 참전한 전 봉사 유섭, 급제 최대성, 배응록, 이언량, 전봉사 김효성, 이설 및 방답 유배인 전 첨사 이응화, 흥양 유배인 전 봉사 주몽룡 등이 모두 각각 전선을 격파하거나 불태웠다는 기록을 볼 수 있다.

한산도해전에서도 급제 이기남과 박이량, 전 만호 윤사공과 송응민, 전 현감 최천보, 전봉사 최도전 등이 일본 군선을 포획하고 많은 일본군을 물리치면서 큰 공을 세웠던 것이다. 특히 자력으로 전선을 마련하여 노예와 목동을 거느리고 부산포해전에서 자원 출전한 순천 감목관 조정은 적병을 많이 사살하고 일본군의 군수물을 다량 노획하였다. 하여 이순신은 조정의 전공을 가장 높이 평가하였다. 또 태인 출신의 교생이었던 송여종[356]도 낙안 군수의 대변 군관으로 출전하여 옥포해전 이후 부산포해전에 이르기까지 빠짐없이 참전함으로써 충의에 감분해 싸운 그의 군공은 1등에 꼽혔다. 아울러 삼혜와 의능이 이끈 의승군의 활약과 그들의 전과도 작지 않았다. 1593년 2월에 있은 웅천상륙작전의 장계에 이렇게 기록하고 있다.

"의승병들은 창검을 휘두르며 혹은 활로서, 혹은 화포로써 종일 역전하여 무수한 적병을 사살하였다."

이들 의승군의 활동은 임진왜란 중 계속되었다. 전라 좌수영에서 가까운 흥국사 주 절로 삼아 3백 명의 상비군을 갖추고 있었다.

해상의병은 경상도에서 전라도로 통하는 요해처를 중심으로 매복 작전도 감행한다. 그 중에서도 천혜의 요충지를 이룬 광양의 전탄 두치와 구례의 도탄 석주는 의병과 의승군이 집중 배치되어 복병을 통한 의병활동이 가장 활발한 지역이었다. 광양 전탄에는 임진왜란 초부터 순천 출신의 전 훈련봉사 정사준이 그 곳의 복병장으로 활약하면서 매복전술과 기병책을 써서 근처에 일본군이 접근할 수 없게 만들었다. 구례 도탄에는 구례 출신의 의병장 방처인, 석주관에는 의승장 신해가 각각 현지의 방어 작전을 담당한다. 이 같은 의병의 활동은 영호남의 접경지대인 섬진강 하류의 길목을 차단하고 수륙 양면에서 일본군을 침공을 저지할 수 있었다.

해상의병은 군량 군기류의 군수품 공급 지원하는 등 후방에서도 활동한다. 가장 중요한 것은 군량지원이었다. 노 제작용 목재나 목화, 철, 생마 등 각종 군수품을 조달한다. 이들의 군량 공급을 위한 활동은 종전 때까지 계속되었다. 임진왜란 초기에 순천에서 전 훈련봉사 정사준357)과 이의남, 교생 정빈358) 등이 주동하여 의곡(義穀)을 모은 다음 이것을 직접 배에 실어 의주 행재소에 바친 일도 있었다.

정사준은 일본군의 조총을 능가하는 새로운 화기를 제작하여 이순신에게 널리 보급함으로써 수군의 화력증진에도 공을 세웠다. 정사준은 낙안 출신의 야장(冶匠) 이필종, 순천의 사노 안성 등과 함께 정철을 단련하여 만든 신무기는 각 수군진과 권율 휘하의 육군에게도 보급되었다.

부산포해전

일본 침략군의 교두보로 일본으로부터 수송되어 오는 모든 병력과 군수물자는 부산포를 거쳐 내륙으로 수송되었다. 이순신은 1차 출동 때부터 부산포 공격을 계획하고 있었다. 부산포에 이르는 연안의 완전한 제해권이 없이 부산포를 공격하는 것은 큰 모험이었다. 때로는 이순신의 작전이 지나치게 신중을 기하는 면도 있었다. 허나 이순신은 완전한 승산이 서기 전에는 절대로 적을 공격하지 않았다. 승전이 확실할 때도 항상 최악의 경우를 대비한다. 일단 작전이 확립되면 철저하고 강력한 공격으로 백전백승의 전투를 수행했다. 3차 출동의 결과 가덕도 서쪽의 제해권을 완전히 장악하였다. 이순신은 부산포 공격을 결단하였다. 이제는 오는 적에게만 타격을 가하는 것이 아니라 적 수군의 본거지를 소탕하는 적극 공세로 전환한다.

▲부산진도

전라좌·우도의 전선 74척, 협선 92척은 1592년 8월 24일 좌수영을 떠나 거제를 지나 가덕도 근해에서 밤을 지새웠다. 부산포는 일본군의 총근거지였기 때문에 이순신도 신중하게 작전을 펼쳤다. 이순신은 조선 수군의 운명을 건 대결전을 앞두고 이틀 계속 꿈을 꾸며 잠을 이루지 못하였다. 공격 전날 밤을 새우며 경상 우수사 원균, 전라 우수사 이억기와 함께 작전회의를 가졌다.

9월 1일 절영도³⁵⁹⁾에서 수척의 일본 전선을 격파하고 척후선을 부산포로 보내어 적정을 탐색하도록 한다. 일본 전선 약 5백 척이 부두 동쪽 산록 해안에 줄지어 정박하고 있고 대선 4척이 초량 쪽으로 나오고 있다는 보고를 받았다. 일본군은 조선 수군의 공격을 예상하고 부산포를 요새화하고 있었다. 일본군을 공격하려면 조선 수군에게도 많은 피해가 예상되고 있었다. 여러 장수들도 부산포 가까이 가서 공격하는 것을 꺼렸다. 다시 이순신은 원균과 이억기에게 "우리 수군의 위세를 가지고 이제 만약 적을 치지 않고 돌아가면 적이 우리를 멸시할 것이다"라고 말하고 독전하는 기를 높이 올렸다. 우부장 정운, 귀선돌격장 이언량, 전부장 이순신(李純信), 중위장 권준, 좌부장 신호가 선두에 서서 먼저 바다로 나오는 일본군 대선 4척을 쳐부수고 불을 질렀다. 뒤에 있던 여러 전선들도 기를 올리고 북을 치며 장사진으로 돌진하였다. 부산포 동쪽에 3진으로 나누어 정박 중이던 일본 수군의 대·중·소선 470여 척은 조선 수군의 위용에 눌려 나오지 못하고 있었다. 조선 전함이 쳐들어가자 성 안, 굴속에 있던 일본군은 모두 산으로 올라가 여섯 곳에 진을 치고 내려 보며 총통과 화전을 쏘았다. 조선 전선에서도 적의 총탄과 화살이 쏟아져 떨어졌다. 이순신은 후일 부산포전투를 〈부산포 승첩을 아뢰는 계본〉에 이렇게 기록하였다.

"전후 4차 출전하고 열 번 접전하여 모두 다 승리하였다 하여도 장수와 군졸들의 공로를 논한다면 이번 부산 싸움보다 더할 것이 없습니다. 전일 싸울 때에는 적선 수가 많아도 70여 척을 넘지 않았는데, 이번은 큰 적의 소굴에 늘어선 470여 척 속으로 군사의 위세를 갖추어 승리한 기세로 돌진

198

하였습니다. 그래도 조금도 두려워하지 않고 하루 종일 분한 마음으로 공격하여 적선 100여 척을 깨뜨렸습니다."*360)*

부산포해전은 30여 명의 사상자를 내었다. 그중에서도 접전마다 앞장을 섰던 녹도 만호 정운의 전사는 이순신에게 가장 슬픈 일이었다. 일본 수군은 이 부산포해전에서 궤멸되어 이후 수군을 이용한 서진을 완전히 포기한다. 일본 수군은 완전한 방어체제로 들어가 조선 수군과 전투는 극력 회피하였다.

이제 일본 침략군 전체는 일본으로부터 보급로를 차단 당할 위기에 처하고 있었다. 또 조선 백성들의 계책으로 보급품의 현지조달마저 쉽지 않았다. 일본 침략군은 전군의 후퇴를 고려하지 않으면 안 될 상황이었다.

누구를 위한 휴전 협정인가

조·명연합군이 여석령과 벽제관 사이의 협곡에서 대패를 한 뒤 파주로 퇴각한 이여송은 그 후유증으로 군대를 다시 개성으로 철군하려 하였다. 이여송이 개성까지 철군하면 그 파장은 클 수밖에 없었다. 이는 한양 수복의 포기와 함께 전선의 소강상태를 의미한다. 이여송은 평양성 수복이라는 전공을 세운 상태에서 더 이상의 위험 부담을 지고 싶지 않았다. 이여송의 개성 철군 움직임에 조선은 격렬하게 반대하였다.

한 번의 패배로 철군하여 전선이 소강상태로 접어드는 것은 결코 용인할 수 없는 사태였다. 하지만 조선의 철군 반대에 대한 명나라의 대응은 오만 그 자체였다. 원군이 아니라 점령군 같은 태도였다. 그 과정에서 명나라의 일개 장수가 조선의 순변사 이빈[361]을 발로 차버리는 사건이 벌어지기도 하였다. 명나라가 조·일 7년 전쟁에 참전한 명분은 일본의 침략으로 위기에 처한 조선을 구한다는 것이었다. 하지만 실질적인 참전 목적은 자국의 안보 때문이었다. 명나라의 참전으로 인해 여러 가지 문제점이 나타났다.

무엇보다 조선 땅에서 벌어진 전쟁에서 조선군이 작전권을 상실했다. 제1차 평양성 전투가 패배로 끝나 조승훈의 명나라 군이 자국으로 도주한 상태에서, 심유경이 벌인 휴전 협상에서도 조선은 의견 개진은 커녕 통보만 받는 처지로 전락하였다. 벽제관 전투에서 이여송이 패배하자 조선의 작전권 상실은 더 분명해졌다. 그는 한양에 주둔한 일본군과 강화 협상에 열중했는데, 그 과정에서 유성룡에게 어처구니없는 사건이 일어났다.

유성룡의 반대 공작으로 강화 사절단이 일본군의 진영에 가지 못했다는 보고를 들은 이여송이 격분하여 곤장 40대를 치려고 유성룡을 끌고 오라고 지시한 것이다. 유성룡이 명의 군사 세 명에게 영문도 모른 채 끌려오던 중 그 보고가 허위로 드러났다. 다시 유성룡을 풀어준 이 사건은 점령군의 오만과 무례함이 극에 달한 사례였다. 당시 유성룡의 지위는 체찰사, 즉, 전시 총사령관의 위치였다.

한산도 경영

한산대첩과 부산포대첩으로 남해안의 제해권을 장악한 이순신은 군사들과 무기를 점검한다. 한편 임금이 피난하고 있는 의주로 종이, 곡식, 화살에 사용할 대나무 가지를 보내었다. 일본군과 전투가 없는 겨울에는 전선과 무기를 제조하고 둔전을 경영하여 군량을 확보하고 수군의 보충에 힘을 쏟았다. 계사년(1593) 정월이 되자 전쟁은 새로운 국면에 접어들었다. 정월 8일부터 원군으로 참전한 명나라의 도독 이여송이 4만 3천 명의 군사를 이끌고 평양을 공격하기 시작한다. 평양성의 탈환에 성공하자 조정에서는 이순신에게도 육지의 군대와 힘을 합하여 적의 돌아가는 길을 차단하고 후퇴하는 일본군을 섬멸하라는 명령을 내렸다. 그때 일본군은 웅포를 중심으로 안골포·제포·원포·거제도의 장문포·영등포·천성·가덕 등지에 성을 쌓고 요새화하여 어느 한 곳이 공격당하면 서로 지원하고 방어할 수 있는 체제를 갖추고 있었다.

이순신은 조정의 명령을 받고 수륙 합동작전으로 웅천 지역의 일본군을 섬멸하기 위해서 두 달여 동안 해상에 대한 수색을 하였다. 육상에서 지원이 이루어지지 않아 이순신은 4월 3일 작전을 끝내고 여수로 돌아갔다. 오랫동안의 해상 생활로 군사들의 피로가 심했다. 이들 중에는 농민이 많아서 농번기를 맞이하여 농사를 전폐한 채 더는 작전을 수행할 수 없었다.

5월이 되자 이순신은 '수군을 정비하여 들어오는 일본군을 차단하여 상륙하지 못하게 하라'는 조정의 지시를 받고 다시 출전하였다. 그때 이순신 휘하에는 전선 42척, 척후선 52척, 전라 우수사 이억기는 전선 54척, 척후선 54척으로 총 202척에 이르는 전력으로 증강되어 있었다. 이와는 반대로 경상 우수사 원균과 불화는 깊어지고 원군으로 참전한 명나라군의 작전 지휘권에 대한 간섭은 이순신의 전력 강화에 제한을 가해 왔다. 게다가 일본군은 부산포를 중심으로 서쪽으로는 거제도에 이르기까지 연안에 강력한 진지를 구축한 채 조선 수군과 교전은 극력 피하고 있었다. 이에 이번의 출동은 성과가 부진할 수밖에 없었다.

이순신에게는 새로운 결심을 내려야 할 시기가 다가오고 있었다. 그는 7월 14일 한산도의 두을포362)로 진을 옮겼다. 이곳에 이순신은 전진기지를 건설하여 지금까지 원거리에서 출정하여 근거지 없이 장기간 작전을 수행해야 했던 어려움을 해결하고자 하였다.

1593년 8월 조정에서는 수군의 전공과 명령 체계의 원활한 운용을 위해 이순신을 삼도 수군통제사에 임명하였다. 그간 10여 차례에 걸친 해상 전투에서 이순신이 거느린 함대가 주력으로 그의 작전에 의해 승리를 거두었다. 그때까지는 각도의 수군을 통합하여 지휘할 수는 없었다. 함대는 연합 함대인데 실제는 각자가 거느린 함대를 지휘하는 비효율적인 전투를 치르고 있었다. 전쟁은 소강상태 속에서 일본군은 전투를 회피하고 있다. 그래서 장기적이고 전체적 면에서 군사를 지휘하고 작전을 수행할 책임자가 절실히 필요하였다.

그래서 조정에서는 충청도·전라도·경상도의 수군을 총지휘할 삼군수군통제사라는 새로운 직책을 만들었다. 그리고 한산도는 삼도 수군통제영으로 전하였다. 조령에서 8월 1일 발령하여 10일 이순신이 접수한 교서에는 이순신의 임무와 권한을 다음과 같이 명령한다.

"(일본군들이) 부산에서 창과 칼을 거두어 겉으로는 철병할 뜻이 있는 것처럼 보이지만 사실은 군량을 바다로 운반하여 마음속으로는 다시 일어날 꾀를 가진 듯 한데, 이에 맞추어 대책을 세우기란 지난번보다 더욱 어려운 일이므로 그대를 기용하여 본직(전라 우수사)에 전라·충청·경상 삼도 수군통제사를 겸하게 한다. 아아, 위엄이 사랑을 이겨야만 진실로 성공할 것이며 공로는 제 뜻대로 해야만 이룩할 수 있을 것이로다. 수사 이하 명령을 받들지 않는 자는 군법대로 시행할 것이며, 부하 중에서 둔한 자는 그대가 충효로써 책려할지로다."

이곳에 피난민은 모였고 외딴 섬이던 한산섬은 바다의 요새지로 변하여 조병창이 되었다. 조선 조정에서는 영의정 유성룡이 중앙에서 비변사를 통하여 총체적 작전을 수립하고, 현지에서는 도체찰사 이원익363)이 대민업무와 군대의 후원을 담당하고, 육군의 도원수 권율이, 수군은 통제사 이순신이 지휘하는 체제를 갖추게 되었다. 이순신이 통제사가 된 후의 진중생활에 대해 ≪행록≫에서는 다음과 같이 적고 있다.

"공은 진중에 있는 동안 여자를 가까이 하지 않았으며 매일 밤 잘 대도 띠를 풀지 않았다. 겨우 한두 잠을 자고 나서는 사람들을 불러들여 날이 샐 때까지 의논하였다. 또 먹는 것이라고는 조석 대여섯 홉뿐이라 보는 사람들은 공이 먹는 것 없이 일에 분주한 것을 크게 걱정하는 것이었다.
공의 정신은 보통 사람보다 갑절이나 더 강하여 이따금 손님과 함께 밤중에 이르기까지 술을 마시고도 닭이 울면 반드시 촛불을 밝히고 혼자 일어나 혹은 문서를 보고, 혹은 전술을 강론하였다."

이때부터 전투는 소강상태를 유지한 채 긴 대치가 시작되었다. 한산도는 본영이긴 했지만 일본군의 전진기지와 너무 가까운 거리여서 한시도 방심할 수 없었다. 이에 이순신은 일본군의 동태를 살피는 것을 우선시했다. 수시로 척후선을 띄우고 곳곳에 망루를 세워 감시했다. 부산까지 이르는 연안지역의 백성들로부터 일본군에 대한 정보를 수집했다. 이를 바탕으로 행상 작전을 위해 약속된 날짜에 휘하 장수들이 모이는 훈련을 끊임없이 진행했다. 작전을 제대로 수행하지 못한 장수와 현령도 도망한 군졸들을 죄를 주어 전투 없이 장기간 대치하는 동안 해이해진 군기를 단속하는 일에도 철저하였다. 꼭 처벌만 능사로 삼는 것은 아니었다. 시시 때대로 술을 내어 취하도록 마시고, 공이 있는 부하들은 보고를 올려 상을 받을 수 있도록 주선했다. 이순신은 한산도에 '계획을 수립하고 운영하는 집무실'인 운주당(運籌堂)을 세우고 유사시에 대비하여 수군 전력을 강화하는 데 힘썼다.

첫째, 무기를 개량하는데 힘 썼다. 특히 일본군으로부터 노획한 조총의 구조와 성능을 분석하여 정철총통을 개발했다. 이 총통은 일본군 조총보다도 오히려 뛰어난 성능을 가진 것으로 임금 선조에게 직접 올려 보내기도 했다. 순찰사·병마사들에게도 설계도를 그려 보내 제작할 수 있도록 하였다. 염초를 얻어 화약을 만드는 일에도 정성을 쏟았다. 그리고 전선을 수리하고 새로운 전선 건조에도 힘을 기울여 1593년(선조 26) 11월까지 자신이 관할인 전라 좌도에서 60척, 전라 우도에서 90척, 충청도에서 60척 경상도에서 40척 등 총 250척의 전선을 만들고 동수의 사후선도 건조한다. 대장질로 조총보다 우수한 총통을 만들었던 낙안의 수군 이필종, 태귀련, 이무생과 수군역을 지고 있던 사노(寺奴)들에게는 환도를 만들도록 하여 충청 수사 등 막하장에게 나누어주고 일본군 섬멸의 의지를 다지도록 한다.

둘째, 다수의 수군을 장기간 주둔시키고 피난한 백성들을 구제하기 위한 식량을 확보하였다. 1593년 윤 11월 7일 조선 조정에 이순신은 〈둔전을 설치하도록 청하는 계본〉에 다음과 같은 내용을 아뢰었다.

"여러 섬에 있는 목장 중에서 넓고 비어 있는 곳에 명년 봄부터 밭이나 논을 개간하기 시작하고, 농군은 순천과 흥양의 유방군들을 써서 나가서는 싸우고 들어와서는 농사를 짓도록 함이 좋겠다는 사연은 이미 장계를 올렸으며, 그것을 허락해 주신 사연을 낱낱이 들어 감사와 병사들에게 공문을 보냈습니다. 그런데 순천부의 유방군은 순찰사 이정암의 장계에 의거하면 '광양 땅 두치(豆恥)에 신설되는 첨사진(僉使鎭)으로 이동시켜서 방비시킬 계획이라 하니 돌산도(突山島)를 개간할 농군은 징발할 길이 없습니다. ……흥양현 유방군은 도양장(道陽場)으로 들어가 농사짓게 하고, 그 밖에 남은 땅은 백성들에게 나누어 주어 방작하게 하고, 말들은 절이도364)로 옮겨 모으면 말을 기르는데도 손해가 없고 군량에도 도움이 될 것입니다.

우도(전라 우도)의 강진 땅 고이도(현재 전남 완도군 고금면)와 남해 땅 황원 목장(전남 해남군 황산면)은 토지가 비옥하고 농사지을 만한 땅도 무려 천여 석 종자를 뿌릴 수 있습니다. ……돌산도에 있는 나라의 둔전은 벌써 묵어 있는지 오래된 곳으로서 그 곳을 개간하여 군량에 보충하고자 이미 장계를 올렸던 것입니다."365)

이순신은 장계를 올려 조정의 허락을 받은 후 전라 우도의 강진 고이도(고금도), 해남 황원목장(황산면), 여수 돌산도 등지에 둔전을 설치하였다. 겨울에는 청어를 잡고, 소금을 굽고, 질그릇을 만들어 민간의 곡식과 바꾸어 군량을 보충하였다. 조선 수군은 훈련과 전투를 준비하고 군량은 스스로 확보하였던 것이다.

셋째, 수군을 안정성 있게 확보하는 일이었다. 새로 건조한 전선이 대폭 늘어나면서 승선할 군사뿐만 아니라 사부·격군 등도 늘려야 하였다. 허나 조선 수군은 돌림병 속에서 많은 수가 죽어가고, 고된 바다 생활로 견디지 못하고 있었다. 수군의 군역을 부담한 연해

어민들도 내륙으로 도망하고 이사하여 육군에 편입되는 병사가 속출하고 있었다. 이순신은 여러 차례 장계를 올려 이들을 수군에 전속시키기를 건의하였다. 1593년 윤 11월 21일 〈수군에 소속된 고을에는 육군을 배정하지 말도록 청하는 계본〉에 다음과 같이 아뢰었다.

"수군을 징발하는 일이 이렇게 소란스러우면 신은 소관하고 있는 수졸을 통제할 길이 없을 것이며, 바다의 방비에 관한 모든 일은 백 가지 중에 한 가지도 조처할 수 없게 되고, 수군의 군세가 나날이 크게 약해진다면 바다로 덤벼드는 적을 막아내기 어려울 것이므로 밤낮없이 근심하고 있습니다."366)

결국 이들을 모아 둔전을 경작하도록 한다. 이순신은 한산도 경영에 힘쓰면서 1593년(선조 26) 12월부터 한 달간 관하의 진영을 순찰하고자 여수 · 순천 · 흥양(현,고흥) · 보성 · 광양 · 낙안 등지를 둘러보았다. 일본군과 전투가 소강상태로 접어들었을 때도 이순신은 한산도를 중심으로 항상 50여 척의 전선이 전시에 대비하는 체제를 유지하고 있었다. 또 거북선도 계속 개량하여 성능을 향상시켰다.

한편, 임금 선조는 한산도 통제영으로 본영을 옮긴 직후부터 전쟁의 소강상태에서도 수군에 거는 기대가 매우 높았다. 조선 수군이 초

▲이순신 전쟁 중에도 역사책을 읽다

기 해전에서 매번 승전하였고, 기동하여 공격하면 이기는 줄 알고 있었다. 선조는 상황이 불리하더라도 일본군을 계속 견제할 수 있다고 생각한 것이다. 이에 선조의 의도와 달리 방어에 주력하면서 군비 확충에만 힘을 기울이던 이순신으로서는 매우 부담스러웠다.

게다가 1593년(선조 26) 8월부터 명나라 경략 유정[367]은 강화회담을 진행하기 위해 일본군을 치지 말도록 압력을 넣었다. 다음 해 3월에 명나라의 도사 담종인[368]이 금토패문(禁討牌文)을 보내 일본군이 있는 수역에서 물러나기를 강요하고 있었다. 이순신으로서는 참으로 원통한 지경이었다. 그는 꿈속에서도 일본군을 무찔러야 한다는 사명감과 중압감에 시달리고 있었다. 이순신의 심정을 1593년 8월 1일, 1594년 9월 20일자 등《난중일기》에서 살펴보면 다음과 같다.

"새벽꿈에 큰 대궐에 이르렀는데, 그 모습이 서울(한양 필자 주)과 같고 기이한 일이 많았다. 영상(領相)이 와서 인사를 하기에 나도 답례를 하였다. 임금님의 파천하신 일을 이야기하다가 눈물을 뿌리며 탄식하는데, 적의 형세는 이미 종식되었다고 말했다. 서로 일을 논의할 즈음 좌우의 사람들이 무수히 구름같이 모여들었다."[369]

"홀로 앉아 간밤의 꿈을 기억해 보니, 바다 가운데 외딴섬이 눈앞으로 달려와서 멈췄는데, 그 소리가 우레 같아 사방에서는 모두들 놀라 달아나고 나만 홀로 서서 그 광경을 처음부터 끝까지 지켜보았다. 참으로 흔쾌하였다. 이 징조는 곧 왜놈이 화친을 구하다가 스스로 멸망할 상이다."[370]

이때 참상을 1594년 10월 14일, 1596년 7월 10일자《난중일기》에서도 잘 알 수 있다.

"새벽꿈에 왜적들이 항복을 청하면서 육혈총통(六穴銃筒) 다섯 자루와 환도를 바쳤다. 말을 전해 준 자는 그 이름이 '김서신(金書信)'이라고 하는

데, 왜놈들의 항복을 모두 받아들이기로 한 꿈이었다.[371]

"새벽꿈에 어떤 사람이 멀리 화살을 쏘았고, 다른 어떤 사람은 갓 발로 차서 부수는 것이었다. 스스로 이것을 점쳐 보니, '화살을 멀리 쏜 것(射遠)'은 적들이 멀리 도망하는 것이요, 또 '삿갓을 발로 차서 부순 것(蹴破笠)'은 삿갓이 머리에 서야 할 것이나 발로 걷어챈 것이니, 이는 적의 괴수(魁首)에 대한 것으로서 왜적을 모조리 무찌를 징조라 하겠다."[372]

이순신은 일본군을 물리치기를 바라는 선조와 토벌을 금지하는 명나라 사이에서 많은 갈등을 겪고 있었다. 선조는 노골적으로 이순신에 대하여 불만을 토로하기 시작한다.

"이순신이 처음에는 힘써 싸웠는데, 그 뒤로는 흩어진 적군까지도 부지런히 잡지 않을 뿐더러, 또한 군사를 끌고 나가 적을 무찌른 일이 없기 때문에, 내가 늘 의심스럽게 생각한다. 또 세자가 남쪽에 내려갔을 적에 여러 번 사람을 시켜 불러도 오지 않았다."

선조가 바라는 것은 군사를 끌고 나가 적을 무찌르는 것이었다. 이는 굳이 싸우는 것이기보다는 위세를 보이는 기동(揚兵)이라도 계속하여 성과를 내라는 것이라고도 할 수 있다. 이런 군사 행동을 취하지

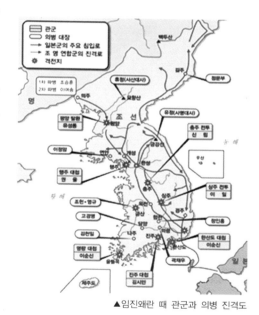

▲임진왜란 때 관군과 의병 진격도

않는 이순신에 대하여 선조는 책망과 함께 출전을 종용한다. 이는 현지의 사정을 전혀 고려하지 못한 탁상공론의 결과라고 볼 수 있다. 이에 대해 이순신은 1594년 9월 초 3일 자 ≪난중일기≫에 자신의 고민을 이렇게 토로하고 있다.

> "비가 조금 내렸다. 새벽에 비밀 유지가 들어왔는데, 수군과 육군의 여러 장수들이 팔짱만 끼고 서로 바라보면서 한 가지라도 계책을 세워 적을 치려고 하지 않는다"는 것이었다. 삼 년 동안 해상에서 있으면서 절대로 그럴 리가 없었다. 여러 장수들과 맹세하여 목숨 걸고 원수를 갚을 뜻으로 하루하루 보내고 있지만, 다만 험한 소굴에 웅거하고 있는 일본군 때문에 가볍게 나아가지 않을 뿐이다. 더욱이 "나를 알고 적을 알아야만 백 번 싸워도 위태하지 않다(知彼知己 百戰不殆)"고 하지 않았던가! 종일 큰 바람이 불었다. 초저녁에 촛불을 밝히고 홀로 앉아 스스로 생각하니 나랏일이 위태롭건만 안으로 구제할 계책이 없으니, 이를 어찌하리오. 이경에 흥양 현감이 내가 혼자 앉아 있음을 알고 들어와서 삼경까지 이야기하고 헤어졌다."373)

원균과 반목은 정도를 넘어서고 있었다. 원균은 사사건건 시비를 걸 뿐만 아니라 전략의 수립과 작전 실행에 이르기까지 독자 행동을 하고 있었다. 심지어 조정에 자신의 주장을 직접 보고하는 일도 일어났다. 1594년 8월 30일에 쓴 ≪난중일기≫의 한 구절은 원균과 알력(軋轢) 속에 고민하는 심정을 잘 나타내고 있다.

> "맑고 바람도 없었다. 김양간이 서울(필자 한양)에서 영의정(필자 유성룡)의 편지와 심충겸의 편지를 가지고 왔는데, 분개하는 뜻이 담겨 있었다. 원수사의 일은 매우 해괴하다. 내가 머뭇거리며 앞으로 나아가지 않는다고 했다니, 이는 천년을 두고 한탄할 일이다. 곤양 군수가 병으로 돌아갔는데, 보지 못하고 보냈으니 더욱 아쉬웠다. 이경부터 마음이 어지러워 잠을 이루

지 못하였다."[374]

그 동안 이순신은 해상에서 고생하고 있는 자체가 더 허탈한 것이었다. 그래서 마음이 어지러워 잠을 제대로 잘 수 없었다. 조정의 명령에 따라 이순신은 거제도 장문포로 출동한다. 그런 정황은 ≪난중일기≫ 1594년 9월 29일부터 10월 8일까지 내용에 잘 나타나 있다.

"맑음. 배를 출발하여 장문포 앞바다로 돌진해 들어가니, 적의 무리는 험준한 곳에 자리 잡고서 나오지 않았다. 누각을 높이 세우고 양쪽 봉우리에 보루를 쌓고는 조금도 나와서 항전하려 하지 않았다. 선봉의 적선 두 척을 무찔렀더니 육지로 내려가 도망쳤다. 빈 배만 쳐부수고 불태웠다. 칠천량에서 밤을 지냈다."[375]

9월 29일부터 10월 8일까지 9일 동안 흥도-장문포-칠천량 외줄포-장문포-흥도-장문포-흥도-한산도를 왕래하면서 일방 공격을 가한다. 이순신이 이끄는 함대는 열세였다. 그럼에도 위력을 과시하며 일본군 적의 행동을 저지하는 전략이 아니라 적극 공세를 펼쳤다. 하지만 일본군은 좀처럼 나와서 싸우려 하지 않아 전과를 올리지 못한다. 특히 10월 4일에는 곽재우[376]·김덕령[377]과 약속하여 수륙합동작전을 펼쳤다. 일본군이 싸움에 응하지 않아 성과를 거둘 수 없었다. 임진왜란 초기 일본군은 육군 위주의 공격전략(1592.4.13~6.10)에서 견내량해전을 기점으로 조선 수군 섬멸작전(1592.6.19~7.10)을 감행하였다가 실패하였다. 그 뒤로 해군 위주의 전략으로 바꾸기 위하여 연안에 성을 쌓고 방어 전략으로 전환한 것이다. 그 이후 조선의 남해 연안에는 왜성이 많이 만들어지게 된다.

한편, 1592년 10월 20일부터 평양에서 심유경과 일본의 고니시 유키나의 강화담판이 이루어지고 있었다. 1592년 임진왜란이 발발하여 일본의 기세가 드높아, 명나라 병부상서 석성(石星)[378]이 비밀리에 파견한 인물이 심유경이다. 그는 명나라의 유격장군을 가칭하고, 적정을 탐지한다는 핑계로 조선에 파견되었다.

명나라와 일본이 강화에 대한 논의는 명나라가 출병 준비를 위한 시간을 벌기 위해 1592년(임진년) 9월에 심유경에 의해 시작되었다. 이때 강화회담은 일시 전술로 끝났다. 강화회담은 남해안으로 일본군이 물러간 후 본격화되었다. 이 과정에서 일본군은 거제도에서 철수한다. 8월 17일 심유경은 선조를 만난 자리에서 명나라 70만 명의 파병을 준비한다고 거짓으로 보고한다.

당시 심유경은 평양성에 있던 일본의 고니시 유키나가와 소 요시토시 등과 강화 교섭을 체결하는 데 중심을 두었지만, 거짓된 외교로 삼국(조선, 명나라, 일본)을 크게 혼란에 빠뜨렸다. 1593년 심유경은 명나라의 사신으로 일본에 가서 도요토미 히데요시와 만났다. 도요토미는 명나라에 대하여 다음과 같이 요구한다.

① 명나라의 황녀를 일본의 후비(後妃)로 삼을 것

② 감합인(戡合印 : 무역증인)을 복구할 것

③ 조선 팔도 중 4도를 할양할 것

④ 조선 왕자 및 대신 12명을 인질로 삼을 것

이 요구를 명나라에서 받아들일 수 없다는 것을 알고 이를 왜왕으로 책봉을 원한다는 내용으로 거짓으로 보고했으나, 탄로 나서 일본의 조선 재침략(정유재란, 1597년)을 야기한다. 한편, 이것이 탄로 났다는 것을 간파한 심유경은 일본으로 망명하기 위해 남쪽으로 도망가는 도중, 의령 부근에 도달하였다. 그때 명나라 장수 양원에게 체포되어 나라와 황제를 기만한 죄로 처형되었다.

명나라의 뜻에 따라, 1594년(갑오년) 3월에 이르러, 명나라의 동사 담종인(譚宗仁)이 더는 일본군을 죽이지 말라는 금토패문을 가지고 웅천에 와서 이순신에게 전달한다. 이에 이순신은 열병 걸려 몹시 몸이 아팠음에도 이의 부당성을 지적하는 글을 쓰게 되었다. 3월 6일 웅천에서 금토패문은 받았다. 이튿날 이순신은 수하들에게 답신을 짓게 하였다가 마음에 들지 않자 병중임에도 불구하고 직접 임금에게 보내는 장계〈진왜정상陳倭情狀〉과 함께〈담도사 종인의 금토패문에 대답하는 글월〉을 짓고, 정사립(鄭思立)에게 글씨를 쓰게 하여 담(譚)도사에게 보내었다.

이 글은 일본군의 침입으로 인한 조선 백성의 고통과 왜군의 잔학성 등을 조목조목 들어 왜군을 계속 토벌해야 하는 이유를 명확히 밝히고 있다.

담도사 종인의 금토패문에 대답하는 글월

조선 신하 삼군수군통제사 이순신은 삼가 명나라 선유도사대인(宣論都司大人) 앞에 답서를 올리나이다. 일본군이 스스로 흔단(釁端)을 일으켜 군사를 이끌고 바다를 건너와, 죄 없는 우리 백성들을 죽이고 또 한양 쳐들어가 흉학한 짓들을 저지른 것이 말할 수 없으며, 온 나라 신하와 백성들의 분통함이 뼈 속에 맺혀, 이들 일본군과는 같은 하늘 아래서 살지 않기로 맹세하고 있습니다. 각 도의 배들을 정비하여 곳곳에 주둔하고 동서에서 호응하는 위에, 육지에 있는 장수들과도 의논하여 수륙으로 합동 공격해서, 남아 있는 일본군을 한 척의 배도 못 돌아가게 함으로써 나라의 원수를 갚고자 하여, 이달 초사흗날 선봉선 200여 척을 거느리고 바로 거제도를 들어가 그들의 소굴을 무찔러 종자를 없애고자 하였던 바, 왜선 30여 척이 고성, 진해 지경으로 들어와서 여염집을 불태우고 우리 백성들을 죽이며 또 사로잡아가고,

기와를 나르며 대를 찍어 저희 배에 가득 실어가니 그 정상을 생각한다면 통분하기 그지없습니다.

적들의 배를 쳐부수고 놈들의 뒤를 쫓아 도원수에게 보고하여 군사를 거느리고 합세하여 나서는 이때, 도사대인의 타이르는 패문이 뜻밖에 진중에 이르므로, 받들어 두 번 세 번 읽어 보니 순순히 타이르신 말씀이 간절하고 곡진하기 그지없습니다. 그런데 다만 패문의 말씀 가운데 '일본 장수들이 마음을 돌려 귀화하지 않는 자 없고 모두 병기를 거두어 저희 나라로 돌아가려고 하니, 너희들 모든 병선들은 속히 각각 제 고장으로 돌아가고 일본 진영에 가까이 하여 트집을 일으키지 말도록 하라'하였는데, 왜인들이 거제, 웅천, 김해, 동래 등지에 진을 치고 있는 바, 거기가 모두 우리 땅이거늘 우리더러 일본 진영에 가까이 가지 말라 하심은 무슨 말씀이며, 또 우리더러 속히 제 고장으로 돌아가라 하니 제 고장이란 또한 어디 있는 것인지 알 길이 없고, 또 트집을 일으킨 자는 우리가 아니요 왜적들입니다. 또한 왜인들이란 간사스럽기 짝이 없어 예로부터 신의를 지켰다는 말을 들은 적이 없습니다.

흉악하고 교활한 적도들이 아직도 그 포악스런 행동을 그치지 아니하고, 바닷가에 진을 친 채 해가 지나도 물러가지 아니하고, 여러 곳을 쳐들어와 살인하고 약탈하기를 전일보다 갑절이나 더하오니, 병기를 거두어 바다를 건너 돌아가려는 뜻이 과연 어디 있다 하오리까.

이제 강화한다는 것은 실로 속임과 거짓밖에 아니옵니다. 그러나 대인의 뜻을 감히 어기기 어려워 잠깐 얼마쯤 두고 보려 하오며 또 그대로 우리 임금께 아뢰려 하오니, 대인은 이 뜻을 널리 타이르시어 놈들에게 역천과 순천의 도리가 무엇임을 알게 하시오면 천만다행이겠습니다. 삼가 죽음을 무릅쓰고 답서를 드립니다.

214

조선 최초의 해군참모총장 이순신

한산도에 전진 기지를 설치하고 일본군과 대치하던 1593년 10월 9일, 이순신은 조정에서 삼도수군통제사로 임명한다는 교서를 받았다. 정식명칭은 전라 좌수사 겸 삼도수군통제사였다. 3도는 경상, 전라, 충청도를 말한다. 이순신은 보고서에서도 삼도 수군통제사로 임명된 감격을 감추지 않았다.

> "뜻밖에도 이번에 삼도수군통제사를 겸하라는 명령을 변변치 않은 신에게 내리시니 놀랍고 황송하여 깊은 골에 떨어지는 듯합니다. 신과 같은 용렬한 사람으로는 도저히 감당치 못할 것이 분명하므로 신의 애타고 민망함이 이 때문에 더합니다."

조정이 이순신을 삼도수군통제사로 삼은 이유는 무엇일까? 일단 이순신의 공이 뛰어났다는 것을 들어야 한다. 그것이 전부일까? 삼도 수군통제사는 새로 만든 자리로, 이순신을 위해 만든 자리다. 아무리 공이 커도 새로 직함을 만들어 앉히는 것은 어려운 일이다. 이를 이순신과 원균의 불화에서 단서를 찾는다면 지나친 상상일까?

그동안 이순신과 원균의 불화에 대해 알 만한 사람들은 다 아는만큼 증폭된 상태였다. 같은 수사로서 선의의 경쟁을 벌이면 더 바랄 것이 없을 텐데 실제로는 반대로 흐르고 있었다. 일사불란한 지휘가 생명인 군대에서 그들의 불화는 심각한 전력의 약화를 의미한다. 조정은 그것을 어떤 식으로든 해결해야 한다. 조정은 한 명을 더 높은 지위에 임명하면 힘의 균형이 깨져 불편한 관계도 정리될 것이라고 믿었다. 이순신의 삼도수군통제로 임명 후에도 이순신과 원균의 불화는 더욱 심화되었다. 원균과 불화 속에서도 이순신은 전선을 건조하는 데 전력을 기울였다. 숙련된 기술자와 좋은 목재가 필요하였고 문제는 없었다. 문제는 포였다. 전선은 거의 다 만들어 가는데 철이 부족해 전선에 장착할 포를 미처 준비하지 못한 것이다.

이순신은 자신이 할 수 있는 모든 방법을 동원하였지만 "백성들이 곤궁하고 재정은 파탄 나서" 성과는 크지 않았다. 철의 자체 조달이 여의치 않자 이순신은 마지막 방법에 호소하였다. 조정에 직접 요청한다. 조정에도 비축된 철이 없음을 아는 이순신은 국가 차원에서 조처할 수 있는 방안을 제시한다.

"철물의 중량에 따라 직함으로 상과 벼슬길을 주기도 하고, 병역을 면제하기도 하고, 천한 신분을 면하게도 하는 공문을 만들어서 내려 보내 주시면 쇠를 거두어 총통 등을 만들어 군사상 중요한 일을 성취할 수 있을 것으로 생각합니다."

이순신의 요청에 조정이 어떻게 반응했는지는 정확히 알 수 없지만 1594년 2월 3일 《난중일기》에 이렇게 기록하고 있다.

"원식이 남해 현령에게 쇠붙이를 바치고 면천 공문을 한 장 받아 갔다."[379]

이 내용으로 보아 이순신의 요청에 응한 것으로 짐작할 수 있다. 이순신의 관리 능력은 둔전 설치에서 그 진면목이 드러난다. 둔전 설치는 전쟁으로 떠도는 민초들에게 토지를 제공하여 그 수확의 절반은 경작자인 민초가, 나머지는 군대가 거두자는 방안이었다. 이순신은 둔전 설치를 민초와 그의 군대 모두에게 좋은 상생의 방안으로 보았다. 한편 이순신은 지휘관으로 엄격한 사람이었다. 《난중일기》에 따르면, 그에게 곤장 맞은 자가 부지기수였고 목을 베인 자도 무수히 많았다. 이순신은 부하가 잘못을 저지르면 가차 없이 처단한다.

엄격한 군율 적용은 그가 군대를 이끌어가는 기본 강령이었다. 그는 휘하 수령이 잘못을 저지르면 자체적으로 조용히 처리하지 않고 조정에 보고했는데, 이는 보통 사람은 선뜻 하기 어려운 법이다. 결과적으로 자신의 문제를 인정하는 것이기 때문이다.

그러나 이순신은 달랐다. 그에게 가장 중요한 것은 군대의 기강 확립과 전투력 확보였을 뿐이다. 이를 두고 지휘관으로서 너무 강경하다고 볼 수 있지만 이순신은 합리적이었다. 이순신은 공식 대화 창구를 통해 부하 장수들과 대화했다. 지금의 참모부 또는 작전 상황실에 해당하는 운주당(運籌堂)을 설치해 혼자만의 전횡에 빠지지 않도록 경계했다.

갑오년 한산도 통제영 무과 시험

이순신은 조정에 보고하여 공이 있는 부하에게는 반드시 상을 주고 잘못한 부하에게는 반드시 벌을 내리도록 요청한다. 특히 많은 해전을 치르면서 적의 머리 한 개를 베기보다는 한 대의 화살이라도 쏘아 많은 적을 거구려 뜨리라고 강조한다. 한편 조정에는 자세히 부하들의 공을 보고하여 청하고 있다. 이때 주로 상은 막하 장수들에게 돌아간다. 병사들에게는 많은 상을 나누어 주지 못 한다.

1593년 11월 23일에 왕세자 광해군이 전주에서 제2차 분조인 무군사(撫軍司) 활동을 하면서 12월 27일 무과 시험을 전주에서 시행한다는 공문이 도착한다. 이에 통제사 이순신은 이 기회를 휘하 병사들에게 발탁의 좋은 기회로 여겼다. 이순신은 부하들이 전주까지 가서 응시하기에는 시간이 너무 촉박하므로 한산도에서 말을 타면서 활 쏘는 대신 편전을 쏘는 것으로 무과시험을 볼 수 있도록 해달라고 11월 29에 조정에 장계를 올렸다. 조정에서는 수군이 여러 해 동안 고생했는데도 별다른 포상이 없었다고 하면서 통제사의 뜻대로 1백 명을 선발하도록 1594년 2월 7일에 재가한다. 이에 따라 이순신은 4월 6일 도원수 권율이 추천한 삼가 현감 고상안과 장흥 부사 황세득, 고성 현감 조응도, 웅천 현감 이운룡 등을 참시관으로 삼았다. 철전(鐵箭)과 편전(片箭)을 시험과목으로 하고 전라 우수사 이억기, 충청 수사 구사직, 이순신이 시험관이 되어 1백 명을 선발한다.

한산도에서 고향과 본거지를 떠나 생활하는 수군의 장수들과 군졸들은 고난의 연속이었다. 식량, 의복 등의 부족하고 오랜 기간 긴장 상태를 이루며 선상에서 일본군과 대치하는 수군 생활은 매우 고통스러운 나날이었다. 돌림병과 추위는 많은 병사들의 몸을 상하게 만들었다. 한산도는 본영이지만 일본의 전진기지와 너무 가까운 거리여서 한시도 방심할 수 없었다. 이에 이순신은 일본군의 동태를 살피는 것을 우선시했다. 수시로 척후선을 띄우고 곳곳에 망루를 세워 감시하고 부산포에 이르는 연안 지역민들로부터 일본군에 대한 정보를 수집한다. 이를 바탕으로 해상 작전을 위해 약속된 일시에 휘하 장수들이 모이는 훈련을 끊임없이 실시한다. 작전을 제대로 수행하지 못한 장수와 현령 도망한 군졸들은 죄를 주어 전투 없이 장기간 대치하는 동안의 해이해진 군기를 단속한다. 처벌만을 능사로 삼지 않고 시시때때로 술을 내어 취하도록 마시고, 공이 있는 사람은 보고를 올려 상을 받을 수 있도록 주선한다.

또한 봄·여름의 돌림병 속에서 신음하고 죽어가는 군사들을 위해 백방으로 약을 구하고 의원을 내려 보내 줄 것을 장계로 청한다. 그리고 죽은 병사에 대해서는 장사를 지내고 손수 제문을 지어 원혼을 달랬다. 죽은 병사들을 위해 제사를 지내던 날 이순신의 꿈에 나타나 억울함을 호소한다. 그 이유를 이순신이 묻자 그들은 "오늘 제사에서 병으로 죽은 자, 싸우다 죽은 자는 다 얻어먹었지만 우리는 먹지 못했기 때문입니다"라고 한다. 이순신은 이상히 여기면서 "너희들은 무슨 귀신이냐?"고 다시 묻자 그들은 "우리는 물에 빠져 죽은 귀신입니다"라고 대답한다. 이순신이 이상히 여겨 꿈에서 깨어 제문을 살펴보니 과연 이들이 빠져 있으므로 제문을 고쳐 다시 제사를 지냈다.

이 시기 한산도 통제영에도 봄부터 돌림병이 돌아 3도 수군 사망자가 1천 9백 명, 앓고 있는 병사가 3천 7백 명에 이르렀다. 조방장 어영담·최천보 등이 세상을 떠났다. 또 자신도 돌림병에 걸려 12일이나 몸이 몹시 아팠다. 경상 수사 원균은 과거 시험장에 나오지 않을 만큼 불화가 깊어갔다. 시험 직후에는 금부도사가 와서 충청 수사 구사직을 잡아가는 등 어렵고 어수선한 시기였다. 이런 상황에서도 이순신은 아픔을 억지로 참으며 과거를 실행하고 여제(厲祭)를 주관하면서 군사들에게 술을 1천 80동이나 먹이며 잔치를 벌여 군사들의 사기를 북돋았다.

정유재란의 시작

일본군은 군수품 보급이 제대로 이뤄지지 않은 탓에 전황이 불리해지자 화의에 나섰다. 명나라군도 벽제관 전투에서 패한 후 자국의 이해를 우선시하여 종전을 원했으므로 화의 교섭이 시작되었다. 조선왕과 신하들은 삼국 중에서 가장 많이 피해를 당했다면서 화의를 반대하여 교섭에서 제외되었다. 교섭이 진행되는 동안 조선 조정은 능률이 많이 나도록 군사제도를 개편하고, 의병 부대를 관군으로 편입시키는 등 방비를 강화해 나아갔다. 일본군은 남해안으로 철군하여 왜성을 축조하고 전투를 중단한 채 주둔했다. 명나라와 일본군 양측은 서로 자국이 유리한 처지에서 화의를 교섭하려고 하였다. 일본군은 명나라 황녀를 일본의 후비로 삼을 것, 한반도의 남부 4도를 내줄 것, 감합 무역을 부활할 것, 조선 왕자와 대신 12명을 인질로 삼을 것을 명나라에 요구했다. 일본군이 한 요구는 대부분 수용되지 않았고 3년에 걸친 화의 교섭은 결국 결렬되었다. 협상하는 과정에서 포로가 된 조선의 두 왕자는 일본군이 조선 왕실에 돌려주었다.

남해안에 주둔해 있던 일본군은 1597년 다시 전쟁을 시작했다. 일본 수군은 칠천량해전[380]에서 조선 수군을 전멸시켰다. 일본 육군은 임진년 침공과 달리 보급로를 탄탄하게 하려고 전라도를 점령한 후 한양을 공격하기로 한다. 당시 일본 수군은 이순신의 파직과 원균의 칠천량해전 대패로 말미암아 남해안 대부분의 재해권을 장악했다. 일본 육군은 1597년 9월 25일(음력 8월 15일), 9월 29일(음력 8월 19일) 남원 전투, 전주성에서 조·명 연합군을 대파하고 남원과 전주를 함락시켰다.

일본군은 전공을 증명하고자 조선인들의 코를 베어 전리품으로 일본에 보내어 귀무덤을 만들었다. 남녀노소를 불분하고 마구 잡아 서양에서 온 노예상에게 매각했다. 남원과 전주를 함락한 일본 육군은 전라도를 점령하고 충청도 직산까지 진격했다. 후에 충청도 직산에서 명나라 군과 대치하여 몇 차례 전투했다.

이후 조·명연합군과 일본 육군의 공수가 바뀐다. 1597년 12월 말에서 1598년 1월 초에 걸쳐 조·명연합군은 울산 왜성을 큰 규모로 공격했으나 함락시키지 못했다. 이순신이 지휘하는 조선 수군이 명량 해전에서 일본 수군을 대파시키자 보급선이 끊길 것을 우려한 일본 육군은 충청도 직산을 끝으로 더는 진격하지 못한다.

≪난중일기≫를 살펴보면 1595년 7월 18일에 일본군은 거제도 장문포에서 철수한다. 9월 3일에 영등포에서도 일본군이 완전히 철군한다. 1596년 9월에 강화회담이 결렬되자, 1597년 1월부터 일본의 대군이 다시 조선으로 밀려들어 왔다. 장문포해전의 실패로 이를 주동했던 좌의정 겸 도체찰사 윤두수는 삼사(三司)로부터 탄핵을 받았다. 마침내 1594년 11월에 파면됨으로써 마무리 지어졌다. 그래도 군사를 끌고 나가 적을 무찌르는 전략은 그 뒤로도 계속 진행되었다. 선조는 이순신이 자신의 이 작전을 실시하지 않자 원균과 교체할 구실을 찾고 있었다.

이런 시국에서 조정에서는 일본에 다녀온 황신의 정보에 따라 도원수 권율을 한산도로 보내서 이순신에게 일본에서 출발하는 가토 기요마사의 함대를 요격하라는 출동 명령을 내렸다. 이순신은 조정의 명령에 따라 바닷길이 험난하고 일본 수군의 복병 기습 계략을 경계하여 신중한 군사작전을 세우고 있었다.

이에 대해 조선 조정에서는 이순신이 명령을 어기고 일본 함대를 쳐부술 수 있는 기회를 놓쳤다고 보았다. 그 이유를 내세워 삼군수군통제사직을 박탈하고 투옥시키는 조치를 내렸다. 이는 일본군의 첩자인 요시라의 반간계(反間計:두사람 사이의 관계를 나쁘게 하려는 꾀)에 밀려든 것이었다.

당시 정파적 이해에서 자유로울 수 없었던 이순신이 파직과 백의종군을 거듭한 것도 당파 싸움의 산물과 무관하지 않다. 이순신은 유성룡, 이산해[381] 등이 중심이던 동인 계열이었다. 윤두수,[382] 정철[383] 등이 중심이던 서인 계열에 속한 원균의 끊임없는 견제와 모함으로 고초를 겪었던 것이 이를 반증해 준다.

이순신의 투옥은 서인의 동인 또는 남인에 대한 견제에서 비롯된 당쟁의 희생이었다. 조선 중기의 학자 신경이 쓴 ≪재조번방지≫에는 이순신의 파직에 대해 다음과 같이 묘사되어 있다.

> "당시에 조정에 있는 여러 사람들의 의논이 갈라짐이 더욱 심해져서, 서인은 원균의 편을 들고, 동인은 이순신의 편을 들어 서로 공격하기에 군대일은 생각 밖에 버려두었다. 조선이 망하지 않았던 것은 천만다행이었다."

이순신과 원균, 역사의 이분법

이순신과 원균의 문제. 조정은 결국 원균을 충청 병사로 전출시키는 것으로 결론을 내렸다. 조정은 원균의 장군 기질을 여전히 인정하고 있었다. 실제로도 원균은 용맹하고 충성스러운 사람이었다. 이순신과 원균의 불화는 왜 일어난 것일까? 원균 입장에서 보면 자기보다 다섯 살이나 어린 이순신 밑에서 고분고분하기 어려웠을 것이다. 또 임진왜란 전쟁 초기의 지원 요청을 이순신이 거절한 것도 가슴에 못이 되었을 것이다. 나아가 이순신이 끊임없이 보고서를 통해 자신의 잘못을 지적한 것도 참기 어려웠을 것이다.

자신의 전출 소식을 들은 원균은 어떠한 기분이었을까? 이순신은 또 어떠했을까? 그들의 상반된 처지를 1595년 2월 27일 ≪난중일기≫는 이렇게 기록하고 있다.

> "원균이 포구에서 수사와 교대하려고 여기에 도착했다. ……너무도 무지한 모습이 우습기도 하다. 나는 또한 임시방편으로 손을 꼽으며 대비책을 묻다가 해가 저물어서 파하고 돌아왔다. 그의 꼴을 이루 다 말할 수 없었다."[384]

원균이 받은 충격은 상상이 가고도 남는다. 이순신의 반응도 충분히 이해된다. 하지만 떠나는 사람에게 최소한의 정도 없었다. 이순신은 먼 길을 떠나는 원균을 만나지도 않았다. 하지만 이들의 악연은 이순신의 실각으로 입장이 뒤바뀌게 되었다. 1587년 해가 바뀌면서 고니시 유키나가의 제1군 1만 4,700명은 일본을 떠나 부산포 근처의 두모포[385]에 무사히 상륙하였다. 1월 중순에는 가토의 부대도 서생포[386]에 상륙하였다.

대규모의 군대가 가려는 지점에 무사히 상륙할 수 있었고 여기에 조선 수군의 활약은 전혀 없었다. 그 핵심에는 이순신의 실각이 자리 잡고 있었다. 왜 그 중요한 시기에 조정은 이순신을 실각시켰을까? 그 단초는 이순신의 부하들이 일본군의 본거지인 부산에 잠입하여 적의 가옥 1,000여 호, 화약 창고 2개, 군량미 2만 6,000여 섬, 적선 20여 척 등을 불태웠다는 부산방화사건에서 비롯되었다.

문제는 이순신의 전공 보고서와 이조좌랑 김신국의 보고서가 조정에 동시에 올라왔다는 것이다. 김신국은 이순신의 보고서가 잘못이라는 것을 조정에 알렸다. 부산방화사건은 이원익의 부하들이 한 것이고 이순신의 부하와 무관하다는 것이었다. 이 두 보고서에 대해서는 아직도 학자들 간에 여러 가지 설이 있지만, 자료와 정황으로 볼 때 이순신이 부하들의 말만 믿고 보고서를 제출한 실수였다.

불행히 조정의 타오르는 불길에 기름을 끼얹는 사건이 발생한다. 이 사건의 발단은 뜻밖에 적장 고니시가 경상 우병사 김응서[387]의 진지에 파견한 밀사 요시라에서 비롯되었다. 가토와 정적이었던 고니시가 가토의 도해 정보를 조선 조정에 흘렸다. 가토의 제거를 획책하는 정보였다. 선조는 가토의 도해 정보에 대해 너무 지나치다 싶을 정도로 반신반의한다. 하지만 속이는 일이 아닌 것으로 결론 내리면서 이순신에게 가토의 군대가 바다를 건널 때 격퇴하라고 지시한다.

물론 선조의 판단에 조정이 마냥 따른 것은 아니었다. 비변사는 고니시의 간계에 빠질지도 모른다는 우려를 한다. 그래서 비변사는 공문에 "수군의 여러 장수들은 십분 계엄하여 전후로 나누어 지키며 야간에는 더욱 기습을 대비하여야 한다는 뜻"을 담아야 한다고 선조에게 아뢰었다.

그러나 한산도에서 움직이지 않는 이순신을 두고 조정은 황망해졌다. 선조와 조정이 얼마나 고심 어리게 내린 결정이던가! 이 항명이 더욱 문제가 된 것은 요시라가 말한 대로, 가토가 바다를 건너 조선에 상륙하였기 때문이었다. 조정은 들끓지 않을 수 없었다. 후세의 평가는 이순신의 실각이 잘못되었다는 데에 모두 일치하고 있다.

　　그러나 제2차 조·일전쟁이 발발할 때, 즉 적의 대부대가 조선을 침공해오고 있는 시점을 감안하면 전혀 다른 결과가 나온다. 이때 이순신은 막강한 수군을 보유하고도 바다를 건너 속속 육지에 도착하는 강력한 적의 육군에게 어떠한 조치도 취하지 않은 것이다. 조정과 이순신의 판단은 모두 이해할 수 있다.

　　이순신은 위험을 무릅쓰고 적군을 바다에서 요격하는 것이 옳은지, 아니면 위험에 노출되지 않은 채 차후를 대비하여 수군을 보존하는 것이 옳은지에 대해 심각한 고민을 했을 것이다. 이순신은 후자를 선택한다. 그 결과는 조정의 노여움과 그의 실각이었다. 원균은 개전 초기 자신이 거느린 수군을 해산시켜 버렸다는 기록도 남아 있다. 칠천량해전에서 조선 함대를 거의 잃는 패배로 자신의 목숨까지 잃게 되는 등 장수로서는 무능한 것이 아닌가 하는 평가도 있다. 칠천량해전의 대패에서는 원균이 진실로 억울한 점도 있다. 당시 도원수인 권율은 적극적으로 나가 싸우지 않는다는 이유로 삼도수군통제사인 원균에게 곤장을 때리는 모욕을 준다. 속된 말로 '별 넷 대장이 별 셋 중장의 조인트를 공식적으로 깠다'는 얘기다. 게다가 조선수군이 연전연승을 거두었다고는 하나 정유재란을 맞이해 일본군은 만반의 준비를 갖추고 있었다.

　　일본군의 함선은 600척이고 조선군의 함선은 약 200척이었다. 이런 수치라면 아무리 대포 등 무기성능이 우수하다고 할지라도 수비에 중점을 둬야한다는 건 당연한 이치이다. 원균은 모욕감과 위로부터의 명령에 쫓겨 적의 반에 반도 안 되는 전력을 이끌고 악천후 속을 지나 조선군이 진격해 들어온다는 사실을 뻔히 알고 함정까지 파놓고 있었던 일본 전선으로 돌진해 들어간다. 이순신과 원균의 비교를 해 본다면 그 성격이 판이하게 다름을 알 수 있다.

이순신은 ≪난중일기≫에 원균에 대한 불만을 적을 정도로 꼼꼼한 인물이었고 부하의 죽음에 애통해하는 인물이었다. 하지만 원균은 부하를 대할 때도 매우 거칠고 전사를 당연한 것으로 받아들였다고 전해진다.

명량대첩

1597년 4월 1일 이순신은 출옥하여 도원수 권율 밑에서 백의종군하게 되었다. 출옥한 날부터 그는 다시 일기를 쓰며 피로도 풀지 못하고 남하한다. 이때 이순신은 모친상을 당한다. 이순신은 고향인 아산에 들러 입관만 참여한 채 다시 떠났다. 이때의 심정을 이순신은 나라에 충성을 다하였건만 죄가 이에 미쳤고 어버이에게 효도를 하려 하였으나 어버이도 가셨다고 썼다.

진주 모여곡(毛汝谷)에 있는 권율의 진에 있던 이순신이 원균의 패전소식을 들은 것은 패전 이틀 뒤인 7월 18일이었다. 권율의 진에 패전 소식이 전해지자 권율과 이순신 두 장수는 오전 내내 수습책을 논의하고, 수습 방법을 정하지 못하여 이순신이 직접 바다로 가서 상황을 살피고 수습책을 정하기로 한다. 이날 오후 이순신은 삼가현에서 자고 다음 날인 19일 단성현, 21일 노량에 이르러 패전하고 살아남은 장수들로부터 당시의 상황을 들었다. 다음 날 이곳에서 배설을 만나고 남해, 곡성, 옥과, 순천을 거

▲명량해전도

228

쳐 8월 9에 낙안에 이르러 순천 부사 우치적을 만났다. 이 같이 가다가 8월 2일 밤 꿈에 임금의 명령을 받들 징조가 있더니 다음 날에 선전관이 삼도통제사에 임명한다는 교서를 가지고 왔다.

선조는 교서를 통하여 이순신이 다시 수군을 통솔하여 줄 것을 간곡히 당부한다. 그 뒤 이순신은 보성, 장흥을 거쳐 회령포에 도착한다. 8월 20일에는 이진388)으로 옮겼다. 이런 강행군에도 이순신은 회령포에 이르러 처음으로 전선 10척을 수습하게 되었다. 전선의 수습 외에 이순신은 임시방편으로 피난민들의 배에서 군세를 돕도록 한다. 이 상황은 명량해전 때까지 계속되었다. 보름 동안의 강행군 속에 얻은 전선은 12척에 군사는 120여 명쯤 되었다. 이순신이 전선을 수습할 무렵 조정에서는 수군이 미약하다는 판단 아래 육지로 상륙하여 종군하라는 명령을 내리기도 한다. 이에 이순신은 굳은 결의에 찬 장계를 올렸다.

"이제 신에게 전선 열두 척이 있사오니 죽을 힘을 다하여 항거해 싸우면 오히려 할 수 있는 일입니다.(今臣戰船 尙有十二 出死力拒戰則猶可爲也)"

이렇게 수군의 폐지를 반대하는 결전의 의지를 나타내었다. 25일 아침 적이 온다는 헛소문에 군중이 공포에 떨고 동요하자 헛소문을 유포한 군졸 두 명을 참수하여 진정시켰다. 28일 어란포 앞에 일본의 전선 8척이 나타나 조선 수군의 동태를 살폈다. 이에 이순신이 추격하자 일본 전선은 달아났다.

일본 수군이 출현하자 소수의 전선만을 가진 이순신으로서는 한 곳에서만 머무를 수 없었다. 이순신은 8월 29일에 진도 벽파진으로 이동한다. 이곳 앞 바다인 명량해협은 폭이 매우 좁고 간만에 따라 물살의 방향이 바뀌면서 물살의 흐름도 빠른 천혜의 요새였다. 9월 2일에는 일본 수군의 공포에 못 이긴 배설이 도망하는 일이 일어났다. 9월 7일에 이르러 서해로 진출하려는 일본의 전선 55척 중 12척이 어란포에 다가왔다. 이들은 밤 10시 포를 쏘면서 야습을 감행한다. 이에 조선 수군의 철저하고 빈틈없는 경비에 물러나고 말았다. 그 후 며칠 간일본의 전선은 한 차례 조선 수군을 정탐한 것 외에 근접하지 않았다. 일본 수군은 주력 함대가 도착하면 일거에 조선 수군을 전멸시킨다는 계획을 구상하고 있었다. 그동안 이순신은 전선에서 자신의 처지를 돌아보며 슬픈 심회를 달래고 있었다. 일본 수군을 격파하여 승리하기 위한 생각이 머리를 떠나지 않았다. 9월 13일에는 임진년에 승전할 때와 비슷한 꿈을 꾸기도 한다.

9월 14일에 이순신은 일본 수군이 총 200여 척이고 이 중 55척이 어란포에 들어왔다는 첩보를 접한다. 이순신은 우수영의 피난민들에게 육지로 대피할 것을 지시한 후 울돌목을 등지고 우수영에 전선을 배치한다. 이어 이순신은 《오자병법》의 내용을 이용하여 일본 수군과 결전에 앞서 결사 항전의 맹세를 다졌다. 1597년 9월 15일 《난중일기》의 내용을 살펴보면 다음과 같다.

> "벽파정 뒤에 명량(鳴梁)이 있는데 수가 적은 수군으로써 명량을 등지고 진을 칠 수 없었기 때문이다. 여러 장수들을 불러 모아 약속하되, "병법에 이르길를 '반드시 죽고자 하면 살고 반드시 살려고 하면 죽는다(必死則生, 必生則死)'고 하였고 또 '한 사람이 길목을 지키면 천 명도 두렵게 할 수 있다(一夫當逕, 足懼千夫)'고 했는데, 이는 오늘의 우리를 두고 이른 말이다. 너희 여러 장수들이 조금이라도 명령을 어기는 일이 있다면 즉시 군율을 적용하여 조금도 용서하지 않을 것이다."라고 하고 재삼 엄중히 약속했다.
>
> 이날 밤 꿈에 신인(神人)이 나타나 가르쳐 주기를 "이렇게 하면 크게 이기

고 이렇게 하면 지게 된다."고 하였다.[389]

　다음 날인 9월 16일 이른 아침 정탐꾼이 무수한 일본 함선이 오고 있다는 급보를 알려왔다. 이순신은 군관 진무성의 화공 계책으로 일본 수군을 섬멸할 작전을 세웠다. 모든 조선 전선을 출동시키고 자신은 선두에 섰다. 그리고 피난민들의 배를 모아 뒤에서 후원하게 한다. 9월 16일의 날이 밝았다. 날씨는 한없이 맑았다. 일본군의 동태를 감시하던 정찰병의 다급한 목소리가 전라 우수영을 울렸다.

　"이루 헤아릴 수 없는 적선이 우리 전선을 향해 옵니다."

　이순신은 전 함대에 출항을 지시한다. 전 함대라고 해도 달랑 13척의 전선이었다. 곧이어 명량의 좁은 해협을 타고 들어오는 적함이 보였다. 도도 다카토라, 가토 요시아키, 와키사카 야스하루 등이 지휘하는 130여 척의 대함대였다. 울리는 파도 소리는 죽음이 다가서는 소리 같았다. 허나 결코 물러날 수 없는 한판이었다.

　일본군의 함대는 명량의 폭이 좁아 한꺼번에 달려들 수 없었다. 제1선단을 필두로 하여 제2선단, 제3선단의 순서로 차례로 명량해협에 들어왔다. 조수의 흐름도 조선 수군 쪽으로 역류해 더 불리한 것이다. 적극적으로 노를 저어야 조류를 거슬러 제자리를 지키거나 앞으로 나아갈 수 있는데 적의 기세에 압도당한 조선 수군은 슬금슬금 뒤로 물

▲명량해전도

러나고 있었다.

이순신은 물러서는 부하들을 독전하면서 일본 함선 가운데로 뛰어들었다. 조선 수군이 분전하고 있는 동안 조류 방향도 바뀌어 일본 수군이 뒤로 밀리는 형세로 반전되었다. 명량의 거친 파도에 맞서 이순신은 거대한 산처럼 우뚝 섰다. 이순신의 전선이 휘하 부하의 전선을 뒤로 하고 불쑥 앞으로 나왔다. 이순신의 공격 지시에 따라 일시에 지자포를 쏘고 현자포도 쏘자 바다가 화염에 싸였다.

이순신은 외로웠다. 이 많은 왜 적선의 숲에서 자신이 탄 전선만이 외로이 분투하고 있었다. 이순신이 돌아보니 조선의 12척 전선은 먼 바다에서 이순신의 독전을 관망하고 있었다. 피가 끓어오르면서 화가 치솟았다. 이순신은 호각을 불어서 중군에게 호령하는 깃발을 올리고 또 초요기도 올렸다. 곧이어 이순신의 일갈이 쩌렁쩌렁 울렸다.

"안위야, 네가 군법에 죽고 싶으냐? 도망간다고 해서 어디 가서 살 것 같으냐?"

안위는 황급히 적선의 숲으로 돌격해 들어갔다. 뒤의 김응함에게도 이순신은 호통을 쳤다.

"너는 중군장으로서 멀리 피하고 대장을 구하지 않았으니 그 죄를 어찌 면할 것이냐! 당장 사형할 것이지만 적세가 급하니 우선 공을 세우도록 하라!"

이순신의 심상치 않은 기세에 놀란 김응함은 바로 적진으로 돌진하여 갔다. 일본의 선봉장 구루시마 미치후사(來島通總)[390]는 그 휘하의 전선 3척을 지휘하여 안위의 전선에 접근한다. 그는 제2차 당항포 해전에서 죽은 구루시마 미치유키의 동생이었다. 이순신에게 형을 잃고 그로서는 이 해전이 멋진 설욕전이었다. 곧 이순신이 안위의 전선

232

이 있는 지점으로 폭풍처럼 진격해 들어가고 이에 뒤로 쳐졌던 조선 수군이 가세하면서 명량해협에는 일본 수군의 시체가 늘어났다. 이때 이순신의 전선 위에서 바다를 내려다보던 일본 수군 출신 준사가 결정적인 사실을 알렸다.

"저 무늬 있는 붉은 비단옷을 입은 놈이 적장 구루시마 미치후사입니다."

이순신은 갈고리를 던져 시체를 전선 위로 낚아 올렸다. 이순신은 구루시마 미치후사의 시체를 토막 내게 해 돛대에 걸었다. 선봉대장의 시체가 토막 난 채 이순신의 전선에 걸려있는 모습을 본 일본 진영이 술렁거리기 시작한다.

조선 수군은 일시에 북을 울렸다. 함성도 있는 힘을 다해 질렀다. 하늘까지 사기가 치솟았다. 이제 움츠렸던 모든 전선이 가지런히 도열하여 전 함대의 공격이 시작되었다. 순식간에 31척의 일본 전선이 명량의 파도에 수장되었다. 격전 속에서 쌍방의 전선이 내뿜는 화염이 점차 짙어졌다. 좁은 명량해협은 그 연기로 뿌옇게 뒤덮이기 시작하더니 급기야 전투 장면을 가려버렸다. 포성이 멈추고 뿌연 연기가 바람에 날려가기 시작했다. 마침내 전투의 실체가 드러났다. 명량 바다는 핏빛으로 물들어 있었다. 해협을 가득 메웠던 일본 전선은 간 곳이 없었다. 명량해협의 맨 끝부분에는 좁은 수로를 빠져나가려고 급히 노를 젓는 일본 함대의 모습만 보였다. 조선 수군은 한 척이라도 더 격침시키려고 추격전을 벌였다. 이날의 소감을 이순신은 "이는 실로 천행이다"라고 피력한다. 이날 전략 전술과 결사 항전으로 전투에 임한 조선 수군의 빛나는 승리였다. 이로 일본 수군은 육지와 바다에서 함께 진격하려는 계획을 포기할 수밖에 없었다. 이날 명량에서 큰 승리는 정유재란 발발로 수세에 몰렸던 조선과 명나라의 반격을 알리는 전환점이었다.

이순신 함대의 가장 기적적인 해전의 성공, 조선 수군 전력의 10배에 해당하는 적함을 대파한 것이다. 이순신은 그 어느 전투에서보다도 스스로 죽음을 무릅쓰고 진두지휘, 결사항전 함으로써 부대의 전투사기를 고양시켜 국부 우세에 의한 각개격파로 대승을 이룩한다. 겨우 13척의 배를 가지고 적선 133여 척과 싸워 단 5명의 부상자만 내고 적군은 30여 척을 격침시키면서 격퇴한다. 왜군의 서해안 침투를 무력화시켰다.

해안 지방에서 의병 활동은 계속되었다. 특히 흥양(현,고흥) 출신 의병장 신군안의 활동은 독특한 것이었다. 신군안은 무과 출신으로 정유재란이 일어나자 향리에서 의병을 모아 거병한다. 그러던 중 의병장의 직첩을 받게 되었다. 그후 의병장 신군안은 연해지역 일곱 고을의 해상의병을 이끌고 수륙 작전을 전개하다가 군중에서 전사한다. 이순신 수군통제사로부터 의병장에 차출된 예는 송광사의 의승장 혜희나 강진의 의병장 염걸도 있다. 이는 정규 수군의 기능이 발휘될 수 없게 된 상태에서 의병을 장려하기 위한 방책의 일환이었다. 수군통제사 이순신의 지휘 하에서 펼쳐진 해상 의병의 활동은 정유재란 시까지 계속되었다.

명량해전에서 해상 의병의 활동을 살펴보자. 전라 좌수영의 중심지인 순천에서부터 의병을 모으고 병기를 수습하면서 우수영 관내에 들어온 수군통제사 이순신은 먼저 전라 우수사 김억추에게 명하여 동원 가능한 전선부터 정비하도록 한다. 당시 남아있던 전선은 판옥선 8척과 녹도선(鹿島船) 1척 뿐이었다. 여기에 현지 향민들의 협력에 의해 폐선을 수리하여 보탠 몇 척을 합하여 모두 13척의 판옥선으로 명량해전을 치룬 것이다. 명량해전에서 승리할 수 있었던 요인의 하나는 1백여 척의 향선을 동원한 응원전이었다. 연해 지역의 민중, 피난민들로 구성된 다양한 신분층의 향민집단이었지만 그 지도층은 모두 사인들이었다. 마하수, 백진남, 정명열, 금안방, 문영개, 변홍원, 정운희 등이 그들이다. 피난민들로 구성된 해상 의병은 이순신의 피적령에도 불구하고 명량 해역을 떠나지 않고 군량과 군복을 조달하는 등 끝까지 전란에 동참한다. 의병지도자 오익창은 본진과 의병선단 사이를 왕래하면서 옷과 곡식을 공급한다. 솜이불을 수집하여 물에 적신 다음 일본군의 화전과 철환을 막아내는 조치를 취하기도 한다. 장흥의 마하수는 직접 전투에 참여하여 싸우다 전사한다. 이 명량해전을 전후하여 강진 해남 영암 등 가까운 해안지역에서 펼쳐진 의병의 유격전도 일정한 영향을 준 것이 사실이다. 이처럼 명량해전은 수군통제사 이순신과 수영 관내 연해 지역민이 결속하여 총동원 체제를 이루어 승리를 거둔 것이다.

고금도의 경영

　임진왜란 최후의 수군통제영인 고금도는 그 전의 한산도 때와 다른 정세 하에 있었다. 한산도 통제영 때 일본 수군은 연전연패한데다 도요토미 히데요시가 조선 수군과 정면대결을 피하라는 명령도 있고 하여 감히 교전해 오지 못하고 있었다.

　그러나 정유재란이 일어나 일본 육군은 전라도로 침공하고 순천 예교에는 고니시 유키나가가 성을 쌓고 주둔하고 있었다. 일본 수군들도 도발해오곤 하였다. 육지에서 예교의 일본군을 공격하여야 할 명나라 유정 제독은 싸울 생각을 않아서 수륙 양면 작전을 펼칠 수 없었다. 또 오만한 진린(陳璘) 도독이 거느리는 명나라 수군이 같은 고금도에 주둔하여 국제 문제가 일어났다. 모여드는 피난민과 군량의 부족한 문제도 있었다. 이 난제를 해결하는 통제사 이순신의 지휘 능력과 고금도 백성의 인심과 협력도 있었다.

　좌의정 이덕형의 장계 내용은 이와 같은 난제를 통제사 이순신이 주민 신망을 얻어 고결한 인격과 뛰어난 재능으로 계획하고 운영하여 해결한 일을 적은 것이다. 이덕형은 이순신을 '옛 어떤 명장에 비해도 손색이 없는 명장'이라고 극찬하였다. 통제사 이순신은 보화도에서 고금도로 진을 옮기기 전에 다음과 같은 서장을 올렸다.

　"고니시 유키나가(小西行長)는 예교(曳橋)에 진을 치고 있는데, 수군은 나주(羅州) 지경에서 멀리 떨어져 있고 보화도, 낙안(樂安), 흥양(興陽) 등지의 바다에 드나드는 적들은 마음 놓고 제멋대로 날뛰고 있으니 몹시 분통스럽습니다. 바람도 자고 날씨도 이미 따스해졌으니 흉적(兇賊)이 날뛸 때입니다."

이런 이유에서 보화도에서 고금도로 진을 옮긴 것이었다. 즉, 적이 준동하는 지역으로 진을 옮겨 일본군을 제압하고자 하였다. 수군통제영은 1598년 2월 16일에 보화도를 떠나 17일에 고금도로 진을 옮기고 즉시 전열을 갖추었다. 고금도의 지형 형세는 전라좌도 우도 간에 있고 안팎의 바다를 제압할 수 있으며 산봉우리가 첩첩이 있어 망을 볼 수 있게 연결되어 있었다. 또 남쪽에 지도(智島)가 있고 동쪽에는 조약도(助藥島)가 있고 농장도 많았다. 군량미는 고금도에 1천 5백여 호나 있어 농사를 짓게 하고 홍양(현,고흥), 광양은 1593년부터 둔전을 두었던 곳에 군사와 백성을 데려가 경작할 예정이었다.

이순신에게는 군사 8천 명이 있어서 고금도에 진주하였다. 고금도로 이진한 후 먼저 해결해야 할 문제는 군량이었다. 이에 이순신은 백성을 모집하여 군사와 함께 고금도와 이웃한 섬, 홍양(현,고흥), 광양의 둔전에서 논사를 짓게 한다.

한편, 해로통행첩(海路通行帖)을 발행하여 3도 연해의 배에 통행첩이 없는 자는 간첩으로 간주하여 통행을 금지한다는 영을 내렸다. 통행첩을 발급받을 때 대선(大船)은 3석, 중선(中船)은 2석, 소선(小船)은 1석의 쌀을 바치게 하였다. 이에 배를 타고 피난하는 사람들은 모두 와서 통행첩을 받았다. 피난 가는 백성들은 재물과 곡식을 모두 싣고 바다로 나왔기 때문에 쌀 바치는 것을 어렵게 여기지 않고 기뻐한다. 십여 일 동안에 만여 석을 얻을 수 있었다.

갑자기 고금도는 섬 전체가 조선소와 군수공장으로 변화고 큰 미곡창고도 만들었다. 피난민들이 모여 들어 섬이 넘칠 지경이고, 이들은 장사를 하며 생활을 꾸려 가는 백성도 있었다. 1598년(선조 30) 7월 16일에 명나라 수군 도독 진린이 수군 5천 명을 이끌고 고금도에 이르렀다. 고금도는 조선과 명나라 수군의 기지가 되었다. 진린의 성격은 오만하고 포악하였다. 6월 26일 선조 임금은 한강의 동작강가에서 진린을 전송하는 연희를 베풀었다. 그때 진린은 이렇게 말한다.

"작은 나라의 신하들이 혹시라도 명령을 어기는 일이 있으면 절대로 용서하지 않고 일체 군법에 의해 처리할 것이다. 이 뜻을 남쪽 변방의 수군 장수와 군사들에게 특별히 강조해 달라."

조선 군사를 직접 통솔하겠다고 한다. 명나라가 수군이 조선에 내원한다고 조정에 알린 것은 그 전해 1597년(선조 30) 10월이었다. 이순신이 이 사실을 안 것은 10월 25일이었다. 1597년 10월 25일 《난중일기》에 이렇게 기록하고 있다.

"초경에 선전관 박희무(朴希茂)가 유지를 가지고 왔는데, 명나라 수군이 배를 정박하기에 알맞은 곳을 헤아려 치계했다는 것이다. 양희우(梁希雨)가 장계를 가지고 서울(필자 한양)로 올라갔다가 되돌아왔다."391)

이순신은 진린도독이 온다는 소식을 듣고 병사들을 시켜 사슴과 산돼지 바닷고기 등 해물을 많이 잡아와 성대한 술잔치를 준비한다. 진린의 배가 고금도 앞 바다에 들어오자 군대의 의식을 갖추고 먼 곳까지 나가 영접한다. 명나라 군대가 도착한 뒤 군사들에게 진수성찬에 술로 대접하니 여러 장수와 병사들이 흠뻑 취한다.

고금도의 덕동에 통제사 이순신은 진을 치고 있었고, 명나라 수군도독 진린이 거기서 서쪽 안 묘당도(廟堂島)에 진을 쳤다.

유성룡의 《징비록》에 따르면 1597년 13척으로 133척을 격파한 명량대첩 후 이순신의 수군은 고금도로 진영을 옮겨 안착한다. 당시 군사는 8천 명에 이르렀다. 전쟁 중이었고, 섬에 진을 친 상태에서 군량을 마련하는 것이 얼마나 어려울지는 상상하지 않아도 알 수 있는 일이다. 군사들을 굶길 수도 없고, 어렵기 마찬가지인 백성들에게 식량을 강탈할 수도 없는 노릇이다. 그때 이순신과 그의 참모들은 기발한 아이디어를 냈다. 해로통행첩이라는 제도였다. 바닷길을 다니는 배에 대해 통행증을 발급하고, 그 대신 곡식을 걷어 군사들을 먹여 살리는 것이다. 피난선 크기에 따라 큰 배는 곡식 3석, 중간 배는 2석, 작은 배는 1석의 곡식을 내고 통행첩을 얻고, 통행과 어업 행위를 보장받았다.

당시 많은 피난민들이 자신의 배에 재물과 곡식을 싣고 생명을 지켜줄 이순신의 수군을 따라 이동하고 있었다. 그들은 해로통행첩과 같은 규제에 대해 부담스러워하거나 거부를 한 것이 아니라 오히려 반가워했다. 그 결과 10일 동안 이순신의 수군은 무려 1만여 석의 군량을 확보할 수 있었다. 또한 이순신과 수군들은 자신들을 따라온 피난민들을 고금도와 인근 섬에 안착시켰다. 섬이 안정될수록 피난민들은 안전을 위해 더욱 몰려들었다. 이순신은 그들을 군사로 확보하고, 전선을 제조할 인력으로 활용한다.

절이도해전

진린도독이 고금도에 이른 이틀 뒤에 1598년(선조 30) 7월 18일 일본 전선 1백여 척이 녹도(鹿島)를 침범하다는 정보를 입수한다. 이순신 통제사와 진린 도독은 각각 전선을 거느리고 금당도392)로 나갔다. 그때 왜선 2척이 조선 수군과 명나라 수군을 보고 도망을 쳤다. 통제사 이순신과 진린 도독은 거기서 밤을 지냈다. 통제사 이순신은 본 진영 고금도로 돌아오면서, 녹도 만호 송여종에게 절이도에서 복병하도록 한다. 진린 도독도 명나라 전선 30척을 같이 머물게 하여 일본 해군에 대비하였다. 6일 후 7월 24일 통제사 이순신과 진린도독이 운주당에서 주연을 베풀고 있을 때 도독의 부하 천총(千摠)이 절이도에서 와 보고한다.

"새벽에 적을 만나기는 했으나 조선 수군이 다 잡아가버리고 명나라 수군은 풍세가 불순하여 싸우지 못했습니다."

진린도독은 크게 화를 내며 술잔을 던지고 술상을 차며 벼락같은 호령으로 천총을 끌어내어 벌을 줄 것 같았다. 통제사 이순신은 진린의 심술이 어디 있는지 알고 말한다.

"노야(老爺)는 명나라 대장으로 여기까지 와서 왜구를 토벌하는데, 우리 진중의 승리는 모두 노야의 승첩이 되는 것입니다. 우리가 벤 적의 머리 전부를 노야께 드릴 것이니, 노야께서는 이것으로 황제에게 승첩을 알리면 얼마나 장한 일이 되겠습니까!"

이에 진린 도독은 크게 기뻐하며 이순신의 손을 잡고 말한다.

"내가 본국에 있을 때 공의 이름을 익히 들었는데 과연 허명이 아

240

니군요."

이날 종일토록 주연을 베풀고 만취한다.

이때 녹도 만호 송여종이 노획한 전선 6척과 왜군의 머리 69급을 모두 진린 도독에게 주었다. 이때부터 진린 도독은 이순신의 호령 절제에 따랐다. 전투에 임해서는 우리 판옥선에 타고 군령 지휘를 양보하면서 통제사 이순신에게 반드시 이야(李爺)라고 불렀다. 진린 도독은 이야는 작은 나라에 있을 사람이 아니니 명나라에 가서 벼슬하기를 권하였다. 이 절이도 해전은 통제사 이순신이 고금도에 진을 치고 있을 때 적선 50여 척을 분탕한 전과를 올린 해전이었다.

고금도에 주둔한 명나라군은 조선군과 백성에 대한 **행패와** 약탈이 심하였다. 하루는 통제사 이순신이 군에 영을 내려 크고 작은 집을 헐게 하고 본인의 침구와 옷을 배에 옮겨 실었다. 이 소식을 들은 진린 도독이 부하를 보내어 그 까닭을 물었다. 이에 통제사 이순신이 대답한다.

"우리 소국군민(小國軍民)은 귀국 장수를 하늘과 같이 믿었는데 오늘에 약탈이 심하므로 우리 백성들이 참을 수 없어 여기를 떠나려 한다. 나는 대장이 되어 혼자 남아 있을 수 없어 배를 타고 다른 곳으로 가려고 한다."

이에 진린 도독은 크게 놀라 한 달음발질로 달려와 이순신의 손을 잡고 만류하며 부하들을 시켜 이순신의 침구를 도로 옮겨 놓으며 애걸복걸하였다. 그때 통제사 이순신이 말한다.

"그러면 대인(大人)도 내 말을 들어 주면 좋겠습니다."

진린도독이 말하였다.

"어찌 들어 주지 않겠소."

통제사 이순신이 말한다.

명나라 군이 잘못하는 짓을 처벌하는 권한을 내게 주면 서로 좋은 것입니다. 이에 진린 도독은 두말없이 승낙하였다. 그 이후로 명나라 군사들은 진린 도독보다 통제사 이순신를 더 무서워한다. 명나라 군대는 원군으로서 조선을 도왔으나 수군뿐만 아니라 육군의 장수와 군사들의 오만과 행패 약탈이 심하였다. 이들을 제어하고 조선의 법으로 엄격히 다스린 것은 고금도의 통제영뿐이었다. 이해 8월에 마귀제독은 선조 임금에게 아뢰었다.

"내가 듣기에는 명나라 군대는 이순신이 아니었으면 조그마한 승리도 거두지 못하였으리라고 합니다."

조선에 원군으로 온 명나라 장수들뿐만 아니라 명나라에서도 고금도에서 일어난 일을 알고 있었다. 이런 이순신의 배려로 명나라 수군과 진린 도독을 감동시킨다.

노량해전

　도요토미 히데요시가 죽고 일본군이 총퇴각한다는 정보를 입수한 통제사 이순신은 진린 도독과 함께 바다로 나갔다. 이때는 이순신이 통제영을 고금도로 옮긴 지 2백 5일 되는 1598년 9월 15일이었다. 조선·명나라의 연합수군은 19일 전라 좌수영 앞 바다에 도착한다. 20일에는 고니시 유키나가가 진을 치고 있는 순천 예교 앞 바다에 이르렀다. 이때 통제사 이순신은 이렇게 말하면서 적의 퇴로를 차단하고 공격한다.

　"나라와 백성을 욕보인 왜적은 한 놈도 돌려보내지 못한다."

　진린 도독은 순천 예교 싸움에서도 역시 관망만 하고 있었다. 그 실상은 통제사 이순신의 8, 9, 10월의 치계로 알 수 있다.

　"얼마 전에 바다에서 싸울 때에 우리 군사가 일제히 총을 쏘아 적의 배를 쳐부수자 적의 시체가 바다에 가득 뒤덮였습니다. 급한 일이어서 모두 갈퀴로 끌어올려 목을 베지는 못하고 단지 70여 급의 머리만 베었습니다. 명나라 군사는 적의 배를 멀리서 바라보면서 먼 곳으로 피해 가버렸기 때문에 적을 한 놈도 잡지 못하였습니다. 우리 군대가 적을 잡은 수량을 알게 되자 진 도독은 뱃전에 서서 발을 구르면서 부하들을 욕하여 내쫓으면서 신(臣) 등에 대해서는 못하는 짓이 없이 위협함으로 할 수 없이 적의 머리 4십여 개를 나누어 보내 주었습니다. 계금 유격(季金 遊擊)이 또 심부름꾼을 보내어 적의 머리를 요구하기에 신이 5개를 보내 주었습니다. 다들 고맙다는 편지를 보내 왔습니다."(8월)

　"신이 수군을 정비하여 바다에 나가서 틈을 타서 적을 소멸하려고 하지만 매번 제독의 제재를 받고 있어 안타깝기 그지없습니다."(9월)

　"10월 2일 수군이 합세하여 (순천 예교의) 적을 쳤습니다. 왜적들은 명나라 육군이 바라보기만 하면서 진격하지 않는다는 것을 알고는 수군에 집중 공격을 하였습니다. 우리 군사가 혈전하여 적의 시체가 낭자하였고 언덕 아래에는 무더기로 쌓여 있는 데도 있었다. 우리 군사는 탄환을 맞고 죽은 자가 29명이었고 명나라 군사는 5명이었습니다." (10월)

이 전투에서도 진린도독과 명나라 군은 관망적 자세를 취하고 군공(軍功)만 챙기려 하였다.

임진왜란 최후의 대전투인 노량해전에서는 적극 전투에 참전한다. 노량해전에서 조선·명나라 연합수군은 대승리를 거두고 전쟁은 막을 내렸다.

1598년 11월 18일, 밤바다를 가르며 노량으로 출동하는 이순신의 가슴에는 황량한 겨울바람보다 더 찬바람이 불고 있었다. 이때 이순신의 조선 수군은 60여 척의 판옥선 규모로, 명나라 진린의 수군은 200~300척의 규모로 짐작할 수 있다. 그 정도면 칠천량 때의 규모를 넘어선 것이었다. 일본의 함대도 대규모였다. 교착 상태에 빠진 고니시의 군대를 철군시키려면 그 앞을 가로막고 있는 조·명 연합수군을 섬멸해야 했으므로 그에 걸맞은 규모, 약 500여 척의 대규모 함대가 동원되었다. 11월 19일에 노량의 바다는 찼다. 새벽 2시 아득히 멀리서 소리가 들려왔다. 노 젓는 소리였다. 바로 그 순간을 기다리고 있었다. 이순신의 함대가 선봉의 적함을 겨냥하였다. 불화살의 시위가 당겨졌다.

어둠이 사라진 노량 바다, 적의 가공할 규모가 드러났다. 노량의 바다를 뒤덮고 있었다. 노량의 파도 소리가 일순간에 가라앉고 장중한 포성이 울렸다. 느닷없는 포환에 당황하던 일본 함대도 응사하기 시작한다.

244

전투는 처음부터 근접전으로 전개되었다. 노량의 좁은 해협을 두고 날카롭고 숨이 막히는 접전이 계속되었다. 일본 함대는 산처럼 그어놓은 저지선을 타고 넘어야 고니시를 구원할 수 있었다. 수적 우위를 내세워 연이은 돌파를 감행한다. 그때마다 돌아오는 것은 포환과 불화살에 신음을 토하는 병사들뿐이었다.

파도를 등에 업고 바람처럼 밀려드는 조선 함대의 맹공에 일본 함대는 전열이 흐트러졌다. 일본의 지휘부는 이순신의 함대가 내뿜는 엄청난 화력에 압도되었다. 그때 일본에게는 반가운 정보가 입수되었다. 선봉전선에서 왼쪽 바닷길이 열려 있다고 전해온 것이다. 일본 함대는 조선 수군의 추격을 뿌리치고 탈출구에 진입하였다. 이는 일본군이 범한 노량해전 최대의 실수였다. 일본 함대 앞에 펼쳐진 것은 앞이 가로막힌 포구였다. 도망갈 물길이 막힌 것을 알아차린 일본군은 발악한

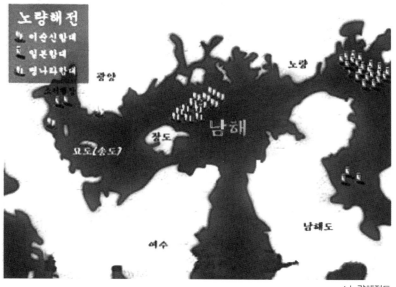

▲노량해전도

다. 자포자기에 전선을 버리고 도망치기도 하였다. 일본군은 사생결단의 자세로 정면 대결하였다. 죽느냐 사느냐의 길은 포위망을 뚫느냐 못하느냐에 달려 있었다.

적군의 반격도 만만치 않았다. 특히 포위망이 느슨해진 틈을 타고 도주하던 적함을 쫓던 송희립이 예기치 않은 총격에 총상을 입고 판옥선 위에 무너졌다. 비보를 들은 이순신은 전군에 더욱 분발하라는 북소리를 울렸다. 그때 달아나던 적이 쏜 탄알이 이순신의 가슴에 깊숙이 박혔다. 급히 부하들이 이순신을 부축해 장막 안으로 들어갔다. 그 사이 총상을 입어 기절하였던 송희립은 마지막 투혼을 발휘해 다시 전투에 돌입한다. 이순신은 마지막 벅찬 숨을 쉬고 있었다. 이순신은 마지막 유언을 남겼다.

"전투가 급하다. 나의 죽음을 말하지 말라."(前方急 愼勿言我死)

노량해전은 일본군의 대패로 막을 내렸다.

이덕형이 선조에 올린 보고서에 따르면 일본 전선 200여 척 격침에 사망자가 수천 명이라고 한다. 가히 조·일 7년전쟁 최대의 전공이다. 이 최대의 전공을 올리기 위해 최대의 혈전을 벌인 전투가 바로 노량해전이다.

이 노량승첩에 대해서는 여러 문헌에 자세히 기록되어 있다. 접반사로 전라도에 가 있던 좌의정 이덕형이 수군의 활약상에 관한 치계 11월 27일자 ≪선조실록≫에 다음과 같이 기록하고 있다.

"금월 19일 사천·남해·고성에 있던 왜적의 배 3백여 척이 합세하여 노량도(露梁島)에 도착하자, 통제사 이순신이 수군을 거느리고 곧바로 나아가 맞이해 싸우고 명나라 군사도 합세하여 진격하니, 왜적이 대패하여 물에 빠져 죽은 자는 이루 헤아릴 수 없고, 왜선 2백여 척이 부서져 죽고 부상당

한 자가 수천여 명입니다. 왜적의 시체와 부서진 배의 나무 판자·무기 또
는 의복 등이 바다를 뒤덮고 떠 있어 물이 흐르지 못하였고 바닷물이 온통
붉었습니다. 통제사 이순신과 가리포 첨사 이영남(李英男), 낙안 군수 방
덕룡(方德龍), 흥양(현, 고흥) 현감 고득장(高得蔣) 등 10여 명이 탄환을 맞
아 죽었습니다. 남은 적선 1백여 척은 남해로 도망쳤고 소굴에 머물러 있
던 왜적은 왜선이 대패하는 것을 보고는 소굴을 버리고 왜교(倭橋)로 도망
쳤으며, 남해의 강언덕에 옮겨 쌓아놓았던 식량도 모두 버리고 도망쳤습니
다. 소서행장(小西行長)도 왜선이 대패하는 것을 바라보고 먼 바다로 도망
쳐 갔습니다.

　사신은 논한다. 이순신은 사람됨이 충용(忠勇)하고 재략(才略)도 있었으
며 기율(紀律)을 밝히고 군졸을 사랑하니 사람들이 모두 즐겨 따랐다. 전일
통제사 원균(元均)은 비할 데 없이 탐학(貪虐)하여 크게 군사들의 인심을
잃고 사람들이 모두 그를 배반하여 마침내 정유년 한산의 패전을 가져 왔
다. 원균이 죽은 뒤에 이순신으로 대체하자 순신이 처음 한산에 이르러 남
은 군졸들을 수합하고 무기를 준비하며 둔전(屯田)을 개척하고 어염(魚鹽)
을 판매하여 군량을 넉넉하게 하니 불과 몇 개월 만에 군대의 명성이 크게
떨쳐 범이 산에 있는 듯한 형세를 지녔다. 지금 예교(曳橋)의 전투에서 육군
은 바라보고 전진하지 못하는데, 순신이 명나라의 수군과 밤낮으로 혈전하
여 많은 왜적을 참획하였다. 어느날 저녁 왜적 4명이 배를 타고 나갔는데,
순신이 진린에게 고하기를 '이는 반드시 구원병을 요청하려고 나간 왜적일
것이다. 나간 지가 벌써 4일이 되었으니 내일쯤은 많은 군사가 반드시 이를
것이다. 우리 군사가 먼저 나아가 맞이해 싸우면 아마도 성공할 것이다.' 하
니, 진린이 처음에는 허락하지 않다가 순신이 눈물을 흘리며 굳이 청하자
진린이 허락하였다. 그래서 명나라군과 노를 저어 밤새도록 나아가 날이 밝
기 전에 노량(露梁)에 도착하니 과연 많은 왜적이 이르렀다. 불의에 진격하
여 한참 혈전을 하던 중 순신이 몸소 왜적에게 활을 쏘다가 왜적의 탄환에
가슴을 맞아 선상에 쓰러지니 이순신의 아들이 울려고 하고 군사들은 당황

하였다. 이문욱(李文彧)이 곁에 있다가 울음을 멈추게 하고 옷으로 시체를 가려놓은 다음 북을 치며 진격하니 모든 군사들이 이순신은 죽지 않았다고 여겨 용기를 내어 공격하였다. 마침내 왜적이 대패하니 사람들은 모두 '죽은 이순신이 산 왜적을 물리쳤다'고 하였다. 부음이 전파되자 호남 일도(一道)의 사람들이 모두 통곡하여 노파와 아이들까지도 슬피 울지 않는 자가 없었다. 국가를 위하는 충성과 몸을 잊고 전사한 의리는 비록 옛날의 어진 장수라 하더라도 이보다 더할 수 없다. 조정에서 사람을 잘못 써서 이순신으로 하여금 그 재능을 다 펴지 못하게 한 것이 참으로 애석하다. 만약 이순신을 병신년(1596 선조 29년)과 정유 연간에 통제사에서 체직시키지 않았더라면 어찌 한산(閑山)의 패전을 가져왔겠으며 양호(兩湖)가 왜적의 소굴이 되겠는가. 아, 애석하다."

명나라 제독 진린이 천문을 살폈더니 동방의 대장별이 희미하게 빛이 바래고 있었다는 것이다. 진린 도독은 이순신에게 제갈량처럼 하늘에 기도할 것을 권하는 편지를 보냈다. 하지만 이순신은 한 마디로 거절하였다.

"나는 충성이 무후(제갈량)만 못하고 덕망이 무후만 못하고 재주가 무후만 못하여 세 가지가 다 무후만 못하니 비록 무후의 기도법을 쓴다고 한들 하늘이 어찌 들어줄 리가 있겠습니까?"

이날은 이순신이 노량에서 최후의 전투를 벌이기 하루 전이었다. 다음 날 이순신은 최후의 승리 순간에 적탄에 맞아 유언을 남기고 54살의 나이로 고요히 세상과 이별한다.

"지금 싸움이 한창이니 내가 죽었다는 말을 하지 말라."

노량해전을 두고 백성들은 모두 이렇게 말한다.

"죽은 이순신이 산 왜적을 쳐부수었다."

이 싸움에서 이순신 통제사 막하장인 가리포 첨사 이영남, 낙안 군수 박덕룡, 흥양(현,고흥) 현감 고득장 등 10여 명이 적탄에 맞아 전사한다. 이순신 통제사의 유해는 고금도 월송대(月松臺)로 모셨다가 아산으로 옮겨 장례하였다. 고금도는 충무공 이순신이 최후로 눈을 감고 떠난 곳이다. 고금도에서 상여(喪輿)를 아산으로 옮길 때 길가의 백성들은 남녀노소 할 것 없이 모두 통곡을 하며 선비들은 글과 술을 바치고 곡하기를 친척과 같이 하였다. 또한 명나라 진린 도독과 여러 장수들은 모두 만사(挽詞)를 짓고 애통해 하였으며 백금 수백 냥을 모아 사람을 보내어 제사지내게 하고, 길가에서 이순신의 아들을 만나서는 말에서 내려 손을 잡고 통곡을 하였다.

≪선조실록≫에서 이순신의 살았을 때는 탄핵을 일삼았던 사신(史臣)도 온몸을 던져 나라를 구한 이순신에 대해 찬사를 보내었다.

이순신이 죽은 지 4년 1개월 후인 1602년(선조 35) 조정에서는 임진왜란 때 노고가 많은 사람들에게 상을 주는 과거를 보기로 했다. 1월 21일에 시험장소를 경상도 부산 거제와 전라도의 경도 고금도에서 열었다. 합격한 자가 모두 1만 7천여 명이었다. 고금도가 시험장이 된 것은 아마도 임진왜란 때의 수군통제영이었기 때문일 것이다.

나라를 구한 거룩한 순국

명나라 진린 도독이 연합작전 출전에 응하지 않고 자기 작전권을 내세워 이를 거부, 저지하려 하였다. 이에 이순신은 과감하게 주체 의식을 갖고 출동명령을 내렸다. 이순신이 치른 8대 해전 가운데 명량해전을 제외하고는 모두가 통합 함대 또는 연합 함대에 의한 고도의 팀워크를 요구하는 작전이었다. 이순신은 죽음 앞에서도 의연하였다. 그의 대쪽 같은 품성을 그대로 보여주고 떠난 것이다. 이순신의 죽음은 많은 사람이 알지 못하는 죽음이었지만 나라를 구한 거룩한 순국이었다. 이순신은 노량해전이 일본군에게 복수할 수 있는 마지막 기회라는 것을 잘 알고 있었기에 목숨을 다바쳐서 해전에 임하였다. 이순신의 마지막 배려는 조국을 위한 배려였다.

죽음으로써 조국의 원수를 갚고 다시는 조선을 쳐들어오지 못하도록 만들기 위한 배려였다. 진린은 이순신에 대하여 다음과 같이 평가하고 있다.

"천지를 주무르는 재주와 나라를 바로 잡는 공(경천위지지 재보천욕일지공 經天緯地之 才補天浴日之功)이 있는 위인이다."

진린은 명나라 황제에게 아뢰어 이순신을 명나라 도독인(都督印)을 내리게 한다.

또한 러·일전쟁393) 승전 축하연이 있던 밤에 한 신문기자가 도고 헤이 하치로394)에게 물었다.

"영국 넬슨(Nelson)과 자신을 비교한다면 어떻게 생각하느냐!"

이 질문에 도고는 이렇게 대답하였다고 한다.

"넬슨은 스페인(Spain)의 무적함대와 비슷한 수준 25대 30정도의 함대를 가지고 싸워서 이겼다.

　그러나 나와 나의 함대는 러시아(Russia)의 발틱(Baltic)함대 삼분의 일 규모로써 이겼다.”

　도고는 자신이 넬슨보다 우위에 있음을 간접적으로 표현한 것이다. 그러자 기자가 다시 물었다.

　“그렇다면 조선의 이순신 장군과 비교하면 어떠냐?”

　도고는 이렇게 대답하였다고 한다.

　“나를 넬슨과 비교하는 것은 가능하지만, 이순신 장군과 비교하는 것은 감당할 수 없는 일이다. 영국의 넬슨은 군신(軍神)이라고 부를 인물이 못 된다. 정복의 해군 역사에서 군신으로 존경 받을 수 있는 제독이 있다면, 이순신뿐이다. 무릇 전쟁에서 군인의 몫은 1퍼센트요, 국민의 단합된 힘이 99퍼센트다. 넬슨은 온 국민의 성원과 지지를 받으면서 전쟁을 치렀다. 이순신 장군은 온갖 시기와 모함을 무릅쓰면서 싸웠다. 이 점 하나만 보더라도 나는 이순신 장군과 비교 대상이 안 되며 그 분이 보여준 전략도 내가 논(論)할 수 있는 성질이 아니다.

　나를 전쟁의 신(神)이자 바다의 신(神)인 이순신 장군에게 비유하는 것은 신(神)에 대한 모독이다. 이순신 장군에 비하면 나는 일개 하사관에 불과하다. 만일 이순신 장군이 나의 함대를 가지고 있었다면 세계를 제패했을 것이다.”

　러·일전쟁 승전 후 도고가 세계적인 영웅이 되었을 때이다. 그 즈음 미국 해군사관학교 4학년 임관 후보생들이 일본을 방문한 적이 있었다. 이들은 도고를 방문하여 이것저것 인터뷰하는 과정이었다. 그들은 질문을 하였다.₩

　“가장 존경하는 인물이 누구냐?”

도고의 대답은 너무 간단하였다.

"내가 가장 존경하는 분은 조선의 수군을 지휘한 이순신 장군입니다."

영국의 넬슨 정도만 알던 미국 사관생도들은 이순신이 누군지 몰라 잠시 어리둥절해 하였다.

또 러·일전쟁 당시 일본군 해군 소좌(少佐)로 쓰시마 해전에 참가했으며 나중에 일본 해군 소장까지 지냈고, 일본 해군 전략 연구가인 가와다 고오(川田功)가 쓴 회고록 ≪포탄 잠재우기≫라는 책에 쓴 글은 이렇다.

"이순신 장군은 당시의 조정에서 유일하게 청렴한 장군이었고 충성심과 전술전략 운영 능력은 최고의 경지에 이르렀다. 그러나 조선은 이순신 장군의 정신과 전술을 금방 잊어버리고 38년 만에 병자호란 395)을 다시 당했다. 조선에서는 이순신 장군의 이름이 까마득히 잊혀졌지만 일본에서는 그를 존경하여 메이지 시기에 신식 해군이 창설되었을 때 그의 업적과 전술을 연구하였다."

실제 19세기 말 이론 해군사관학교에서는 '이순신 전략전술' 이라는 교과목을 가르쳤다고 한다. 일본의 유명한 역사 소설가 시바 료타로396)는 이렇게 말한다.

"이순신은 기적과도 같은 이상적 군인이자 세계 역사상 필적할 만한 사람이 없는 위인이다."

메이지 유신(明治維新) 이후 수많은 일본 해군 관계자들이 이순신을 존경했다는 점을 밝힌 바 있다.

이순신의 주요 전략과 전법

1. 거북선의 당파전법

조선 수군의 당파전법은 거북선에 의하여 이루어졌다. 당파란 적함을 깨뜨려드는 것을 말한다. 거북선은 적함 대열에 돌격하여 좌충우돌하면서 적함대의 전투 대열을 교란시키고 적군의 지휘전선에 접근하여 대포로 부수어 오합지졸로 만들었다. 함포의 요란한 포성과 적함을 파괴하고 탑승한 군사를 사살하여 심리적 위압감을 크게 주었다. 당파 전법은 소리 없이 적선에 접근하여 충격을 가해 완전히 격침시키는 것이다.

이런 거북선의 당파전법은 사천해전을 필두로 하여 크고 작은 전투에서 획기적인 전과를 올렸다. 당파전술이 가능한 이유는 조선 전함의 견고성에 있다. 원래 조선의 건축이나 보선(造船)은 못을 사용하지 않고 목재를 자체를 파서 조립하기 때문에 견고한 것이다.

2. 학익진법(鶴翼陣法)

전투에서 사용하는 진법의 하나로 학이 날개를 펼친 듯한 형태로 적을 포위하여 공격한다.

학이 날개를 펼친 듯한 형태를 취한 진법이라 하여 붙여진 이름이다. 기본적으로는 일렬횡대의 일자진 형태를 취하고 있다가 적이 공격해오면 중앙의 부대는 뒤로 차츰 물러나고, 좌우의 부대는 앞으로 달려 나가 반원 형태로 적을 포위하여 공격하는 방식이다. 이 진법은 육상 전투에서 기동력이 뛰어난 기병들이 수행하기 좋을 뿐만 아니라 해상 전투에서도 기동력이 뛰어난 전선이 효

▲학익진 | 조선 수군이 즐겨 쓰던 정(丁)자 타법을 개량한 것으로 학이 날개를 펴듯 적을 둘러싸서 공격하는 진형이다.

과적으로 적을 공략할 수 있다. 임진왜란 때 이순신이 한산도대첩 등에서 일본 수군을 대파하는 데 운용하여 잘 알려진 진법이다. 지휘관이 타고 있는 좌승함과 중군함의 위치에 따라 운용을 달리 한다.

첫째, 좌승함을 날개의 중앙에 두고 중군함을 날개 앞쪽으로 전진 배치하는 방식이다. 이 경우 좌승함이 공격에 참가하여 화력 을 더할 수 있는 반면 좌승함을 보호하는 중군함이 전진 앞으로 배치되어 가장 직접적인 피해를 받을 수 있다.

둘째, 중군함을 날개의 중앙에 두고, 좌승함을 날개 뒤에 별도 의 호위함을 두고 배치하는 방식이 있다. 이 경우에는 좌승함이 방어에 치중하여 전투력이 떨어지지만 진형 전체를 지휘하는 데 쉬 운 장점이 있다. 이순신은 탁월한 지휘 능력은 부딪치는 상황에 따 라 맞는 전법을 택한다. 그 가운데 학익진은 대표적 전법이다. 이 학익진을 가장 잘 활용한 해전은 견내량해전이다. 견내량은 폭이 좁고 암초가 많아 대해전(大海戰)에 적합하지 않아 일본군을 유도 작전으로 바깥 바다로 나오게 한 뒤 명령을 내려 모든 전선이 머 리를 돌려 학익진 태세로 함대를 형성하고 일제히 진격하도록 한 것이다. 이때 전투 상황은 당항포승첩 계본에 잘 실려 있다.

"다시 여러 장수에게 명령을 내려 학익열진(鶴翼列陣)으로 일제히 진격하며 각기 지자 · 현자 등의 각종 총통을 발사하여 …… 그 세는 풍뇌(風雷)와도 같아 적선을 불사르고 적을 죽여 일시에 전멸시켰다."³⁹⁷⁾

조선의 전선이 일본 전선을 둘러싸고 계속 공격을 가하자 일본 전선 안에는 부상자와 전사자가 수없이 발생한다. 한산도해전에서도 학익진법을 활용한 전투이다. 이 해전은 7년 임진왜란의 일대 전환점을 가져온 전투이다. 이 전투로 일본군의 세력은 패퇴의 길을 걷는다. 이 학익진법은 옥포해전, 안골포해전, 당항포해전, 율포해전 등 많은 해전에서 사용되었다.

3. 일자진(一字陣)

일자진은 전투에서 사용하는 진법의 하나로 一(일) 자 모양으로 좌우로 길게 늘어선 진형을 가리킨다.

일자장사진(一字長蛇陣) · 횡렬진(橫列陣)이라고도 한다. 一(일) 자 모양으로 좌우로 길게 늘어선 진형으로서 가장 단순한 형태의 진법이라고 할 수 있다. 임진왜란 때 삼도수군통제사 이순신이 명량대첩에서 이 진법을 사용하여 대승을 거둔 것으로 잘 알려져 있다. 이순신은 명량해협(울돌목)의 좁은 지형과 빠른 물살을 이용하여 전선 13척으로

▲일자진 ┃ 횡렬 일자로 늘어선 진형이다.

일자진을 펼치며 일본 수군 133척을 대적하였다. 조선 수군의 전선은 단 1척도 잃지 않으면서 적선 133척을 격침시키는 혁혁한 전과를 올렸다. 육상 전투에서는 학익진을 전개하는 기본 진형이기도 하다. 학익진은 기본적으로 일자진을 취하다가 적을 맞아 중앙의 부대가 후퇴하면서 좌우의 부대가 학이 날개를 펼치듯이 적을 포위하여 공격하는 진법이다.

4. 첨자찰진(尖字札陣)

해전에서 사용하는 진법의 하나로 끝이 뾰족한 갑옷의 미늘 형태로 전선을 배치하는 진형이다.

끝이 뾰족한 갑옷의 미늘 형태로 전선들을 배치하는 진형으로서 중국 명나라 말기의 장수 척계광398)이 고안하였다고 전한다. 전선 5척을 1초(哨)라 하고, 2초가 모여 1사(司)를 편성하는데, 첨자찰진은 3개의 사가 尖(첨) 자 모양으로 배치한다. 중군함이 지휘선인 좌승함 앞에 배치하고, 선두 좌우에 각각 척후선이 1척씩 배치하며 그 뒤에 중군이 지휘하는 전위 대열이 배치한다. 좌승함 주위로 작은 배들이 쐐기진 형태로 배치하고, 그 뒤에 좌승함이 직접 지휘하는 후위 대열이 배치된다. 전체적으로 쐐기를 거꾸로 겹쳐 놓은 모양으로 물을 헤치고

▲첨자찰진 | 많은 배들이 이동하거나 적군을 공격하기에 용이한 형태의 진형이다.

나아가기에 편리하여 많은 전선들이 이동하거나 적군을 공격하기에 효과적이다. 학익진 등 다른 진형으로 변환하기에도 편리하다는 장점이 있다. 임진왜란 때 이순신이 일본 해군을 물리칠 때 사용한 진형 중 하나로 알려져 있다.

5. 수륙합동 작전

이순신은 수륙합동 작전도 자주 전개하였다. 1592년 5월 제1차 출전인 옥포해전에서 돌아온 뒤 이순신은 적이 바다로 침투하는 것은 수군이 막을 수 있으나 육지로 오면 전라도 군사들이 군마(軍馬)가 없어서 곤란할 것이라고 하면서 순천, 돌산도, 백야곶과 흥양 도양장의 목장 가운데 쓸 만한 말을 많이 길들여 육전에 쓰도록 할 것을 전라도 관찰사에게 의견 개진한다. 이런 사실은 이순신이 임진왜란 초기부터 수륙합동 작전의 중요성을 인식하고 있었다고 볼 수 있다.

1592년 5월 말에서 6월 초에 걸쳐 치렀던 사천해전, 당포해전, 당항포해전의 2차 출전도 수륙합동 작전을 잘 보여준 사례이다. 1592년 6월 5일 이순신의 함대가 당항포로 가는 도중 진해성 밖에서 갑옷을 입고 깃발을 든 조선군의 기병 1,100여 명이 함안 군수 유숭인[399]의 지휘 아래 일본군을 추격한다. 이들은 진해성에 있던 일본군에게 타격을 가해 성에서 쫓겨난 일본군들은 바다로 도망하려다 조선의 전선들이 바다를 에워싸고 나오는 것을 보고 큰 전선을 버리고 작은 전선을 타고 도망쳤다.[400] 1593년 2월 20일 웅천 앞 바다 해전에서 이순신은 여러 장수들과 의논하여 육전대를 상륙시키는 동시에 해상으로도 보다 깊이 공격하여 결정적인 타격을 주기로 약속하고 2월 22일에 10여 척의 전선에 나누어 탄 의병장 성응지(成應祉)가 거느린 의병들과 의승장 삼혜와 의능 등이 서쪽 냉이포 해안에 상륙하고 전라 우도와 삼도의 용감한 사수들은 웅포 동쪽 안골포에 상륙하여 각각 진을 치도록 한다.[401]

삼도 함대에서 경완선,[402] 5척씩을 모두 15척으로 적선이 줄지어 정박한 곳으로 접근하여 지자·현자총통을 쏘아 적선들을 공격하도록 하였다. 1594년 9~10월에 있었던 장문포-영등포의 전투를 살펴보면 9월 27일 조선 함대는 육군과 합동 작전으로 일본군을 치기 위하여 나갔다.

≪난중일기≫ 1594년(갑오년) 10월 4일자를 살펴보면 다음과 같이 기록하고 있다.

"곽재우, 김덕령 등과 약속한 뒤 군사 수백 명을 뽑아 육지에 내려 산으로 오르게 하고, 선봉은 먼저 장문포로 보내어 들락날락하면서 싸움을 걸게 하였다. 늦게 중군을 거느리고 진격하였다. 바다와 육지에서 서로 호응하니 적의 무리들은 갈팡질팡하며 기세를 잃고 이리저리 급히 달아났다."[403]

1598년 7월 전쟁이 소모전만 계속하여 답보 상태에 이르고 있었다. 수륙합동 작전에 대한 견해는 이순신 막료의 작전회의에서 군관 송희립의 건의에서도 잘 나타난다.

"적이 이미 유리한 지역을 점령하고 있으니 힘으로는 뺏기 어렵고 방금 명나라 군사와 우리 군사가 바다와 육지로 내려가고 있으니 만일 육군으로서 예고(曳橋)를 육박하고 수군으로 장도를 억눌러 영남의 바닷길을 막아 적에게 안 밖을 막히게 하여 외부의 적이 후원을 하지 못하게 해야 한다."[404]

이 외에도 조선 수군은 육군과 합동작전을 통하여 적을 궁지에 넣은 때가 많았다.

세계인이 알아야 할 성웅 시크릿

제6장

–

이순신의
지혜 리더십

조선의 지혜가 결합된 전함 판옥선

대형화포로 무장한 판옥선의 전투력이 하드웨어 전투력 요소이고 이순신의 병법과 리더십은 소프트웨어 전투력 요소라 할 수 있다. 대형화포 중심의 무기체계와 판옥선으로 대변되는 조선 수군의 전투력이 위대한 리더였던 이순신에 의해 만들어진 전투력 요소와 결합해 막강한 전투력을 형성한다. 이런 결합이 명량해전의 대승리로 나타났다고 보는 것이다.

명량해전 당시 조선의 주력 전함이던 판옥선은 1555년(명종 10) 일본군의 공격 전술인 등선육박전술을 무력화하려고 제작한 전함이다. 일본 전함보다 선체가 크고 높아 일본 병사가 기어오르는 것이 어렵고, 내부는 3층 구조로 돼 있다. 2층 갑판에는 노를 젓는 격군을 배치해 이들이 적의 조총이나 궁시(弓矢) 공격으로부터 몸을 보호한 상태에서 배를 조종할 수 있게 했으며, 3층 갑판에는 전투원을 배치해 적을 위에서 내려다보며 각종 화포와 궁시로 공격할 수 있게 했다. 특히 판옥선은 바닥이 평평한 평저선으로 전투 중 선회가 자유로웠고, 대형화포 사격 시 생기는 반동력도 견딜 수 있는 튼튼한 구조였다. 왜구 침입에 대비해 해양 방위에 종사했던 조선 관료들이 지혜를 모아 만든 꿈의 전함이라 할 수 있다.

이 판옥선의 전투력을 더욱 극대화한 것이 천자, 지자, 현자, 황자 총통 같은 대형 화포다. 이들 화포는 판옥선에 장착돼 일본군을 상대로 당파전술(撞破戰術)을 펼치는 첨단병기로 활용한다. 조선 수군은 판옥선 전후좌우에 장착한 대형화포를 이용, 대장군전 같은 대형화포를 발사해 적선을 파괴했다. 이들 대형화포의 사거리는 일본군 신무기인 조총의 사거리 150~200m에 비해 월등히 길었기 때문에 원거리에 있는 적선을 공격, 파괴할 수 있었다. 이는 조선 수군이 절대적 우위를 점할 수 있었던 하나의 요인이다. 임진왜란 당시 명량해전의 전투 상황을 상상해보자. 1597년 9월 16일 대규모 일본 전선이 명량 물목을 통과해 조선의 여러 전함을 에워싸자 열세 상황에 낙심한 조선 장수들은 쉽게 대응하지 못하고 도망갈 궁리를 한다. 이때 이순신이 선두에서 돌진하며 지자, 현자총통 등 각종 화포를 집중 사격해 적의 접근을 저지한다. 영화 '명량'에서는 이순신이 홀로 적진에 남아 백병전을 벌이는데, 이는 역사적 사실과 다르다.

적함을 무력화시킨 대형화포

　이후 이순신은 뒤처져 싸우지 않고 머뭇거리던 거제 현령 안위(安衛)에게 호통을 쳐 일본군을 공격토록 한다. 이에 안위가 이끄는 전함이 앞으로 돌진해가자 적의 장수가 탄 배와 휘하의 전함 2척이 합세해 안위의 전함을 공격한다. 이를 뒤에서 지켜보던 이순신은 자신의 전함을 이끌고 나아가 안위의 전함을 공격하는 일본 전함 후미에 화포를 쐈고, 그와 동시에 주변에 있던 조선 전함이 가세해 집중적인 화포 공격을 함으로써 일본 전함 3척을 순식간에 격파한다.

　당시 격파된 3척 가운데는 일본 장수 구루시마 미치후사의 전함도 있었다. 그 전함은 조선 수군의 공격을 받아 침몰한다. 구루시마 자신도 전사해 시신이 떠올랐다. 이순신은 이 시신을 끌어올려 목을 잘라 효시(梟示)함으로써 적의 사기를 크게 꺾어놓았다. 이를 계기로 조선 수군은 사기충천해 일제히 북을 울리고 함성을 지르면서 총공격을 감행해 순식간에 자신들을 에워싸고 있던 일본 전선 30여 척을 격파함으로써 대승을 이끌어냈다. 이날 전투가 벌어졌던 명량해협은 세계에서도 최고로 물살이 험한 지역이다. 또 바다 밑에 크고 작은 암초가 있어 전함 운용이 쉽지 않다. 견고한 선체와 바닥이 평평한 형태의 독창적 구조를 지닌 판옥선은 이런 지역에서 더욱 진가를 발휘했다. 빠른 물살과 지형 여건으로 접근전이 쉽지 않은 상황에서 안정한 작전 운용이 가능하였다. 장착한 대형화포로 적의 지휘선이나 주력함을 집중 공격해 적함을 무력화했던 것이다.

　이순신은 절체절명의 위기 상황에서 조선 판옥선과 대형화포의 위력을 굳게 믿고, 매순간 유효적절한 전술을 구사하며 탁월한 리더십을 통해 기적 같은 승리를 이끌어냈다. 지금 일고 있는 이순신 신드롬은 그런 위대한 리더를 이 시대가 바라고 있다는 뜻 아닐까. 1994년 전남 여천 앞바다에서 발견된 임진왜란 당시 총포들은 승자총통, 현자총통, 지자총통이다. 이순신이 이끄는 조선 수군이 1597년 명량대첩에서 사용한 것으로 추정되는 소소승자총통(小小勝字銃筒) 3점이 2012년 전남 진도 오류리 해저에서 발굴되었다.

조선의 돌격전함, 거북선

거북선은 기존 조선 군함인 판옥선에다 철판으로 마감된 덮개를 씌우고 용머리를 붙여, 발명이라기보다는 혁신을 통해 이루어진 새로운 전함이다. 당시 전라 좌수사였던 이순신은 태종 때부터 있던 거북선을 개량하여 본영과 방답진, 순천부의 선소에서 3척을 제작한다. 이후 한산도로 진영을 옮긴 후 2척을 더 건조해 조선 수군은 총 5척의 거북선을 보유하고 있었다. 이들 거북선은 판옥선과 더불어 조선 수군이 운용해온 돌격전함으로서 사천해전에서부터 투입되어 한산대첩, 부산해전 등 조선 수군이 왜선을 격파하고 연승을 거두는데 결정적인 역할을 한다.

아직까지 거북선이 발굴되지 않았기 때문에 ≪충무공전서≫, 이분의 ≪행록≫, 실록 등 문헌을 토대로 살펴볼 수 있다. 거북선의 외형은 전면에 용두가 있고, 좌·우측에 각각 6문의 포가 설치되어 있으며, 상판 덮개에는 +자형의 길이 나 있다. 내부 구조는 2층(또는 3층)으로 되어 있는데, 1층에 창고·선실 등이 있고 갑판 위 2층에는 선장실을 비롯하여 노군과 전투원이 활동하는 공간이 있다. 덮개를 씌워 적선과 접근전에서 승무원 전원을 개판으로 뒤덮어서 보호하고, 또 쇠꼬챙이를 박아놓아 거북선에 오르는 적병을 차단하려 한다. 지금까지 복원된 거북선은 모두 ≪충무공전서≫에 기록된 전라 좌수영 거북선을 토대로 제작되었다.

거북선이 가진 전함으로써 우수성을 든다면 내부 전투원을 보호할 수 있다는 점과 화포 힘의 강력함을 꼽을 수 있다. 거북선은 전투 개시 직후 적전선 대열에 뛰어들어 돌격전을 함과 동시에 대포를 쏘아서 적의 전열을 무너뜨렸다. 이를 위해 두터운 재질로 제작되었으며, 적의 침입으로부터 승무원을 보호하고자 개판을 씌우고 송곳을 꽂아놓았다.

또 전후좌우에 14개의 화포가 장착되어 있어 적선에 포위된 상황에서도 공격할 수 있다. 특히 《난중일기》를 보면 거북머리의 입에 포를 설치했다는 기록이 있기에 전면 화포 공격까지도 가능한 것이다. 또한, 개판에 철판이 씌워져 있어 방호력이 우수하므로 적선이 접근전을 펼쳐도 쉽게 침입할 수 없어 거북선이 맹렬히 돌진하여 닥치는 대로 포를 쏘고, 용두를 이용함으로써 당파전술을 펼칠 수 있었다. 거북선의 이러한 전술적 기능은 그리 크지 않는 규모와 내부 구조의 단점에도 불구하고 충분한 위력을 발휘할 수 있었다. 이런 이유에서 거북선은 해상의 탱크라 할 수 있다.

다음은 임진왜란 직전 거북선에 관한 《난중일기》의 기록들이다.

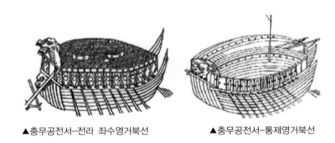

▲충무공전서-전라 좌수영거북선   ▲충무공전서-통제영거북선

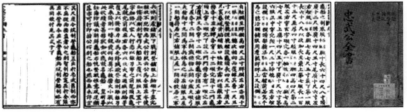

▲충무공전서

1592년 2월 8일. 이날 거북선에 쓸 돛베 스물아홉 필을 받았다. 1592년 3월 27일. 겸하여 거북선에서 대포 쏘는 것도 시험했다. 1592년 4월 11일. 비로소 (거북선의) 베돛을 만들었다. 1592년 4월 12일. 식후에 배를 타고 거북선의 지자포(地字砲), 현자포(玄字砲)를 쏘았다. 그리고 다음 날인 4월 13일 임진왜란이 발발했다. 이렇게 거북선은 기적적으로 만들어졌다. 이순신은 자신이 창제한 거북선에 대해 〈제2차 당포·당항포 등 네 곳의 승첩을 아뢰는 계본〉에 이렇게 기록하고 있다.

> "신이 일찍이 왜적들의 침입이 있을 것을 염려하여 별도로 '거북선(龜船)'을 만들었는데, 앞에는 용머리를 붙여 그 입으로 대포를 쏘게 하고, 등에는 쇠못을 꽂았으며 안에서는 능히 밖을 내다볼 수 있어도 밖에서는 안을 들여다 볼 수 없게 하여, 적선 수백 척 속에라도 쉽게 돌입하여 포를 쏘게 되어 있으므로 이번 출전 때에 돌격장(突擊將)이 그것을 타고 나갔습니다."405)

임진왜란 조선 수군의 이름 없는 참전자

이순신의 《난중일기》에는 격군의 도주가 눈에 띤다. 격군(格軍)이란 수부(水夫)들이다. 격군이 배에서 노를 젓기는 가혹한 노동이었다. 임진왜란 때 조선 수군의 활동 뒷면에는 격군의 활동이 있었다. 임진왜란 시에는 격군이 노를 젓지 않는다면 배를 움직일 수 없었다. 격군의 도주, 체포, 사형은 《난중일기》의 여러 곳에 기록을 남기고 있다. 1593년 2월 3일자 《난중일기》에 기록은 다음과 같다.

"이날 영남(嶺南)에서 옮겨 온 귀화인 김호걸(金浩乞)과 나장 김수남(金水男) 등이 명부에 오른 격군 팔십여 명이 도망갔다고 보고하면서도, 뇌물을 많이 받고 붙잡아 오지 않았다. 그런 까닭에 군관 이봉수, 정사립(鄭思立) 등을 몰래 파견하여 칠십여 명을 찾아서 잡아다가 각 배에 나누어 주고, 김호걸, 김수남 등을 그날로 처형했다."406)

1593년 7월 13일자 《난중일기》에 기록은 다음과 같다.

"순천의 거북선 격군으로서 경상도 사람인 종 태수(太守(壽))가 도망치니, 붙잡아다 처형시켰다."407)

이순신은 여도 만호 김인영에게 격군을 잡아오라고 명한다. 1593년 8월 11일 《난중일기》에 이렇게 기록되어 있다.

"여도 만호(김인영)에게 격군을 잡아올 일로 사흘의 기한을 주어 갔다 오라고 일러 보냈다."408)

1594년 5월 13일자 《난중일기》에 이렇게 기록되어 있다.

"이날 금모포 만호의 보고에, "경상 우수사 소속의 포작409)들이 격군을

268

싣고 도망하여 현장에서 포작들을 붙잡으려 하니, 원 수사가 주둔한 곳에 숨어 있다."고 하였다. 그래서 사복(司僕)들을 보내어 잡아오게 하였더니, 원 수사가 크게 성내면서 도리어 사복들을 결박했다고 한다. 그래서 군관 노윤발을 보내 이들을 풀어 주게 했다."[410]

1594년(갑오년) 5월 22일 황득중, 박주하 오수 등에게 격군을 잡아 오라고 명한다. 이날 ≪난중일기≫에 이렇게 기록되어 있다.

"황득중, 박주하(朴注河), 오수 등은 격군을 잡아 올 일로 내 보냈다."[411]

같은 해 6월 12일에 본영선의 격군 7명이 도주했다는 기록이 ≪난중일기≫에 남겨 있다.

"이날 저녁에 본영의 배에서 일하는 격군 일곱 명이 도망갔다."[412]

여기에서 주목할 점은 포작인이 격군의 도주를 도왔다는 사실이다. 포작(鮑作)이란 원래 바다에서 포획한 각종 해산물을 소금에 절여 진상하는 어민을 말한다.

포작인은 격군뿐만 아니라 일반 병사의 도주도 돕고 있다. 1594년 (갑오년) 8월 26일 ≪난중일기≫를 살펴보면 다음과 같다.

"흥양 포작 막동(莫同)이란 자가 장흥의 군사 서른 명을 몰래 배에 싣고 도망간 죄로 처형하여 효수했다."[413]

이처럼 포작인은 격군과 병사의 도주를 방조한 것이다. 조선 수군 으로서는 용서하기 어려운 존재였다. 포작인 이외에도 도주를 돕는 자 가 있었다. 이런 사실은 1594년 5월 29일 ≪난중일기≫에 나타나 있다.

"저물녘에 정사립이 보고하되, '남해 사람이 배를 가지고 와서 순천 격군 을 싣고 간다.' 고 하므로 그들을 붙잡아 가두었다."[414]

배를 이용해 격군의 도주를 돕게 되면 조선 수군에게는 심각한 타격이었다. 격군의 도주하는 사태에 이순신은 격군의 재배치를 단행한다. 집단 도주했다가 체포된 격군을 몇 곳의 배에 나누어서 배치하는 등 조치를 강구하였다. 그리고 1594년 2월 7일 ≪난중일기≫를 살펴보면 다음과 같은 기록을 볼 수 있다.

> "명을 어긴 격군을 붙잡아 올 일로 이경복을 내보냈다. 오늘 군대를 개편하여 나누고 격군을 각 배에 옮겨 태웠다. 방답 첨사에게 죄인을 잡아오라고 전령했다. 낙안 군수의 편지가 왔는데, 새 군수 김준계(金俊繼)가 내려왔다고 하므로 그에게도 전령하여 죄인을 붙잡아 오게 했다."415)

이순신은 입대를 피하여 도망간 격군을 붙잡는 임무를 이경복에게 명하고, 수군을 재편성하고, 격군을 재배치하고, 방답 첨사에게 탈주병 체포를 명령한다. 이런 조치는 이순신이 상당히 엄하여 군관 정원명을 격군의 관리를 잘 하지 못한 죄를 물어 옥중에 구속한다. 이런 기록은 1594년(갑오년) 7월 6일자 ≪난중일기≫에서 볼 수 있다.

> "아침에 정원명(鄭元溟) 등을 격군을 정비하지 않은 일로 이를 잡아 가두었다."416)

순천, 낙안, 보성의 군관과 색리(色吏)417)를 격군 집결 날짜에 늦었다는 죄를 물어 처벌 했다. 이 기록은 1594년(갑오년) 7월 9일자 ≪난중일기≫에 볼 수 있다.

> "늦게 순천, 낙안 보성의 군관과 색리들이 격군에 대해 신중하지 못한 것과 아울러 기일보다 늦은 죄를 문책하였다." 418)

1596년(병신년) 1월 15일자 ≪난중일기≫에 이런 기록이 있다.

"낙안과 흥양(현,고흥)의 전선(戰船)과 병기, 부속물 및 사부(射夫)와 격군들을 점검하니 낙안의 것이 가장 잘못됐다고 했다."[419]

이처럼 격군을 비롯하여 군비에 대한 엄격한 점검을 하고 있다. 또 수군 집결 시기에 늦은 순천 격군감관 조명을 장형에 처한다. 이 사실은 1596년 5월 11일 ≪난중일기≫에서 살펴볼 수 있다.

"비인 현감 신경징에게 기일을 어긴 죄로 곤장 스무 대를 쳤다. 또 순천 격군과 감관(監官) 조명(趙銘)의 적에 대해서도 곤장을 쳤다."[420]

이순신으로썬 격군 확보는 조선 수군의 존망이 달린 문제였다. 그래서 죽음까지 무릅쓰고 도망가는 격군을 보호하기 위한 분투를 계속한다.

해전에서 격군의 활동

1. 사천해전

1592년 5월 29일 이순신은 경상도 사천에 진을 치고 있는 일본군을 공격한다. 이 해전에서 전라 우수사 이억기가 진에 도착하지 않아 이순신은 여러 장수를 이끌고 아침 일직 배의 노를 저어 일직선으로 노량421)에 도착한다. 그곳에서 경상 우수사 원균과 합진하기로 약속한다. 그 곳에서 원균과 작전을 세웠다. 원균의 정보에 의하면 사천 부두에 일본군은 진을 치고 있었던 것이다. 바로 사천을 목표로 삼았다. 이미 일본군은 육지에 올라, 봉우리 위(부두 뒷산)에 진을 치고, 전선을 산 아래에 정박시켜 방비를 굳건히 하고 있었다. 이순신이 장수들에게 명하자 일제히 돌진하여 화살을 비처럼 쏘고, 각종 총통을 발사하였다. 이는 우뢰와 같았다. 일본군은 두려워하며 물러섰고, 화살을 맞은 일본군의 수는 헤아릴 수 없었다. 이 싸움에서 군관 나대용이 철환에 맞았다. 이순신도 왼쪽 어깨 위에 철환을 맞았다. 일본 군선 13척을 불태우고 주둔지로 물러났다. 사수와 격군도 탄알을 맞은 자가 있었다. 격군은 노젓기에 전념해야 하기 때문에 탄환을 피할 수 없는 것이다.

2. 칠천량해전

1597년 7월 16일 거제도 칠천량에서 해전이 벌어졌다. 같은 해 1월 이순신은 원균과 연결된 서인들의 모함에 의해 투옥되었고, 삼도수군통제사 직도 박탈당했다. 이순신은 사형을 면하고 같은 해 4월 1일 출옥하여 도원수 권율 수하에서 백의종군하게 되었다. 그 후 정유재란이 일어났다.

원균은 거제도 칠천량에서 일본군과 해전을 치렀다. 원균을 비롯한 전라 수사 이억기, 충청 수사 최호 등은 전사하고, 이때 수많은 격군도 함께 전사한다. 경상 우수사 배설은 수하의 전선 12척을 끌고 도주한다. 계속 조선 수군과 일본 수군은 교전 상태였다.

3. 명량해전

1597년 8월 3일 이순신은 삼도수군통제사에 복직한다. 허나 거제도 칠천량해전에서 조선 수군의 전선은 대부분 파선되었다. 남은 전선은 경상 우수사 배설이 이끌고 온 12척과 1척을 더하여 13척이었다. 같은 해 8월 중순 일본군은 총력을 다해 남원을 함락시켰다. 그후 일본군은 전라도를 제압하라는 도요토미의 명령에 따라 움직였다. 일본군 수장 도도 다카토라 등은 130여 척의 함선을 이끌고 전라도 서쪽으로 서진하였다. 일본의 수군은 육지에서 시마즈 요시히로의 군사 등의 움직임에 맞춰서 바다에서 호응하려고 애를 썼다.

이 해전이 한창일 때 바다에 빠졌지만 구조 받을 수 없었던 격군들이 있었다. 그들의 일은 노를 젓는 것이어서, 무기를 가지고 싸울 수 없었다. 격군을 공포로 몰아넣는 것은 해전만이 아니었다. 화재로 격군이 희생되었다는 사실이 1595년(을미년) 3월 17일자 ≪난중일기≫에 기록되어 있다.

> "충청 우후(원유남)가 급히 보고하기를, '수사 이계정이 불을 내고 물에 빠져 죽었으며, 군관과 격군 도합 백사십여 명이 불에 타 죽었다.'고 하니, 참으로 놀라운 일이다."[422]

수사 이계정이 왜 실화를 했는지는 분명하지 않다. 출전하지 않은 전선에서 근무하던 군관과 격군 모두 140여 명이 피해를 입은 것이다.

4. 질병과 기아 추위

해전의 공포 외에 격군을 괴롭히는 것은 질병과 기아와 추위가 있었다. 1594년 6월 선조가 당상관을 소집하여 논의할 때, 영의정 유성룡은 아뢰었다.

"수군들 사이에 기아와 질병이 만연하여 많이 죽었다. 이순신도 이것에 손을 쓸 수가 없다."[423]

"또 순무사 서성도 수군에 기근과 질병이 번져, 사망자가 속출하고 있는 모습을 보고하고 있다."[424]

군량에 대해서는 경상도, 전라도, 충청도 삼도의 도체찰사서 부임한 좌의정 윤두수가 1594년 9월에 이순신에게 군량 보급이 끊이지 않도록 하라고 지시한다. 이순신 자신도 둔전을 점검하고 녹도진 도양의 둔전을 시찰하는 등 군량 수급을 강구하고 있다. 이런 노력들은 《난중일기》 몇 곳에서 볼 수 있다. 1596년(병신년) 2월 24일, 같은 해 8월 19일 《난중일기》를 살펴보면 다음과 같다.

"둔전의 벼를 다시 된 수량 백일흔 섬을 곳간에 들이니, 줄어든 것이 서른 섬이다."[425]

"녹도로 가는 길에 도양(道陽)의 둔전을 살펴보았다. 체찰사는 얼굴에 희색이 만연했다."[426]

이처럼 군량이 부족하기 때문에 도둑질이 빈번히 발생한다. 도둑질은 색리부터 선장, 격군에 이르기까지 횡행한다. 이순신은 처형으로 다스렸지만 군량 도둑질은 끊이지 않았다. 노를 젓는 격군들에게도 군량 부족은 사활이 걸린 문제였다.

1594년(갑오년) 7월 3일, 같은 해 9월 11일, 1595년(을미년) 6월 11

일, 같은 월 16일≪난중일기≫를 살펴보면 군량을 훔친 자들을 처형하고 있음을 볼 수 있다.

"각 배에서 여러 번 양식을 훔친 사람들을 처형했다."[427]

"일찍이 수루에 나가 남평의 색리와 순천의 격군으로서 세 번이나 양식을 훔친 자를 처형했다."[428]

"광주 군량을 훔친 놈을 잡아 가두었다."[429]

"순천의 7호선위 장수 장일(張溢)이 군량을 훔치다가 잡혔기에 처벌했다."[430]

1595년(을미년) 6월 3일, 같은해 7월 10일, 1596년(병신년) 6월 24일 ≪난중일기≫기록 등에서 군량 부족에 대한 것을 알리고 있다.

"사량 만호(이여념)가 와서 양식이 떨어졌다고 보고하고 바로 돌아갔다."[431]

"늦게 우수사를 만나 서로 이야기했다. 군량이 떨어졌다는 말을 많이 하였으나 달리 계책이 없었다. 매우 걱정스럽다."[432]

"남원의 김굉(金轤)이 군량을 축낸 데 대해 증빙 자료를 얻고자 왔다."[433]

군량부족과 함께 격군을 괴롭히는 것은 추위였다. 이순신은 추위의 괴로움을 ≪난중일기≫에 적었다. 1597년(정유년) 10월 21일, 같은해 11월 1일자 ≪난중일기≫에 이렇게 기록하고 있다.

"바람이 몹시 차가워 뱃사람들이 추워서 얼지 않을까 걱정되어 마음이 잡히지 않았다. 진시에 눈보라가 크게 일었다."[434]

"미시에 비는 개었으나 북풍이 크게 불어 뱃사람들이 추위에 괴로워했다."[435]

배고픔에 추위는 폐부까지 엄습한다. 군량을 훔치면 사형이다. 훔치지 않으면 배고픔과 추위에 떨어야 했다. 때문에 격군들이 목숨을 걸고 도주하는 것이었다.

5. 격군의 인원

임진왜란과 정유재란 시기에 조선 수군의 격군은 어느 정도 있었을까? 이는 조선의 대명 외교문서인 ≪사대문궤≫의 사례를 살펴보면 다음과 같다.

1595년(만력 23) 3월 4일에 조선 국왕이 명나라에게 조선이 현재 보유한 전력 조사에 대한 답서가 있다.(≪사대문궤≫12, 만력 23년 3월 4일 조선국왕회자). 이것에 의하면 그 시점에서 수군 전체의 병력은 사수(궁수·포수) 1,228명, 초수군(선두·격군) 5,881명, 거북선 5척, 전선 63척, 척후선 68척이었다.

6. 정유재란 직전의 격 군수

1597년(정유년) 5월 6일자 ≪난중일기≫에 이런 글을 써 놓았다.

> "저녁에 정원명(政元溟)이 한산도에서 돌아왔는데, 흉악한 자(원균)의 소행을 많이 이야기했다. 또 들으니 부찰사(한효순)가 좌영으로 나와서 병 때문에 머무르며 조리한다고 했다."[436]

여기에서 주목할 점은 '부찰사(한효순)가 좌영으로 나와서'라고 쓰고 있다. 이때 부찰사 한효순은 충청·경상·전라 삼도의 진에 있는 전선의 수 등을 조사하였다. 전선은 134척, 격군은 13,200명이라고 조정에 보고하였다.

이에 의하면 전선 134척은 1595년(선조 28)의 68척에 비하면 2배가량 늘었고 격군도 2배를 넘고 있다. 그 사이 이순신이 전선 건조를 추진했었다. 그에 동반하여 격군의 수도 늘어난 것이다.

7. 격군의 계층과 신분

≪임진장초≫ 중 만력 26년 6월 14일 계본(1592년 6월 14일)은

1592년(선조 25) 5월 29일 사천해전에서 동년 6월 7일 율포해전까지의 전황이다. 만력 20년 7월 15일 계본(1592년 7월 15일)은 1592년(선조 25) 7월 8일 한산도해전과 동월 7월 10일 안골포해전의 전황을, 만력 20년 9월 17일 계본(1592년 9월 17일)은 1592년(선조 25) 9월 1일 부터 부산포해전의 전황을 보고한 것이다.

1592년 6월 14일자 계본에서는 전체 사상자가 47명, 그 안에 격군은 6명이고, 그들의 신분은 노비가 1명, 포작인이 4명, 그 외 1명이다. 또 사부의 사상자는 19명이고 그 중 노비 3명이 포함되어 있다. 1592년 7월 15일 계본에서는 전체 사상자가 132명, 그 중에 격군이 61명이다. 그 속에는 노비 15명, 포작인 6명 사병 5명이 포함되어 있다. 사부 사상자 7명 중 노비가 3명, 포작인 1명이 포함되어 있다. 또 1592년 9월 17일 계본에서는 전체 사상자가 30명 있고, 그 중에 격군은 11명인데 그 중에 노비가 4명, 포작인 1명, 사병 5명이 포함되어 있다. 이처럼 격군에는 노비, 포작인, 사병이, 사부에는 노비, 포작인이 편성되어 있다는 사실이다.1592년 7월 15일 격군 사상자 중 기타의 35명은 격군 사상자의 과반수에 달한다. 그 직함을 보면, 여도진의 배에서, '격군 흥양수군 강필인, 임필적, 장천봉', 녹도진 2호선의 경우 '격군 장흥수군 최가응손'이라고 기록되어 있다. 격군을 지휘 감독하는 입장에 있는 격군감관 등일 것이다.

8. 노비신분

격군의 도망자가 많았는데 그 대부분은 노비라는 것을 알 수 있다. ≪난중일기≫ 1593년(계사년) 7월 13일자, 1596년(병신년) 7월 16일자 기록은 다음과 같다.

> "순천의 거북선 격군으로서 경상도 사람인 종 태수(太守(壽))가 도망치니, 붙잡아다 처형시켰다."[437]

이날 충청도 홍주의 격군으로서 신평[438]에 사는 사노비 엇복(㖙卜)도망하다가 붙잡혀 수금되었기에 처형하여 효시하였다.[439]

이 두 기록에서 볼 수 있는 것처럼 도주했다가 붙잡혀와 처형된 사례를 볼 수 있다. 그 격군은 사노비들이다. 이들은 격군으로 편성된 사노비인 경우이다. 1592년(선조 25) 7월 15일 한산도해전에 대한 전황보고는 흥양 2호선의 사상자로서 격군에 '사노 궤세, 사노 맔련'이라는 이름이 보인다.[440] 여기서 격군에는 사노비(私奴婢)뿐만 아니라 절의 노비(寺奴婢)도 편성되어 있음을 살펴볼 수 있다.

사부의 경우 1592년(선조 25) 5월 29일 사천해전부터 동년 6월 7일 율포해전까지 전황보고 중에 순천 1호선에서 '사부 사노 배귀설', 보성 1호선에서 '사부 관노 이이'라는 이름이 있다.[441]

그리고 한산도해전에 대한 전황 보고 중에 낙안선에 '사부 사노부 질동', 낙안 2호선에 '사부 사노 난손', 흥양 2호선에 '사군 사노 오무세'라는 이름이 보인다.[442]

이처럼 격군 중에는 사노비(私奴婢)와 절의 노비(寺奴婢), 사부 중에는 사노비(私奴婢) 외에 관노비도 편성되어 있었다.

9. 포작인

포작인에 대해서는 전라도 사화동의 사례가 있다. 즉 1589년(선조 22) 중 겐소(玄蘇), 소 요시토시 등이 도요토미 히데요시의 일본 통일을 축하하는 통신사 파견을 조선 측에 요청했을 때이다. 조선 측은 전라도 진도의 반민 사화동의 압송을 통신사 파견 조건으로 요청한 일이다. 이 사화동은 전년 11월에 왜 해적을 안내하여 전라도 흥양의 손죽도를 습격하여 변장 이대원을 죽인 인물이다. 그후 오도에 숨어 있었다.[443] 문제는 이 사화동의 태생이다. 이정암의 《행년일기》

278

에 의하면 '보성의 포작인 사을화동'이라 하였다.[444]

여기서 포작인이라는 사실을 유심히 살펴볼 필요가 있다. 포작인 까닭에 그의 거주지가 전라도 진도이기도 하고, 보성이기도 한 것이다. 전라도 해안지대에 몇 군데를 옮겨 다니며, 해적 행위에 가담한 것이다. 이처럼 절도를 하고 해적 행위에 가담하기 때문에 조선 조정에서는 포작인을 무법자로 여겼다. 그 포작인들이 조선 수군의 격군이나 사부에 편성된 것이다. 이 경우 포작인은 단순한 격군이 아니다.

원래 이들 포작인은 조선의 일반 백성과는 거리를 두고 취급되었던 사람들이다. 이는 자신의 의지와 관계없는 격군이나 사부로 징발되었던 것이다. 여기에서 격군의 도주를 방조한 이유를 찾을 수 있다. 격군에게는 자신들의 도료인 포작인이 있었다. 그래서 배가지 이용하여 일반 병사의 도주를 도운 것이다.

10. 사병

사병은 말 그대로 토착 사졸이다. 1592년(선조 25) 5월 29일 사천 해전부터 같은 해 율포해전까지 전황을 보고에 사도 1호선 여도 사공 사병 벽고산이라는 이름, 같은 해 9월 1일 부산포해전 전황 보고에도 사도 1호선 '사공 사병 수군 안원세'라는 이름이 나온다. 이는 사병 중에도 포작인처럼 사공(선두)일도 하고 있음을 알 수 있다.[445] 여기에서 사병 중에도 양민과 노비로 신분차가 있는 것을 알 수 있다. 그들도 격군 등에 징발되었던 것이다.

11. 일본 군사 포로의 격군 편성

격군에는 사노, 포작인, 사병뿐만 아니고 조선 측에 투항한 왜병도 투입되었다. 일본 군사의 포로가 속출한 것은 명·일 강화교섭 시기이다. 이 시기에 일본군은 경상도 남해안 일대에 왜성을 쌓고, 장기 주둔 태세를 갖추고 있었다. 그런 상황에서 일본 군사 포로가 속출한 것이다. 이 일본 군사 포로의 처지로서 조선 조정은 총통 제조나 조총 술, 화약 제조 기술이 있고, 고분고분하며 국익에 도움을 주고 있었다.

《난중일기》 1594년(갑오년) 11월 4일, 같은 달 7일, 같은 달 14일 자 기사를 살펴보면 다음과 같다.

> 대청에 나가 항복한 왜군들의 사정을 물었다.[446]
>
> 아침에 대청으로 나가서 항복한 왜군 열일곱 명을 남해로 보냈다.[447] 아침에 우병사(김응서)가 항복한 왜군 일곱 명을 자기 군관을 시켜 데려왔기에 바로 남해현으로 보냈다.[448]

《난중일기》1595년(을미년) 1월 7일 같은 달 9일자 기사를 살펴보면 다음과 같다.

> 남해에서 항복한 왜인 야여문 등이 찾아와서 인사했다.[449]
>
> 식후에 야여문 등을 남해로 돌려보냈다.[450]

이처럼 이순신은 귀화한 일본 군사의 이름도 기억하고 있다. 전쟁의 역사에서 대부분은 영웅이나 위인 공로자에 대한 기술을 할 뿐이다. 임진왜란의 경우도 예외는 아니다. 허나 격군이나 사부처럼 전쟁이 휩쓸린 이름도 없는 백성들 보이지 않는 곳에서 전투를 지원한 백성도 있는 것이다.

이순신의 문학적인 기질

　이순신이 통제사로 있을 적인 15년(선조 28년) 8월 정승 이원익이 도제찰사로 영남·호남을 둘러보았다. 전라도에 이르자 수군들이 올리는 호소문이 수없이 많았다. 정승은 그것을 일부러 조치하지 않고 모두 말아서 축신을 청했다. 이 수군 호소문을 그 앞에다 쌓아 놓으니 몇 백 장이나 되었다.

　오른손에 붓을 쥐고 왼손으로 종이를 끌어당긴 이순신은 물 흘러 내려가듯 판결을 내어 잠깐 사이에 결말을 지었다. 정승과 부찰사들이 판결문을 집어보니 모두 다 사리에 합당한 것이다. 도제찰사 이원익이 놀라워하며 말한다.

　"우리도 이렇게는 못 하겠는데 그대는 어찌 그리 능란하오."

　이순신은 태연하게 대답한다.

　"모두 해군에 관계되는 일이라 늘 보고 듣고 해온 것이기 때문입니다."

　잠시 이순신은　전선이 소강상태인 때를 골라 체찰사 이원익에게 늙은 어머니를 위로해 드리기 위해 며칠 휴가를 내 줄 것을 청원하는 편지글을 쓴다.

　이 글은 ≪충무공전서≫ 권1 잡저 중에 실려 있는데 살펴보기로 하자.

　　제찰사 완평 이공 원익에게 드리는 글
　　살피건대 세상일이란 부득이한 경우가 있고 정에는 더할 수 없이 간절한 대목이 있는데, 정으로써 이러한 경우를 만나면 차라리 나라 위한 의리에는 죄가 되면서도 할 수없이 어버이를 위하는 사정으로 끌리는 수도 있는 듯합니다. 저는 늙으신 자친이 계시어 올해 여든 하나이온데, 임진년 첫 무렵에 모두 함께 없어질 것을 두려워하여 혹시 구차히 보전해 볼까 하고 드디어 뱃길로 남쪽으로 내려와 순천땅에 피난살이를 하였사온바, 그 때에는 다만 모자가 서로 만나는 것만으로써 다행으로 여겼을 뿐 다른 아무것도 생각할 여유가 없었습니다.

그러나 이듬해 계사에는 명나라 군사들에게 휩쓸리어 적들이 숨고 도망가니, 이는 정히 떠돌던 백성들이 모두 제 고향 그리워할 때가 되었던 것입니다. 그러나 하도 음흉한 적들이라 속임수가 많고 온갖 꾀를 다 부리니 한 모퉁이에 모여 진치고 있는 것이 어찌 예사로운 일이오리까. 만일 다시 무지하게도 쳐 일어나면 그대로 어버이를 주린 범의 입 속에 넣는 격이 되겠기로, 얼른 돌아가지 못한 채 그럭저럭 오늘에 이르렀습니다.

그러나 저는 원래 용렬한 재목으로 무거운 소임을 욕되이 맡아, 일에는 허술히 해서 안 될 책임이 있고 몸은 자유로이 움직일 수 없어, 부질없이 어버이 그리운 정곡만 더할 뿐이요. 자식 걱정하시는 그 마음을 위로해 드리지 못하는바, 아침에 나가 미처 돌아오지만 않아도 어버이는 문 밖에 서서 바라본다하거늘, 하물며 못 뵈온 지 3년째나 됨이리까. 얼마 전 하인편에 글월을 대신 씌워 보내셨는데, '늙은 몸의 병이 나날이 더해가니 앞날인들 얼마 되랴, 죽기 전에 네 얼굴 다시 한 번 보고 싶다'하였답니다. 남이 들어도 눈물 날 말씀이어늘 하물며 그 어머니의 자식 된 사람이오리까. 그 기별 듣잡고는 가슴 더욱 산란할 뿐 다른 일에는 마음이 내키지 않습니다.

제가 지난 날 계미년에 함경도 건원군관으로 있을 때 적에 선친이 돌아가시어 천리를 분상한 일이 있었사온 바, 살아 계실 때 약 한 첩 못 달여 드리고 영결조차 하지 못하여 언제나 그것으로 평생 유한이 되었습니다. 이제 또 지친께서 연세 이미 여든을 넘으시어 해가 서산에 닿은 듯 하온바, 이러다가 만일 또 하루아침에 다시는 모실 길 없는 슬픔을 만나는 날이 오면, 이는 제가 또 한 번 불효한 자식이 될뿐더러 자친께서도 지하에서 눈을 감지 못하시리이다. 적이 생각건대 일본군들이 화친을 청함은 그야말로 터무니없는 일이며,

또 명나라 사신들이 내려온 지가 벌써 언제인데 적들은 아직껏 물 건너가는 형적이 없으니, 앞날에 닥쳐올 화단이 응당 전일보다 더 심할듯합니다.

그러므로 이 겨울에 자친을 가 뵙지 못하면, 봄이 되어 방어하기에 바쁘게 되고서는 도저히 진을 떠나기가 어려울 것이온 즉, 각하는 이 애틋한 정곡을 살피시어 몇 날의 말미를 주시면 배를 타고 한 번 가 뵈옴으로 늙으신 어머님 마음이 적이 위로될 수가 있으리이다. 그리고 혹시 그 사이 무슨 변고가 생긴다면 어찌 허락을 받았다 하여 감히 중대한 일을 그르치게야 하오리까.

어머니에게 또 한번 불효자식이 되지 않도록 해 달라는 애절한 그리움이 배어 있다. 누구든 개인 간에 주고받는 편지글에는 무의식으로 속마음을 털어놓기 마련이다. 이 책은 짧은 분량의 편지모음집이지만, 부분적으로나마 이순신의 감춰진 인간적 면모를 엿볼 수 있게 해준다.

> 한산섬 달 밝은 밤에 / 수루(戍樓)에 혼자 앉아
> 큰 칼 옆에 차고 / 깊은 시름 하는 차에
> 어디서 일성호가(一聲胡茄)는 / 남의 애를 끊나니

≪충무공전서≫에는 한문으로 번역된 〈한산도가〉가 실려 있다. 이 시조가 언제 쓰였는지는 잘 알 수 없다. 다만 한산섬의 수루(戍樓)가 나오는 것으로 보아 한산도가 세워진 1593년에서 1597년 7월 15일 통제사직에서 파직되기까지 사이에 지어졌다고 볼 수 있다. 이를 근거로 1595년 8월 15일.≪난중일기≫를 살펴보면 다음과 같은 기사를 볼 수 있다.

"이날 밤 희미한 달빛이 수루를 비쳐 잠을 이루지 못하고 밤새도록 시를 읊었다."451)

이런 기록으로 보아 오랜 수군 생활에서 느꼈던 시적 감흥을 을미년 8월 무렵 이 시조를 쓴 것이라고 추측된다.

1597년 10월 8일자 ≪난중일기≫에 〈송사를 읽고〉라는 글이 있다.

송사를 읽고(讀宋史)452)

아, 슬프도다. 그대가 어느 때인데, 강(綱)453)은 떠나고자 했는가. 떠나면 또 어디로 가려 했던가. 인신(人臣)이 임금을 섬김에는 죽음만이 있을 뿐이오, 다른 길은 없다(人臣事君, 有死無貳)454) 이러한 때를 당하여 종사의 위태함은 마치 머리털 하나에 천 균(千鈞, 삼만 근)을 매단 것과 같아서, 한창 인신(人臣)이 몸을 던져 나라의 은혜를 갚을 때에 떠난다는 말은 진실로 마음에 싹트게 해서는 안 될 것이거늘, 하물며 이를 입 밖에 낼 수 있겠는가. 그러한즉 강(綱)을 위한 계책을 세운다면 어찌해야 하겠는가. 체면을 깎고 피눈물 흘리며 충심을 드러내어 일의 형세가 이 지경에 이르렀으나 화친할 수 없는 이치를 분명하게 말할 것이다. 말한 것을 따라 주지 않을지라도 죽음으로써 그것을 이어 가야 할 것이다. 이 역시 그렇게 되지 않는다면 우선 그들의 계책(화선책)을 따르고 자신이 그 사이에 간여하여 이를 위해 일을 낱낱이 꾸며 맞추어 가서 죽음 속에서 살 길을 구한다면, 만에 하나라도 혹 나라를 건질 수 있는 이치가 있을 것이다. 강의 계책은 여기에서 나오지 않고 떠나가기만을 구하고자 했으니, 어찌 인신으로서 몸을 맡기고 임금을 섬겨야 하는 도리를 버려 둘 수 있는 것인가.455)

〈송사를 읽고讀宋史〉는 ≪충무공전서≫ 권1, 잡저 〈독송사讀宋史〉에도 실려 있는데, 이순신이 ≪송사宋史≫를 읽고 느낀 소감을 쓴 것으로 내용은 전서본과 같다.

여느 장수보다 이순신은 글에 능했다. 문관들도 문집을 남기기가 흔하지 않는데 무관이면서도 ≪충무공 전서≫를 남겼다. 고금 병서를 두루 섭렵하여 마음에 간직한 것이 많았다. 또한 그 바쁘고 복잡한 난중에 있으면서 7년 동안 일기를 써와 중요한 사료가 되게 함은 물론 반 초서로 쓴 그의 글씨도 탈속한 명필이었다. 조정에 보고하는 장계는 왜적과 싸워서 이길 적마다 다른 장수보다 훨씬 신속하고 상세하게 아뢸 수가 있었다. 이 때문에 시샘도 받았고 심지어는 남의 공을 가로챘다는 모함까지 받았다. 이처럼 이순신은 지난 2002년 월드컵대회에서 히딩크가 유행시킨 멀티 플레이형 인재였다.

해전 전문가였지만 육전에도 베테랑이었으며 거북선을 건조하고 신무기 개발에도 탁월한 능력을 발휘할 정도로 과학기술 분야에서도 전문가였다. 게다가 "한산섬 발 밝은 밤 수루에 홀로 앉아"로 시작되는 〈한산도가〉와 그 외 수많은 시문을 지을 정도로 문학적 재능도 뛰어났다. 이처럼 능력 있는 리더의 대표적 특징은 멀티 플레이형이라는 것이다. 자신의 전문 분야뿐만 아니라 다양한 분야의 해박한 지식을 가지고 있어 어떤 상황에 어떤 문제가 주어지더라도 부하 직원들을 침착하게 이끌고 가치를 생산해 내고 만다.

현재보다 더 큰 가치를 생산하고 각자의 개성을 지닌 부하를 하나로 통솔하려면 현재의 내 분야에만 안주하지 말고 다양한 분야에서 지식을 쌓아야 한다.

이순신의 용기에는 어머니가 있다

　이순신의 아버지 이정은 자신의 아버지가 억울한 삶을 산 것을 보고 벼슬에 대한 욕심을 버리고 동네 아이들을 가르치는 훈장을 하였다. 때문에 생활이 넉넉하지는 않았지만 자식교육에는 소홀함이 없었다. 이순신의 어머니는 평소에는 매우 다정하고 자애로운 분이었다. 그래도 아이들의 교육만은 엄격하게 시켰다. 특히 아들들에게는 늘 남자다움을 잃지 말라고 가르쳤다. 사내란 목이 달아나도 제 입으로 한 말은 지켜야 하며, 또한 나라를 위한 일이라면 온 집안의 목숨이 위태롭더라도 해야 한다. 그렇지 않고서는 큰 일을 이루지 못한다.

　이순신은 어머니의 가르침대로 어릴 때부터 용기 있는 아이로 성장한다. 이순신은 평생을 살면서 어머니의 가르침을 따르려고 노력한다. 그래서 집안일보다는 국가를 먼저 생각하며 모든 일에 용기를 갖게 되었다. 이순신은 자라면서 고구려 명장인 을지문덕 장군을 비롯하여 고려 때의 강감찬 장군, 수군을 길러 바다에서 왜구를 막아야 한다고 주장한 최영 장군 등 이름난 장수들에 관한 위대하고 용감했던 이야기를 듣고 큰 감명을 받고 그들처럼 용감한 장수가 되고 싶었다.

▲이순신 전쟁 중에도 어머니를 만나다

이순신의 어머니는 초계 변씨(卞氏)이다. 이순신의 형제로는 희신(羲臣), 요신(堯臣), 순신(舜臣), 우신(禹臣) 등 4형제가 있다. 덕수이씨 종중에서는 이순신과 이율곡(栗谷), 이식(李植:1584~1647) 등 몇몇 집안을 명문으로 치고 있다. 하지만 이순신과 이율곡은 제4대 조상 때에 나누어져 이순신은 제12대가 되고, 이율곡은 제13대가 되어 두 사람의 촌수는 19촌 숙질간이 되며, 이율곡과 이식은 이율곡의 증조부 때에 서로 나누어져 이식은 제15대가 되고, 이순신은 이식의 먼 증조이다.

이순신의 어머니는 초계(草溪) 변(卞)씨 수림(守琳) 공의 딸이다. 수림 공은 초계 변씨 문경 입향조 변흠(欽) 공의 숙부인 효량(孝良) 공의 5대손이다. 흠 공의 아버지인 효문 공과 효량 공은 친형제간이다. 수림 공과 흠 공의 5대손 회영 공은 12촌 형제간이며, 회영 공의 아들 설 공과 이순신의 어머니는 14촌 자매간이다. 이순신의 외가인 변문(卞門)에서는 임진왜란과 정유재란 때 이순신의 외사촌 존서 공을 비롯하여 14분이나 장렬하게 전사하였는데 이분들을 변문 14충(卞門十四忠)이라 부른다.

어머니 변씨(卞氏)는 1597년 4월 11일, 삼도수군통제사에서 파직된 후 옥에서 나와 권율의 휘하로 백의종군하는 이순신을 찾아가는 배 위에서 83세의 나이로 숨을 거두었다. 오직 애국충정으로 풍전등화 같았던 나라를 구한 이순신은 그 지극한 효성이 ≪난중일기≫에 잘 나타나 있다. ≪난중일기≫의 첫 시작은 어머니의 생각으로 시작되며 난중일기 곳곳에는 어머니를 생각하는 부분이 90여 차례나 나온다.

이순신에게 본받을 점을 꼽는다면 어머니에 대한 지극한 효성이다. 이순신은 함경도 권관을 지낼 때 아버지가 돌아가셨어도 제대로 임종을 지켜보지 못하고 만다. 그 때문에 어머니에 대한 효성은 더욱 지극하다. ≪난중일기≫ 1593년 6월 12일자에 '아침에 흰 머리카락 여남은 올을 뽑았다. 그런데 흰 머리카락이 난 것을 어찌 꺼리랴만 다만 위로 늙으신 어머님이 계시기 때문이다. 종일 혼자 앉아 있었는데, 사량 만호(이여념)가 와서 보고는 돌아갔다'고 적고 있다. 고향인 아산, 임진왜란이 일어나 어머니가 피난살이를 하였던 순천 땅에 살던 아우 우신과 아들, 조카를 보내 모시게 하고 수시로 편지를 보내 안부를 물었다.

1594년 1월 11일에는 여수의 고음천[456]으로 어머니를 뵈러 가기도 한다. 이순신의 어머니는 당시 79살의 노령으로 임진왜란이 발발하자 아들의 청으로 이곳에서 피난살이를 하고 있었다. 평소 이순신은 편지를 수시로 보내 안부를 여쭈었으나 자주 뵙지 못하는 사실을 안타깝게 여기고 있었다. 12일 어머니는 이순신이 하직을 알리자 "잘 가거라. 부디 나라의 치욕을 크게 씻어야 한다"라고 격려한 올곧은 분이었다. 1596년(병신년) 윤8월 초5일 하천수를 진주에 머물고 있던 도제찰사 이원익에게 보내 어머니를 보기 위해 휴가를 청한다. 12일 휴가를 떠나 어머니를 만난다. 이날 ≪난중일기≫에 이렇게 썼다.

> "종일 노를 바삐 저어 이경에 어머님께 이르렀다. 백발이 성성한 채 나를 보고 놀라 일어나시는데, 숨이 곧 끊어지려 하시는 모습이 아침저녁을 보전하시기 어렵겠다. 눈물을 머금고 서로 붙들고 앉아 밤새도록 위안하며 기쁘게 해 드려 마음을 풀어 드렸다."[457]

1596년 10월 이순신은 어머니를 한산도로 모시고와 수연을 베풀었다. 그 이후 다시는 살아서 어머니를 뵙지 못한다. 다음해 4월에 옥에 갇혔다가 나왔을 때 이미 어머니는 이 세상 사람이 아니었던 까닭이다. 한산도에서 시절은 이순신에게도 굴곡이 많았던 그의 전 생애를 돌이켜볼 때 여수 부근에 계신 어머니를 찾아뵙고 부인과 조카들을 걱정하며 점도 치고 꿈도 꾸는 등 전란 중에 보낸 가장 행복한 시간이었다.

1. 어머니의 죽음

1597년 2월 25일자로 신임 통제사인 원균에게 업무를 인계하고 그 다음날 이순신은 길을 떠나 한양으로 향한다. 왕명을 거역한 죄로 통제사에서 해임당한 것이다. 3월 4일에 투옥되었다. 그리고 4월 1일에는 사면되어 평복으로 권율의 휘하에 배속을 받고 한양을 떠나 권율의 본진이 있는 남쪽으로 떠났다. 현재 ≪난중일기≫에는 그가 투옥되던 해인 1597년 정월초부터 3월 말까지 일기가 남아 있지 않다. 이 시기에 일기를 쓰지 않았던 것인지 아니면 그 후 없어진 것인지 알 수 없다. 그 당시의 참혹 한 이순신의 심정을 일기를 통해 확인할 수 없다.

그는 4월 1일 석방되자 그 이튿날 유성룡을 방문한다. 4월 2일≪난중일기≫에 이렇게 썼다.

"어두울 무렵 성으로 들어가 영의정과 이야기를 하다가 닭이 울어서야 헤어져 나왔다."458)

임진왜란과 정유재란 전 기간에 걸쳐 유성룡은 유일하다시피 이순신을 후원한다. 그런 유성룡과 밤을 새우고 난 직후 이순신은 그날 남쪽으로 향하여 떠났다. 이순신이 인덕원·수원·진위·평택을 거쳐 4월 5일에 그의 고향 아산에 도착한다.

고향에서 어머니를 뵙기 위해 며칠 머물렀다. 이순신의 어머니에 대한 사랑은 극진하였다. 이순신이 감옥까지 가야 했던 자신의 처지 때문에 연로한 어머니가 겪어야 했던 마음고생을 이순신은 마음 아파한다. 이순신이 한산도에 머무는 동안 어머니를 순천의 고음 땅에 모셨었다. 아들의 석방 소식을 듣고 어머니는 배편으로 아산으로 올라오는 중이었다. 그런 어머니를 기다리는 이순신의 마음은 걱정으로 가득 찼다. 이런 심정은 이순신이 4월 11일자 ≪난중일기≫에 이렇게 적어 놓았다.

"덕(德)이를 불러서 대강 이야기하고 또 아들 울에게도 말했다. 마음이 몹시 언짢아서 취한 듯 미친 듯 마음을 가눌 수 없으니, 이것이 무슨 징조 인가. 병드신 어머니를 생각하니, 나도 모르게 눈물이 흐른다. 종을 보내 어 머니 소식을 듣고 오게 했다."459)

이순신은 말할 수 없이 불안해 한다. 이미 인편에 어머니가 탄 배가 법성포를 거쳐 떠났다는 소식을 듣는다. ≪난중일기≫ 4월 13일 아침 배가 도착할 충청도의 해안으로 떠났는데 중도에서 이순신은 어머니 가 돌아가셨다는 소식을 들었다. 이날의 기억을 더듬어 그는 뒷날 4월 13일 ≪난중일기≫에 이렇게 썼다.

"얼마 후 종 순화(順花)가 배에서 와서 어머님의 부고를 전했다. 달려 나 가 가슴을 치고 뛰며 슬퍼하니 하늘의 해조차 캄캄해 보였다. 바로 해암 460)으로 달려가니 배는 벌써 와 있었다. 길에서 바라보며 가슴이 찢어지는 슬픔을 이루 다 적을 수가 없다."461)

이순신의 어머니는 미처 육지에 상륙하기도 전에 배 위에서 돌아가 셨던 것이다. 보고 싶은 아들을 만나기 위해 노심초사하면서 뱃길을 오다가 아들을 볼 수 있는 가까운 거리에서 어머니는 운명했다. 이순 신은 엄청난 소식을 듣고 애통해 하였다. 이순신은 나라의 명으로 권 율의 분진으로 내려가는 길이었다. 이 길에는 금부도사가 동행하고 있 었다. 4월 16일에 어머니의 영구를 모시고 집에 와 빈소를 차렸다. 곧 이순신은 길을 떠날 수밖에 없는 형편이었다. 그때의 심정을 이순신은 《난중일기》에 이렇게 썼다.

"궂은 비가 왔다. 배를 끌어 중방포[462] 앞으로 옮겨 대고, 영구를 상여에 올려 싣고 집으로 돌아왔다. 마을을 바라보니 찢어지는 아픔을 어찌 말로 다할 수 있으랴. 집에 도착하여 빈소를 차렸다."[463]

"비가 크게 쏟아졌다. 나는 기력이 다 빠진 데다가 남쪽으로 갈 일이 또 한 급박하니, 부르짖으며 울었다. 다만 어서 죽기를 기다릴 뿐이다."[464]

4월 19일에 장례식도 제대로 치루지 못한 이순신은 나라에 죄 지은 몸이 되어 떠나야 하는 자신의 모진 운명을 한탄하면서 아산을 떠나 남쪽으로 향해 가지 않을 수 없었다. 차라리 죽느니만 못한 자신의 아픈 마음을 이순신은 4월 19일자 《난중일기》에 이렇게 썼다.

"일찍 나와서 길을 떠나며 어머님 영전에 하직을 고하고 울부짖으며 곡 하였다. 어찌하랴. 어찌하랴. 천지 사이에 어찌 나와 같은 사정이 있겠는가. 어서 죽는 것만 같지 못하구나."[465]

이런 심정으로 공주· 은진 ·여산 ·산레 ·전주 ·임실· 남원· 운 봉에 도착하였을 때는 4월 25일이었다. 운봉에 있으리라 여겼던 도원 수 권율은 이미 순천으로 떠난 뒤였다. 그 다음 날 구례를 거쳐 4월 27일 순천에 도착한다. 이순신이 도착하기 전 권율은 경상도 초계로 떠났기 때문에 이순신은 다음 달인 5월 13일까지 순천에 머물렀다.

이순신은 순천에서 한 동안 머물면서 자신에게 닥친 모진 운명에 대해 비통한 심정에 빠져 있었다. 이순신은 1597년 5월 5일과 6일자 《난중일기》에 자신의 처지를 이렇게 썼다.

"오늘은 단오절인데 천리 되는 천애의 땅에 멀리 와서 종군(從軍)하여 어머 님 장례도 못 모시고 곡하고 우는 것도 마음대로 못 하니, 무슨 죄로 이런 앙

갚음을 받는 것인가. 나와 같은 사정은 고금에도 같은 것이 없을 터이니, 가슴이 찢어지는 듯 아프다. 다만 때를 못 만난 것이 한탄스러울 뿐이다."[466]

아침 저녁으로 그립고 원통한 마음에 눈물이 엉겨 피가 되건마는, 하늘은 어찌 아득하기만 하고 내 사정을 살펴 주지 못하는가. 왜 어서 죽지 않는 것인가."[467]

이순신은 때를 만나지 못한 자신의 운명을 깊이 탄식하며 때로는 차라리 어서 죽기만을 바라는 절박한 상태에 깊이 빠져 있었다.

2. 아들의 죽음

억울한 누명으로 통제사 직에서 해임되고 투옥된 이순신은 몸과 마음이 완전히 지쳐있었다. 이제 다 기울어져 가는 전세를 잡는 일에 진력하면서 이순신의 건강도 많이 악화되었다. 명량해전에서 커다란 승리를 거둔 후의 이순신의 ≪난중일기≫를 보면 그의 건강 상태를 알 수 있다. "몸이 불편하여 신음했다." 1597년(정유년) 9월 24일자, "이날 밤은 몸이 몹시 불편하고 식은땀이 온몸을 적셨다." 정유년 9월 25일자에 적고 있다. 이순신 자신이 무너져버릴 것 같은 참담한 심정을 가누기도 힘들었던 시기이다. 전라도 곳곳에서 패전 참상을 목격하면서 이순신의 괴로움은 더욱 커져 갔다. 이순신의 이런 심정을 10월 13일 ≪난중일기≫에 이렇게 남겨 두었다.

"이날 밤 비단결 같고 바람 한 점 일지 않는데 홀로 뱃전에 앉아 있으니 마음이 편치 않았다. 뒤척거리며 앉았다 누웠다 하면서 밤새도록 잠을 이루지 못하고 하늘을 우러러 탄식하였다."[468]

이순신은 자신에게 닥친 운명과 일본군에게 다시 처참한 패배를 겪지 않을 수밖에 없는 지경에 이르게 된 나라의 운명을 생각하며 깊은 시름에 빠져 잠 못 이루고 있었다. 그런 이순신에게 막내아들이 아산

▲이순신 아들 면의 죽음을 알리는 편지를 읽다

에서 전사했다는 큰 충격이 닥쳤다. 이때의 처참한 심정을 이순신은 10월 14일자 ≪난중일기≫에 이렇게 쓰고 있다.

"저녁에 어떤 사람이 천안에서 와서 집안 편지를 전하는데, 봉함을 뜯기도 전에 뼈와 살이 먼저 떨리고 마음이 조급하고 어지러웠다. 대충 겉봉을 펴서 열이 쓴 글씨를 보니, 겉면에 통곡(慟哭) 두 글자가 씌어 있어서 면이 전사했음을 알게 되어 나도 모르게 간담이 떨어져 목 놓아 통곡하였다. 하늘이 어찌 이다지도 인자하지 못하신고. 간담이 타고 찢어지는 듯하다. 내가 죽고 네가 사는 것이 이치에 마땅하거늘, 네가 죽고 내가 살았으니, 이런 어긋난 이치가 어디 있겠는가. 천지가 캄캄하고 해조차도 빛이 변했구나. 슬프다. 내 아들아! 나를 버리고 어디로 갔느냐. 영특한 기질이 남달라서 하늘이 이 세상에 머물러 두지 않는 것이냐. 내가 지은 죄 때문에 화가 네 몸에 미친 것이냐. 이제 내가 세상에 살아 있은들 누구에게 의지할 것인가. 너를 따라 죽어 지하에서 함께 지내고 함께 울고 싶건만, 네 형, 네 누이, 네 어미가 의지할 곳이 없어 아직은 참고 연명한다마는 내 마음은 죽고 형상만 남은 채 부르짖어 통곡할 따름이다. 하룻밤 지내기가 한 해를 지내는 것 같구나."⁴⁶⁹⁾

사랑하는 자식을 불의에 잃은 아버지로서 아픈 마음 때문에 그에게는 "천지가 깜깜하고 해조차도 빛이 변해구나"하고 여겼던 것이다. 거듭 일본군에게 참혹하게 짓밟히는 나라의 운명도 모두 이순신 개인의 비극과 깊이 관련되어 있었다. 그런 때 아들을 일본군에게 잃는 슬픔이 닥친 것이었다. 이순신은 10월 19일자 ≪난중일기≫에 이렇게 썼다.

"어두울 무렵 코피가 한 되 남짓 흘렸다. 밤에 앉아 생각하느라 눈물이 났다. 어찌 말로 다 하리요. 이제는 영령(英靈, 죽은 혼령)이 되었으니 끝내 불효가 이 지경에 이르게 된 것을 어찌 알랴. 비통한 마음에 가슴이 찢어지는 듯함을 억누를 수가 없다."⁴⁷⁰⁾

이순신의 생애와 임진왜란 정유재란은 이처럼 너무 깊이 관련되어 있다. 가족들은 일본군에게 참사를 당하면서도 전쟁을 치렀던 것이다.

세계인이 알아야 할 성웅 시크릿

이순신
리더십

제7장

–

이순신의
통섭 리더십

진중의 조력자들

　이순신의 수군 활동을 도운 백성들은 이름 없는 군졸부터, 일본군의 동태를 알려주던 백성들, 조정의 고위 관리에 이르기까지 손으로 꼽을 수 없이 많다. 이들의 도움이 없었다면 임진왜란과 정유재란 동안 조선의 수군은 빼어난 활약을 하지 못했을 것이다. 이런 백성들을 꼼꼼히 살펴보아야 하겠으나, 여기에 소개되지 않았다고 해서 중요하지 않는 사람이 아니며, 이름이 그냥 묻히는 것도 아니다. 이순신은 어린 시절부터 잘 알고 지내온 유성룡과 함께 조선의 앞날을 걱정하고 국난을 극복하기 위해 노력한다.

　임진왜란이 발발하기 전부터 전라 좌수영 산하의 5관(순천, 낙안, 보성, 광양, 흥양(현,고흥)) 5포(사도, 여도, 녹도, 발포, 방답)의 장수들과 더불어 전략전술을 펴고 있었다. 이순신이 함께 작전을 의논하고 전투를 수행하는 데 있어 특히 믿고 의지했던 장수인 순천 부사 권준, 방답 첨사 이순신(李純信), 광양 현감 어영담, 흥양 현감 배흥립, 녹도 만호 정운 등에 대한 사례는 많다.

1.유성룡 이순신의 영원한 멘토

1564년(명종 19)에 유성룡은 생원·진사가 되고, 다음 해 성균관에 들어가 수학한다. 다음 해 1566년 별시 문과에 병과로 급제해 승문원 권지부정자로 관직생활을 시작한다. 이듬해 정자를 거쳐 예문관검열로 춘추관기사관을 겸직한다.

1568년(선조 1) 대교, 다음 해 전적·공조좌랑을 거쳐 감찰로서 성절사의 서장관이 되어 명나라에 갔다가 이듬해 돌아왔다. 이어 부수찬·지제교로 경연검토관·춘추관기사관을 겸한 뒤, 수찬에 제수되어 사가독서 한다. 그 뒤 정언·병조좌랑·이조좌랑·부교리·이조정랑·교리·전한·장령·부응교·검상·사인·응교 등을 역임한 뒤, 1578년 사간이 되었다. 이듬해 직제학·동부승지·지제교로 경연참찬관·춘추관수찬을 겸하고, 이어 이조참의를 거쳐 1580년 부제학에 올랐다. 1582년 대사간·우부승지·도승지를 거쳐 대사헌에 승진해 왕명을 받고 〈황화집서〉를 지어 올렸다. 다시 1583년 부제학이 되어 〈비변오책〉을 지어 올렸다. 그 해 함경도관찰사에 특별히 임명되었으나 어머니의 병으로 사양하고 나가지 않았다. 이어 대사성에 임명되었으나 역시 사양하고 부임하지 않다가 경상도관찰사에 임명되었다.

다음해 예조판서로 동지경연춘추관사·제학을 겸했으며, 1585년 왕명으로 〈정충록발〉을 지었다. 다음 해 ≪포은집≫을 교정한다. 1588년 양관대제학에 올랐으며, 다음해 대사헌·병조판서·지중추부사를 역임하고 왕명을 받아 〈효경대의발〉을 지어 바쳤다. 이 해 정여립의 모반 사건으로 기축옥사가 있자 여러 차례 벼슬을 사직했으나 왕이 허락하지 않자 소를 올려 스스로 탄핵한다. 1590년 우의정에 승진, 광국공신

3등에 녹훈되고 풍원부원군에 봉해졌다. 이 해 정여립의 모반사건에 관련되어 죽게 된 최영경을 구제하려는 소를 초안했으나 올리지 못한다. 1591년 우의정으로 이조판서를 겸하고 이어 좌의정에 승진해 역시 이조판서를 겸한다. 이 해 건저문제로 서인 정철의 처벌이 논의될 때 동인의 온건파인 남인에 속해 같은 동인의 강경파인 북인의 이산해와 대립한다.

1592년 2월 왜란이 있을 것에 대비해 형조정랑 권율(權慄)과 정읍 현감 이순신(李舜臣)을 각각 의주 목사와 전라도 좌수사에 천거한다. 경상 우병사 조대곤(曺大坤)을 이일(李鎰)로 교체하도록 요청하는 한편, 진관법을 예전대로 고칠 것을 청한다. 이때 유성룡은 일본군이 조선을 침략해 올 것을 예견하고 있었다. 그가 국제 정세를 올바로 보고 있는 실증이다.

1592년 3월에 일본 사신이 우리 경내에 이르자, 선위사를 보내도록 청했으나 허락하지 않아 일본 사신이 그대로 돌아갔다. 그해 4월에 판윤 신립(申砬)과 군사에 관해 논의하며 일본의 침입에 따른 대책을 강구한다. 1592년 4월 13일 일본이 대거 침입하자 병조판서를 겸하고 도체찰사로 군무를 총괄한다. 이어 영의정이 되어 왕을 호종하여 평양에 이르러 나라를 그르쳤다는 반대파의 탄

▲최광수가 1987년에 제작한 조선시대 유성룡 영정

핵을 받고 면직되었다. 의주에 이르러 평안도 도체찰사가 되고, 이듬해 명나라의 장수 이여송(李如松)과 함께 평양성을 수복, 그 뒤 충청·경상·전라 3도의 도체찰사가 되어 파주까지 진격한다. 이 해 다시 영의정에 올라 4도의 도체찰사를 겸해 군사를 총지휘했으며, 이여송이 벽제관에서 대패해 서쪽 길로 퇴각하는 것을 극구 만류했으나 뜻을 이루지 못한다. 그리하여 권율과 이빈(李薲)으로 하여금 파주산성을 지키게 하고 여러 장수에게 방략을 주어 중요한 길목을 나누어 지키도록 한다.

임진왜란이 발생 후 광해군을 왕세자로 책봉되도록 하고 왕자들을 각 도에 파견하여 근왕병을 소집하도록 임금 선조에게 청한다. 5월에 일본군이 도성 한양에 이르자 침입이 임박하자, 선조를 모시고 개성에 도착하여 영의정에 임명된다. 이어 선조를 호종 평양에 이르러 나라를 그르쳤다는 반대파의 탄핵을 받고 영의정에서 면직되었다. 동파역에서 "사태가 위급하면 국경을 넘어 명나라로 가자"는 조정 공론을 "나라를 버리는 계책이다"라고 강하게 반대한다. 의주에 이르러 평안도 도체찰사가 되고, 이후 조정과 지방에서 임진왜란 전 과정 동안 군무·행정·외교 등의 모든 일을 총괄 지휘한다.

그해 6월에 풍원부원군으로 다시 기용된다. 유성룡은 평양을 고수하자고 주장했으나 선조의 허락을 받지 못한다. 함경도로 가자는 공론에 반대하여 의주로 파천하도록 한다. 1593년 1월에 명나라 군과 함께 평양성을 공격하여 수복한다. 호남에서 운송되어온 곡식으로 백성들을 구제하도록 선조에게 건의하고 시행한다. 같은 해 3월에 충청·전라·경상 삼도 도체찰사로 임명된다. 4월에 일본 측과 강화협상하려는 명나라 방해어왜총병관 이여송에게 항의한다. 명나라군이 일방적

정전(停戰)하여 일본군이 철수를 단행한다. 명나라군과 조선군은 한양을 수복한다. 일본군을 추격하자는 유성룡의 주장을 이여송이 달가워하지 않아 "명나라를 믿을 수 없으니 자주적으로 국방력을 강화하자"고 선조에게 건의한다. 임시로 훈련도감을 설치하고 장정을 모집한다. 군대 양성과 함께 절강기계를 본떠 화포 등 각종 무기의 제조 및 성곽의 수축을 건의해 군비 확충에 힘을 썼다.

8월에 압록강 연안의 중강에서 소금·철·은·면포 등과 명나라의 양곡을 교역하게 하여 식량을 확보한다. 10월에 선조에 의해 다시 영의정에 임명된다. 곧 훈련도감 도제조를 맡는다. 11월에 더는 조선을 구할 뜻이 없는 명나라가 사신 사헌을 파견한다. 명나라에서는 일본군을 물리쳐 주기만을 바라는 선조를 퇴위하도록 하고, 조선 국토의 직접 통치를 강요하는 국서를 보내왔다. 이에 유성룡이 반대한다. 동인의 온건파인 남인에 속해 같은 동인의 강경파인 북인과 대립관계에 있었다. 전쟁이 끝날 무렵인 1598년 명나라 경략 정응태(丁應泰)의 무고로 인한 외교 사건이 일어났을 때 사건의 진상을 변명하지 않는다는 북인들의 탄핵으로 관직을 삭탈 당한다.

1600년에 복관되었으나 다시 벼슬을 하지 않고 은거한다. 저서로는 ≪서애집≫·≪징비록≫·≪신종록≫·≪영모록≫·≪관화록≫·≪운암잡기≫·≪난후잡록≫·≪상례고증≫·≪무오당보≫·≪침경요의≫ 등이 있다. 그중 ≪징비록≫과 ≪서애집≫은 임진왜란사 연구에 있어 빼놓을 수 없는 귀중한 자료이다.

유성룡과 이순신은 어렸을 때 한 동리에 살아 잘 알고 지내는 사이였다. 임진왜란이 일어나기 전 유성룡은≪증손전수방략≫이라는 책을 이순신에게 직접 보내 군사훈련에 참고하게 한다. 이순신이 삼도수군통제사에서 해임되어 압송될 때 선조는 유성룡을 경기도 지방으로 내보내고 처리할 정도였다.

이순신도 유성룡에게 편지를 보내 안부를 물었다. 때로는 꿈속에 보일 정도로 각별한 사이였다. 1592년 3월 5일자 ≪난중일기≫에는 좌의정 유성룡이 ≪증손전수방략≫이라는 책을 보내주었다고 일기에 썼다.

"좌의정 유성룡(柳成龍)이 편지와 ≪증손전수방략≫이라는 책을 보내왔다. 이 책을 보니 수전(水戰), 육전(陸戰)과 화공법 등에 관한 전술을 일일이 설명했는데, 참으로 만고에 뛰어난 이론이다."[471]

당시 비변사에서 만든 병법서를 도제조를 겸한 유성룡이 이순신에게 숙독하도록 직접 보내준다. 이런 병법서를 토대로 이순신의 전략 전술 수립에 많은 도움을 준 것이었다.

이순신의 ≪난중일기≫에는 '영의정에게 편지를 썼다', 또는 '영의정 편지가 왔다'는 기록이 수차례 나타나고 있다. 그리고 서신왕래도 가끔 한 기록이 보인다.

≪난중일기≫에는 유성룡에게 보내는 편지의 초안이 여러 개 들어 있는데 이 편지는 계사년(1593년) 3월 말경 일기에 별지로 적었다고 붙여놓은 글이다.

삼가 살피지 못하였지만 체후가 어떠하신지요. 우러러 그리워함이 간절하여 저의 마음을 감당하지 못하겠습니다. 일찍이 어른(台體)께서 건강이 좋지 않으시다는 말을 듣고도 먼 바다에서 변방을 지키느라, 아직 문후를 드리지 못했으니 매우 근심스러울 따름입니다. 이곳의 적세는 요즘 다른 흔적은 없고, 연일 정탐해 보면 굶주린 빛이 많이 있는데, 그들의 뜻은 반드시 곡식이 익으면 이를 저축하는 데 있을 것입니다. 우리나라의 방비는 곳곳이 불화하여 방어하여 지키는 형세가 만무(萬無)합니다. 왜놈들이 기이하게 여기는 것은 수군인데 수군으로서 싸움에 나아가는 자가 없고, 각 고을의 수령이 관찰사에게 공문을 보내도 조금도 감독할 뜻이 없습니다. 군량은 더욱 의뢰할 곳이 없어 온갖 생각을 해 보아도 조처할 방도를 알 수 없으니, 수군에 관한 한 가지 일도 그 형세상 장차 행하지 못할 것입니다. 저와 같은 이의 한 몸은 만 번 죽어도 아깝지 않지만 나랏일에 있어서는 어떠하겠습니까. 전라도에 새로 온 관찰사와 원수(元帥)조차도 군관을 보내어 연해(沿海)에 있는 수군의 양식을 쌓아 둔 곳간을 털어 실어 가고 있습니다. 저는 다른 도(道)의 먼 바다에 머물러 있어서 조치할 방도가 없고 형세가 이토록 극심하게 되었으니 어찌 하오리까.

만약 특별히 수군 어사를 보내어 수군에 관한 일을 총괄하여 감독하게 한다면 일을 바로잡을 수 있을 것입니다. 그런 까닭에 장계를 올렸으나 아직 조정의 의사를 알 수가 없습니다. 종사관 정경달(丁景達)[472]이 둔전을 감독하는 일에 심력을 다하였지만, 전 관찰사의 공문에는 "도주(道主, 관찰사) 이외에는 둔전을 계속 경작할 수 없으니 일체 검사하지 말라."고 한다니 그 뜻을 알 수가 없습니다. 정공이 이제는 함양 군수가 되었다고 하니 그 감독하던 일도 앞으론 허사가 될 것 같아 근심스러울 뿐입니다. 추수하는 동안만이라도 그대로 잉임(仍任)시킬 수는 없겠습니까.[473]

유성룡은 이순신에게 영원한 멘토였다. 유성룡은 그의 절친한 지기(知己)였던 이순신의 죽음에 대해 한없이 애석해 한다. 그는 ≪징비록≫에서 이순신이 평소 태도와 그가 재주를 다 펼치지 못하고 죽은 일에 대해 다음과 같은 안타까워하는 심정을 토로하고 있다.

"그는 말과 웃음이 적었고, 용모는 단정하였으며 항상 마음과 몸을 닦아 선비와 같았다. 그러나 속으로는 담력과 용기가 뛰어났으며 자신의 몸을 돌보지 않고 나라를 위해 목숨을 바친 행동 또한 평소 그의 뜻이 드러난 것이었다.

그의 형 이희신과 이요신은 그보다 먼저 사망했는데, 이순신은 그들의 자손까지 자기 자식처럼 아껴 길렀으며, 조카들을 모두 혼인시킨 후에야 자기 자식들의 혼례를 올렸다. 그는 뛰어난 재주에도 불구하고 운이 부족해 백 가지 경륜을 하나도 제대로 펴 보지 못한 채 죽고 말았으니 참으로 애석한 일이다."*474)*

2. 정운 조선 최고의 돌격장

1570년(선조 3) 정운은 28살 무과에 급제한 뒤 훈련원봉사·금갑도 수군권관·거산찰방을 거쳐 웅천현감 등을 지냈다. 성격이 강직하고 정의를 지켰기 때문에 미움을 받아 몇 해 동안 벼슬을 하지 못한다.

1591년 녹도 만호가 되었다. 이듬해 임진왜란이 일어나자 일본군이 파죽지세로 북진하여 서울 점령을 목전에 두고 있을 때 경상 우수사 원균이 도망하여 곤양 부근에서 이순신에게 구원을 요청한다.

이순신의 휘하 장수들은 경상도 출전을 앞두고 대립하고, 이순신은 출전을 주저하며 이억기 전라 우수군이 도착하기만을 기다리고 있었다. 이순신이 주변 상황 파악에만 몰두하고 있을 때 보다 못한 녹도 만호 정운이 나서 이순신에게 말한다.

"나라가 위태로운데 군인에게 자기 관할이 어디 있겠소. 경상도가 무너지면 전라도라고 무사하겠으며 적이 밖에 있을 때에는 막기가 쉽지만 일단 안으로 들어오면 막기가 어려운 법, 영남을 도와 호남을 보호해야지 어찌 목전에 편안함만 찾는단 말이오."

특히 경상도 해안을 맡은 수군이 왜군을 부산 앞바다에서 아예 막아주었다면 임진왜란의 엄청난 수난은 당하지 않았을 것이다. 이때의 상황을 1592년 5월 3일자 ≪난중일기≫에는 이렇게 기록하고 있다.

"아침 내내 가랑비가 내렸다. 경상 우수사의 답장이 새벽에 왔다. 오후에 광양 현감과 흥양 현감을 불러왔는데 함께 이야기하던 중에 모두 분한 마음을 나타냈다. 본도 우수사(이억기)가 수군을 끌고 오기로 함께 약속하였는데, 방답의 판옥선(板屋船)이 첩입군을 싣고 오는 것을 우수사가 오는 것으로 보고 기뻐하였다. 그러나 군관을 보내어 알아보니 방답의 배였다. 놀라움을 참지 못했다. 조금 뒤에 녹도 만호가 알현을 청하기에 불러들여 물은즉, '우수사는 오지 않고 왜적은 점점 서울 가까이 다가가니 통분한 마음을 참을 수가 없으며 만약 기회를 놓치면 후회해도 소용없다.'는 것이었다."[475]

임진왜란 초기 전라 좌수사 이순신의 휘하에 있던 정운은 먼저 나아가 일본 수군을 칠 것을 주장하고 선봉이 될 것을 자청한다. 옥포해전과 사천해전, 한산도대첩에서 공을 세웠다.

마침내 9월 1일 동래의 몰운대 아래에서 일본군을 무찌르는데, 이곳의 땅 이름을 묻고는 내가 곧 죽으리라고 말한다. 얼마 되지 않아서 부산포해전이 치열하게 전개되었다. 당시 부산포해전에서 왜선 500여 척과 싸워, 100여척을 격파하고 큰 승리를 거두었다. 이순신 장군 함대의 우부장으로 정운 장군이 선봉에 서서 끝까지 적선을 쳐부수었다.

정운은 앞장서 전투를 독려하다가 일본군이 쏜 철환에 머리를 맞고 전사한다. 일본 수군은 환호하며 외쳤다.

"정 장군이 이미 죽었으니 다른 이는 걱정할 것이 못된다."

정운의 사망 소식을 들은 이순신은 통곡하며 말한다.

"국가가 오른 팔을 잃었다."

이에 이순신의 글을 지어 제사를 지냈다.

이순신은 정운 장군의 죽음을 매우 안타까워한다. 그리고 장계를 올려 포상을 요청한다. 그리고 손수 제문을 지어 제사지냈다. 이 제문은 이순신의 부하를 사랑하고 아끼는 마음과 절절한 애도하는 광경이 그대로 담겨있다.

정운을 제사하는 글
어허, 인생이란 반드시 죽음이 있고 죽고 삶에는 반드시 천명이 있나니,

사람으로 한번 죽는 것은 아까울 게 없건 만은 오직 그대 죽음에 마음 아픈 까닭은 나라가 불행하여 섬 오랑캐 쳐들어와 영남의 여러 성들 바람 앞에 무너지자 몰아치는 그들 앞에 어디고 거침없어 우리 한양 하루 저녁 적의 소굴 이루도다.

▲정운 영정

천리 관서로 님의 수레 옮기시고 북쪽 하늘 바라보면 간담이 찢기건만 슬프다. 둔한 재주 적을 칠 길 없을 적에 그대 함께 의논하자 해를 보듯 밝았도다. 계획을 세우고서 배를 이어 나갈 적에 죽음을 무릅쓰고 앞장 서 나가더니 일본군들 수백 명이 한꺼번에 피 흘리며 검은 연기 근심 구름 동쪽 하늘 덮었도다. 네 번이나 이긴 싸움 그 누구 공로던고 종사(宗社)를 회복함도 기약할 만 하옵더니 어찌 뜻했으랴 하늘이 돕지 않아 적탄에 맞을 줄을 저 푸른 하늘이여 알지 못할 일이로다.

돌아올 제 다시 싸워 원수 갚자 맹세 터니 날은 어둡고 바람조차 고르잖아 소원을 못 이루매 평생에 통분함이 이에 더 할소냐! 여기까지 쓰고 나니 살 에듯 아프구나 믿느니 그대려니 인제는 어이할꼬 진중의 모든 장수 원통히도 여가 거냐 늙으신 저 어버이 그 누가 모시리요. 황천까지 미친 원한 눈을 언제 감을런고 어허 슬프도다 어허 슬프도다.

그 재주 다 못 펴고 덕은 높되 지위 낮고 나라는 불행하고 군사 백성 복이 없고 그대 같은 충의야말로 고금에 드물거니 나라위해 던진 그 몸 죽어도 살았도다.

슬프다 이 세상 누가 내 속 알아주리 극진한 정성으로 한 잔 술을 바치노라 어허! 슬프도다.[476)]

이순신은 정운의 공을 선조에게 아뢰는 〈정운을 이대원 사당에 배향해 주기를 청하는 장계〉에 이렇게 높이 사고 있다.

"세 번의 승첩시477)에는 언제나 앞장서서 나갔으며, 이번 부산 싸움에서도 몸을 던져 죽음을 잊고 먼저 적의 소굴에 돌입하였습니다. 하루 종일 교전하면서도 어찌나 자주 힘을 다하여 활을 쏘았던지 적들이 감히 움직이지를 못하였던 바, 이는 정운의 힘이었습니다.

그런데, 그날 돌아나올 무렵에 그는 철환에 맞아 전사하였사온 바, 그 늠름한 기운과 순결한 정신이 쓸쓸히 아주 없어져서 뒷세상에 전혀 알려지지 못한다면 참으로 뼈아픈 일입니다."478)

1604년에 정운은 병조참판에, 1796년(정조 20)에 병조판서 겸 의금부훈련원사로 추증되었다. 흥양(현,고흥) 쌍충사에 이대원(李大源)과 함께 제향되었다.

3. 권준 이순신의 일거일동을 읽다

권준(權俊, 1541~1611)은 조선 중기의 문신이다. 본래 문관이었으나 이순신의 휘하에서 큰 공을 세웠다. 동지중추부사를 역임한다. 문과에 급제하여 여러 벼슬을 하다가 임진왜란 당시에는 순천 부사로 재직하고 있었다. 임진왜란이 발발하자 전라 좌수사 이순신 휘하에 배속되어 중위장으로 활약한다.

그런데 조선 수군의 1차 출전인 옥포해전에는 참전하지 못한다. 그이유는 전라도 순찰사가 권준을 육군의 중위장으로 임명하였기 때문이다. 그후 권준은 이순신 휘하로 복귀하여 제2차 출전 때부터는 전라좌수군의 중위장을 맡는다. 권준은 사천해전, 한산대첩, 부산포해전에서 조선 수군이 연승하는 데 큰 역할을 한다. 이 공을 인정받아 원균에 이어 경상 우수사가 되었다.

이후 이순신이 파직되고 원균이 통제사가 되자 사직한다. 1597년 2월 나주 목사가 되었고, 칠천량해전에서 조선의 수군이 패한 이후 7월에 충청도 수군절도사가 되었다.

임진왜란이 이후에는 경기 방어사가 되었다. 1600년 선조의 어명으로 전마를 하사받았다. 1601년에는 충청 병사에 임명되었고, 1604년 임진왜란의 전공으로 선무공신 3등에 책록되어 안창군(安昌君)에 봉해졌다. 1605년 황해 병사가 되었다. 1607년 해랑도 사건이 일어나 직무를제대로 못하였다는 이유로 파직되었다. 이후 전라 병사에 임명되었다. 1611년 사망한다.

4. 무의공 이순신 만전의 전쟁 준비를 하다

이순신(李純信) 조선 중기의 무신으로 임진왜란 때 충무공 이순신의 휘하 장수로 활약해 선무공신 3등으로 봉해졌다.

충무공 이순신(李舜臣)과 구분하기 위해 '무의공 이순신'이라고 부르며, 충무공의 ≪난중일기(亂中日記)≫에 방답 첨사(防踏僉使)라는 직위로 자주 언급되어 '방답 첨사 이순신'이라고 불리기도 한다.

조선 태종(太宗)의 맏아들인 양녕대군 이제(李褆)의 후손으로, 의정부 좌찬성 등을 지낸 이진(李眞)의 다섯째 아들로 태어났다. 이황의 문인인 김성일에게서 학문을 배웠다. 1577년(선조 10) 무과에 급제하여 선전관과 의주판관 등을 지냈다. 허나 상관과 불화하여 파직되었다가 1591년(선조 24) 방답진 첨절제사로 부임하여 당시 전라좌도 수사이던 충무공 이순신의 휘하에서 일본군의 침입에 대비한다.

1592년(선조 25) 임진왜란이 일어나자 이순신은 충무공 이순신이 이끄는 수군에서 중위장과 전부장의 핵심참모였다. 옥포해전과 합포해전·고성해전 등에서 큰 공을 세웠다. 사천해전에서는 원균(元均)의 후부장으로 이순신(李純信)은 김득광(金得光) 등과 함께 참전한다. 이어서 한산도해전·부산포해전·웅천해전에 참전하여 공을 세웠다.

충무공 이순신은 1593년(선조 26) 선조에게 방답 첨사 이순신이 적과 싸울 때 언제나 선두에서 공을 세웠으나 적을 죽이고 적의 배를 침몰시키는 데에만 힘쓰고 머리를 베는 일은 힘쓰지 않아 홀로 공을 제대로 인정받지 못하고 있다는 보고를 올리기도 한다.

이순신은 당상관인 정3품 절충장군의 품계를 받는다. 1594년(선조

27) 충청도 수군절도사로 임명되었다. 이순신은 사간원의 관리들에게 형률(刑律)을 지나치게 엄하게 적용해 백성의 원성을 사고 성격이 교만하고 탐욕스럽다는 이유로 계속해서 탄핵을 받았다. 1595년에는 조도 어사로 파견된 강첨(姜籤)에게 군량미 200여 섬을 감추어 두었다는 혐의로 심문을 받는 일도 겪었다. 그 뒤 이순신은 평안도 우후를 거쳐 압록강 인근의 고령진 첨사로 좌천되었다. 1596년 장흥 부사가 되었다.

1597년(선조 30) 정유재란이 일어나자 이순신은 경상 우수사로 임명되어 다시 일본군과 해전에 참전한다. 특히 1597년 7월 칠천량해전에서 전라우도 수군절도사 이억기(李億祺)와 충청도 수군절도사 최호(崔湖)가 전사하고 또 삼도수군통제사 원균마저 도망하자 전선을 도맡아 적의 진격을 지연시켰다.

그는 삼도수군통제사이던 충무공 이순신의 휘하에서 다시 중위장 등으로 활약하며 여러 전투에서 공을 세웠다. 1598년 이순신은 전라 수사로 있으면서 그해 음력 8월 조정에 도요토미 히데요시(豊臣秀吉)가 죽고 왜군이 철수를 준비하고 있다는 첩보를 비밀리에 전달하기도 한다. 그리고 음력 11월 노량해전에서 충무공 이순신이 전사한 뒤에는 경상 우수사로 있으면서 충무공을 대신해 조선 수군의 전열을 수습한다.

당시 명나라 수군을 이끌었던 진린(陳璘)은 이순신을 충무공의 뒤를 이어 통제사로 삼는 것이 좋겠다는 게첩(揭帖)을 선조에게 보내오기도 했으나 조정 관리들의 반대로 그대로 경상 우수사의 직위에 머물렀다. 가의대부에 승진하였다.

임진왜란이 끝나자 이순신은 1598년(선조 32) 한양의 포도대장으로 임명되었다. 그해 음력 10월 직위를 남용해 잘못이 없는 사람을 장살(杖殺)했다는 이유로 탄핵을 받아 파직되었다가, 다시 충청 수사로 임명되었다. 1600년 경상우도 수군절도사, 이듬해 전라좌도 수군절도사가 되었다. 황해도 병마절도사, 수원 부사, 경상우도 병마절도사 등을 거쳐 1602년(선조 35)에는 전라 좌수사가 되었다. 그 과정에서도 그는 계속해서 사헌부의 탄핵을 받았다. 이처럼 임진왜란이 끝난 뒤에 이순신은 조정 관료들의 견제로 외직을 전전한다. 그러다 1604년(선조 37)에 중추원의 정3품 무관인 첨지중추부사가 되었다. 그해 선무공신 3등으로 책록되었다.

1606년(선조 39) 다시 외직인 수원 부사로 임명되었다. 선조가 죽고 광해군이 왕위에 오른 1608년(선조 41)에는 임해군의 옥사에 연루되어 심문을 받기도 한다. 1610년(광해 2)에는 전라도 병마절도사로 임명되었으나 이듬해 병으로 사망한다. 이순신은 숙종 때인 1679년(숙종 5) 무의의 시호를 받았다.

5. 배흥립 미래를 읽는 귀신

1572년(선조 5) 배흥립(裵興立)은 무과에 급제하였으며, 선전관을 거쳐 결성·장흥·흥양(현,고흥)의 현감, 영흥부사를 역임한다. 일찍이 흥양(현,고흥) 현감으로 있을 때 전선을 미리 건조하여 전란에 대비하여 큰 도움이 되었다. 1592년(선조 25) 임진왜란 때 조방장으로 참전하여 공을 세워 가의대부에 올랐다. 한산도대첩·행주대첩 때는 선두에 서서 공을 세웠으므로 이순신(李舜臣)은 특히 그를 공신으로 천거한다. 한산도대첩에서도 아홉 번 싸워 아홉 번 모두 이겼으나 누구에게도 전공을 자랑하지 않았다. 칠천량해전에서 도망한 원균(元均)의 뒤를 맡아 적의 진격을 지연시켰다.

1600년 경상우도 수군절도사가 되고 이어 전라좌도 수군절도사로 전임한다. 1604년 공조참판·충청도 수군절도사 등을 거쳐 1607년 총관으로서 영흥 대도호부에 나갔다가 이듬해 병으로 돌아와 죽었다.

6. 어영담 물길의 달인

어영담의 활약상을 단적으로 담은 것은 조경남의 ≪난중잡록≫
에 기록된 내용이다.

> "어영담은 경상도 함안 사람으로 대담한 군략이 세상에 뛰어나고 유달
> 리 강개로웠으며 과거하기 전에 이미 여도 만호가 되었고, 급제 후에는 영
> 남 바다 여러 진의 막하에 있었다. 바다의 깊음과 도서의 험하고 수월함이
> 며, 나무하고 물 긷는 편의와 주둔할 장소 등을 빠짐없이 다 가슴속에 그
> 려두었기 때문에 수군 함대가 전후에 걸쳐 영남 바다를 드나들며 수색 토
> 벌할 때면 집안 뜰을 밟고 다니는 듯이 하고 한번도 궁박하고 급한 경우
> 를 당하지 않았다. 대체로 수군의 전공은 영담이 가장 높았는데도 단지 당
> 상관에 올랐을 뿐 선무훈에는 참여하지 못하여 남쪽 사람들은 다들 가석히
> 여겼다."

조·일 7년 전쟁이 발발한 초기 이순신이 원균의 구원요청을 받고
가장 큰 어려움은 전라 좌수영 관할이 아닌 경상도 해역으로 출전해
야 한다는 것이었다. 경상도 해역의 지형과 해로에 대하여 잘 알지
못했던 이순신은 즉시 함대를 출전시키기 어려웠다. 이런 상황에서
이순신이 함대를 출전시키도록 결심하는데 결정적 역할을 한 참모는
어영담이었다. 어영담은 영남 바다 여러 진에 근무한 경력이 있었고,
조·일 7년 전쟁이 발발시에는 광양 현감으로 재직하고 있었다.

이에 이순신은 경상도를 구원하기 위한 함대 출전에 앞서 어영담
에게서 영남의 해로에 대한 정보를 물었다. 이순신은 어영담을 함대
의 중부장으로 삼고 그와 더불어 작전을 수립한다. 어영담은 해로에
대한 작전뿐만 아니라 함대의 지휘관으로서 옥포해전에서 우리 수군

이 첫 승리를 거두는데 공을 세우고, 합포해전·당항포해전·율포해전 등에서도 공적을 세웠다. 이순신은 어영담에 대해 조정에 올리는 장계를 통하여 평한다.

'호남 한 족이 이제까지 보전하게 된 것은 이 사람의 일부분의 힘이 아닌 것이 없습니다.'

어영담은 1593년 11월 광양 현감 직에서 파직되고 말았다. 이에 이순신은 파직된 어영담을 자신의 조방장으로 임명해 주도록 조정에 장계를 올렸다. 이후 어영담은 조방장으로서 이순신과 함께 전쟁을 치렀다. 조방장으로 임명된 어영담은 제2차 당항포해전에서 임무를 훌륭하게 완수한다. 하지만 불행히도 전염병에 걸려 병사하고 말았다. 어영담이 병사하였을 때 이순신은 ≪난중일기≫와 장계에 기록하면서 그 슬픈 심경을 토로한다. 이와 같은 이순신의 어영담에 대한 배려는 다른 장수들에서 찾기 어려운 극진한 것이었다.

7. 나대용 거북선 건조를 책임지다

나대용은 전라좌도 수군절도사로 부임한 이순신 장군이 왜적 침입에 대비하여 병선 제작을 구상하고 있다는 소식을 알게 된다. 종제인 나치용과 함께 고향인 순천에서 전라 좌수영이 있던 여수 지역으로 내려왔다. 나대용은 이순신 장군으로부터 전라 좌수영 수군의 전선을 건조하는 감조군관으로 임명을 받고 선소에서 전선을 제작하게 된다.

선소는 전라 좌수영 본영 선소일 것으로 추정한다. 장생포 선소는 당시 순천부 선소였고, 군내리 선소는 방답진 선소였기 때문에 이순신 장군이 직접 지휘하기 쉬운 본영 선소(현재 여수 진남관 앞으로 매립된 상태)에서 거북선을 제작하였을 것으로 보아야 한다. 이순신이 1592년(선조 25) 3월 27일 소포(종포 지역)의 거북선에 올라 대포 쏘는 연습을 했다는 ≪난중일기≫의 기록과 일치한다. 나대용과 거북선의 인연은 이렇게 이루어진 것이다. 나대용은 1년여 동안 조선 수군의 주력 전함인 판옥선과 함께 거북선을 제작한다.

나대용은 1556년(명종 11) 7월 25일 현재의 전라남도 나주시 문평면 오룡리에서 태어났다. 나대용은 1583년(선조 16)에 28세의 나이로 무과에 급제하여 훈련원봉사로 있다가, 32세 때인 1587년(선조 20)에 사직하고 고향인 나주로 돌아왔다. 이후, 나대용은 자신이 거쳐 하는 방 바람벽에다 거북선의 설계도를 수없이 그려 붙여 가며 거북선 연구에 몰두했다고 한다. 낮에는 산에 올라가 재목을 베어 왔고, 밤에는 거북선 모형을 제작하는데 시간을 보냈다고 한다.

나대용은 1591년(선조 24) 전라 좌수사 이순신의 막하 군관으로 들어가게 된다. 1592년(선조 25) 임진왜란이 일어났을 때 나대용은 발포 만호진의 군관이 되었다. 거북선을 타고 당포해전에 처음 출전하여 왜군의 전열을 무너뜨리는 등 이순신 장군이 지휘하는 조선 수군이 대승을 거두는데 항상 앞장 섰다.

옥포해전에서는 유군장을 맡아 적선을 크게 격파하였으며, 적의 유탄을 맞았으나 자신이 직접 칼끝으로 살에 박힌 탄환을 뽑아내며 분전했다고 한다. 부상을 당하고서도 사천해전과 한산도해전에 참가한다. 명량해전과 노량해전에서는 삼도 수군이 대승을 거두는데 크게 일조했다. 충무공 이순신은 나대용을 장하게 여겨 조정에 아뢰기를 '분발하여 몸을 돌아보지 아니하고 죽을 힘을 다해 싸웠으니 나대용의 공이 가장 으뜸이다'라며 칭찬을 아끼지 않았다.

1594년(선조 27)에 임진왜란 때 활약한 공이 인정되어 강진 현감으로 임명되고, 이후 금구 · 능성 · 고성 등의 현감을 역임한다.

1610년(광해군 2) 남해 현령에 제수되어 성능이 우수하고 쾌속선인 해추선을 만들기도 한다. 이듬해인 1611년(광해군 3)에는 경기도 수군을 관장하는 교동 수사에 제수되었으나, 임진왜란 때 입은 부상으로 부임하지 못하고 1612년(광해군 4) 1월 29일 향년 57세로 별세한다.

전쟁이 끝난 후 창선을 고안하여 만들었으며, 1610년(광해군 2)에는 남해 현령에 제수되어 해추선이라는 쾌속선을 건조하였다. 1611년 교동 소사에 제수되었으나 전쟁 때의 부상이 재발해 부임하지 못하고 이듬해 죽었다. 그는 전공이 혁혁한 수군장이었으며, 우리 역사상 유례를 찾기 힘든 탁월한 조선기술자로 평가된다. 나대용은 전공이 혁혁하고 파란이 많은 조선 중기의 수군장이며, 우리 역사상 유례를 찾아볼 수 없을 만큼 탁월한 조선기술자로 평가된다.

8. 이의온 해로통행첩 제도로 군량미를 획득하다

이의온(1577~1636)은 어려서부터 효성과 우애가 독실하였고 행실이 올바르고 곧았다. 널리 책을 읽어 학문을 게을리 하지 않았으며 더불어 무예를 익혔다. 임진왜란 일어나자 맏형을 대신하여 군량감봉유사를 맡았다. 이때 여러 해 동안에 전란과 흉년으로 양식이 매우 궁핍한 상태였으나, 그는 전력투구하여 군량미를 주선하여 공급에 차질이 없도록 최선을 하였다. 심지어 가산을 기울여 명나라에서 파견된 경리 양호(楊鎬)를 도우니, 그가 매우 훌륭하게 여겨 시를 지어 주며 말하였다.

"이 사람은 공명(功名)을 헤아리지 않고, 오직 가형(家兄)을 위하여 나를 돕는구나!"

평소 그의 인품과 성실함을 인정한 경주 부윤 박의장(朴毅長)은 그를 충무공 이순신(李舜臣)에게 추천하였다. 그리하여 한산도로 간 그는 이순신 장군을 보좌하여 여러 전략을 도모하며 큰 공을 세웠다. 이에 이순신이 이의온의 인물됨과 실력을 매우 귀중하게 여겨 조정에 보고했고, 그는 군자감직장으로 제수되었다.

또 조선군은 해마다 줄어들고 군량도 부족하였으므로 이의온은 가산으로 군량을 보조한다. 고금도에서는 해로의 통행첩을 만들어 바다를 지나는 피란선들은 쌀을 납부하고 통행증을 받아가도록 하여 장부가 여러 권으로 쌓여 그 계획을 실행할 수 있었다.

이순신이 박의장에게도 서신을 보내 사람을 잘 판단하고 자신에게 소개한 것을 치하하였다. 이순신이 순국하고 일본과 화의가 성사되자, 그는 초연히 고향으로 돌아와 오의정이라는 작은 정자를 집 뒤에 짓고 여생을 보냈다. 문집으로 ≪오의정집五宜亭集≫이 있다.

9. 정사립 무기 계발의 천재

정사립(鄭思竣)은 경상도 수군우후를 지낸 정승복(鄭承復)의 아들로 전라도 순천에서 태어났다. 1584년(선조 17) 별시무과에서 을과로 급제하여 선전관 등을 역임한다.

1592년(선조 25) 임진왜란 때 훈련주부가 되어 전라 좌수사 이순신(李舜臣)의 휘하에서 활약한다. 1593년(선조 26) 9월 13일 이순신은 휘하의 훈련주부 정사준(鄭思竣)을 시켜 조총과 기존의 승자총을 절충한 새로운 소승자총을 만들었다. 당시 제조된 조총은 조선 화기 특유의 마디가 없고 종래의 승자총에 있던 목병(木柄)을 끼우는 총미(銃尾)가 없으며 조성(照星)과 조문(照門)이 붙어 있어 일본식 조총과 매우 비슷한 특징을 가졌다.

1599년(선조 32) 결성 현감으로 재임 중 탐학하다는 사간원의 탄핵을 받아 파직되었다. 전남 순천의 옥계서원에 배향되었으며 병조 참의에 증직되었다.

10. 정탁 올곧은 소리로 이순신을 구하다

1552년(명종 7) 정탁(鄭琢)은 성균 생원시를 거쳐 1558년 식년 문과에 병과로 급제한다. 1592년 임진왜란이 일어나자 좌찬성으로 의주까지 선조 임금을 호종한다. 1594년에는 곽재우·김덕령 등의 명장을 천거하여 전란 중에 공을 세우게 한다. 이듬해 우의정이 되었다. 1597년 정유재란이 일어나자 72살의 노령으로 스스로 전장에 나가서 군사들의 사기를 높이려고 한다. 이에 선조는 연로함을 들어 만류한다. 이해 3월에는 옥중의 이순신을 극력 구원을 펴 죽음을 면하게 한다. 수륙병진협공책을 건의한다.

1599년 병으로 잠시 귀향했다가 이듬해 좌의정에 승진되고 판중추부사를 거쳐, 1603년 영중추부사에 올랐다. 이듬해 호종공신 3등에 녹훈되었으며, 서원부원군에 봉해졌다. 저서는 ≪약포집≫, ≪용만문견록≫ 등은 임진왜란 연구의 귀중한 자료이다.

1597년(선조 30) 2월 26일에 이순신이 한양으로 끌려가던 날 한산도의 통제영은 통곡한다. 한양으로 올라가는 길에서는 남녀노소가 모여들어 이렇게 말하며 울부짖었다.

"사또, 어디로 가십니까? 이제 우리는 다 죽었습니다."

이순신이 의금부에 구속되자, 선조는 법으로 보아 용서할 수 없는 죄이므로 죽이겠다고 하며 스스로 잘못했다는 말이 나오도록 고문하라고 1597년 3월 13일에 비망기로 우부승지에게 지시한다.

"이순신이 조정을 속이고 임금을 무시한 죄나 적을 놓아준 채 치지 않고 나라를 저버린 죄나, 심지어 남의 공로를 가로채고 남을 죄에 빠드리게 한 것이나 다 제멋대로 거리낌이 없는 죄이다. 이렇게 허다

한 죄상이 드러난 만큼, 법으로 보아 용서할 수 없는 것이니, 법조문에 따라 처단해야 마땅할 것이다. 신하로서 임금을 속인 자는 반드시 죽이고 용서하지 말아야 한다. 이제 끝까지 고문하여 내막을 밝혀내면, 어떻게 처단할 것인지를 대신들에게 물어볼 것이다."

▲정탁 초상

선조의 지시로 이순신에게 고문하게 되었다. 이순신을 어떻게 조치할 것인지에 대해서도 논의되었다. 이미 이순신은 여러 번 고문을 받았던 것이다. 이때 정탁이 의견을 내고 구차를 올렸다.

"그때 원균도 그만 큰 공이 없지 않는데도, 조정은 은전은 온통 이순신에게만 돌아가고, 원균에게는 도리어 손해만 입게 되어 모두들 지금껏 원통하다 일컫고 있습니다. 이것은 과연 애석한 일입니다. …

지난날 장계 중에 진술된 사실들은 허망함에 가까우므로, 괴상하기는 하지만, 아마 그것은 아랫사람들의 떠드는 말들을 얻어 들은 것으로 여겨지며, 혹시 그 속에 확실하지 못한 무엇이 들어 있지나 않는지 생각되며, 만일 그렇지 않다면야 이순신이 정신병자가 아닌 이상에야 감히 그럴 수가 있으리라고는 저로서는 자못 해석할 길이 없습니다.

가령 난리가 났던 처음에 공로를 적어 올린 장계가 낱낱이 실제대로 쓰지 않고 남의 공로를 탐내어 제 공로로 만들어 속였기 때문에 그로써 죄를 다스린다면 이순신인들 또한 무슨 변명할 말이 있겠습니까. 그러나 세상에 완전무결한 사람을 제외하고는 저와 남이 상대할 적에 남보다 높고자 하는 마음을 품지 않는 자 적습니다. 또 어름어름하는 사이에 잘못되는 일이 많으므로, 윗사람이 그 저지른 일의 크고 적음을 자세히 살펴서 경중에 따라 처리할 수밖에 없는 것입니다."

이 정탁의 탄원서에는 원균에게 큰 공이 있었음을 지적함과 아울러 이순신에게는 죄가 있음도 함께 지적하였다. 그러면서도 이순신의 허물에 미심쩍은 점이 있어 정신병자가 아니면 그런 허위보고를 할 수 없음을 강조하고 있다. 이순신의 모든 장계는 사실에 입각하여 적은 것이니 자세히 살펴서 처리해야 하고, 함부로 죄를 주어서는 안 된다고 하였던 것이다.

11. 정경달 이순신의 대변인

1570년(선조 3) 정경달(丁景達)은 식년 문과에 병과로 급제하여 벼슬살이에 나섰다. 1592년 임진왜란이 일어나자 선산 부사로서 의병을 모으고 관찰사 김성일·병마사 조대곤·정기룡·이해 등과 함께 기략을 써서 금오산 아래와 죽령 등지에서 적을 대파한다. 1594년(선조 27)에는 당시 수군통제사 이순신의 계청으로 그의 종사관이 되었다. 1598년까지 문서의 작성, 둔전과 목장 검칙, 명나라 장수들과 외교문제 처리 등의 업무를 담당한다. 이때 세운 전공으로 통정대부에 이른다.

이순신이 원균의 모함으로 투옥되었을 때 조정에 나아가 선조에게 이렇게 이순신의 석방을 강력히 주장한다.

"이순신의 애국심과 적을 방아하는 재주는 일찍이 그 예를 찾을 수 없습니다. 전쟁에 나가 싸움을 미루는 것은 병가에서 이기는 길인데 어찌 적세를 살피고 싸움을 주저한다 하여 죄로 돌릴 수 있겠습니까? 왕께서 이 사람을 죽이면 나라가 망하겠으니 어찌하겠습니까?"

1602년(선조 35) 청주목사로 재직하고 있을 때 함경도 관찰사에 제수되었으나 부임하지 못하고 돌아가셨다.

저서로는 ≪반곡집≫·≪반곡난중일기≫·≪반곡시집≫ 등이 있다.

아들인 정명열(丁鳴說)도 정유재란 때 이순신에게 쌀과 배를 보태고 명량해전에 참전한다.

정경달이 이순신에게 지어 올린 60수의 시가 있다. 그 중 일부를 살펴보면 다음과 같다.

한 조각 땅 청구국 본래 억세어   一片靑邱固莫强
예부터 당적할 이 아무도 없었네   向來天下不能當
수양제 압록강을 건너다 온통 패하고   隋皇渡鴨全師敗
당태종도 요동을 치다가 모조리 죽었네.   唐帝征遼合陣亡
통제사 장군 본시 뛰어나시니   統制將軍元倜儻
난세에 나라건질 방책을 세우셨네   扶特雄略屬撝
손에 든 화살은 석 자가 넘고   手提神箭餘三尺
무찌른 왜선들 몇만 척이었던가.   撞破倭奴幾萬航
상을 줄 때에는 많고 적음을 고르게 하고   論賞赤當均厚薄
벌을 내릴 때는 먼저 꼼꼼히 살펴보고   臨刑先可示慈詳
배 속에서 노래 읊다가 고개를 돌리니   丹中吟罷長回首
비바람이 싸움터처럼 엉기고 있구나.   風雨茫茫鎭戰場

12. 송대립과 송희립 형제의 충정

송대립(宋大立)은 경서(經書)와 사서(史書)를 섭렵한다. 송대립(宋大立)은 어려서부터 홀어머니인 선씨(宣氏) 섬기기에 정성을 다하였다. 이이와 성혼의 문하에서 수학한다. 시간이 있을 때마다 무사(武事)를 익혀 곧 그 묘(妙)에 이르렀다. 1594년(선조 27)에 무과에 합격한다. 이때 왜구의 변을 갓 겪은 터라 호서와 호남이 적의 소굴로 되어 있었다. 송대립의 아우 희립(希立)이 지도 만호로 있었으므로 공이 서찰을 보내 통제사 이순신의 휘하로 같이 가 협력하여 적을 무찌르자고 알린 다음 어머니를 동복 현감 송두남에게 맡겼다. 송두남은 송대립의 일가였다. 이순신이 송대립의 충용을 알아보고 또 망가 순국(忘家殉國)하려는 뜻에 감복하여 마음을 열고 어울렸으며, 도원수 권율(權慄)에게 추천하였다.

1597년(선조 30)에 왜구가 다시 기세를 돋우자 권율은 송대립을 창의 별장에 차출하여 연해의 왜적들을 막게 하였다. 이때 적세는 꽤 컸으나 조선군은 적어 대적할 수 없었으므로 공은 드디어 도망친 자들을 타일러 모으고 널리 의병을 모집하여 흥양의 첨산에서 항거하며 지키자 군사의 형세가 다소 강성해져 사람들이 공을 믿고 중하게 여겼다. 이해 3월에 적선 30여 척이 갑자기 보성진을 침범하므로 송대립은 용사 최대성 등을 거느리고 급히 가서 막으며 홀로 수백 인을 사살한다. 또 10여 척이 흥양의 망저포를 침범하자 송대립은 진을 망저포로 옮기고 크게 유린하니, 거의 살아난 자가 없었다. 오직 9명의 왜적만이 도망치므로 공은 홀로 추적하여 8명의 왜적의 목을 베었다. 그리고 1명을 사로잡아서 막 말을 돌리려는데 갑자기 복병 10여 명이 기세가 세찬 비바람처럼 돌진해 왔다.

송대립은 더욱 정신을 차리어 결사 항전하려고 검을 휘두르며 분격하기를 아침부터 저녁까지 하면서 조금도 물러서지 않으니, 적들의 기세는 꺾이었고 그 용맹을 더욱 꺼려 감히 앞으로 핍박해 들어오지 못하고 멀리서 총으로 송대립의 옆구리를 맞혔다. 이에 송대립은 말에서 내려 북쪽을 향하여 두 번 절하고 숨을 거두니 4월 8일이요, 나이는 48세였다. 일이 알려지자 선조는 특명으로 병조 참의를 증직하고 선무훈을 정함에 있어 공을 원종 1등에 책록(策錄)하였으며, 뒤에 '충신지문'이란 정려(旌閭)를 내렸다.

송희립(宋希立)은 송대립의 아우이다. 1592년(선조 25) 임진왜란이 일어나자 지도 만호가 되어 형 대립과 함께 이순신의 휘하에서 활약한다. 이순신이 하옥되자 한양에 올라가 구명활동에 힘썼다.

1598년(선조 31) 노량해전에서 적에게 포위된 명나라 제독 진린을 구출한다. 이순신의 옆에 있다가 장군이 탄환에 맞아 전사하자 이를 숨긴 채 북을 잡고 끝까지 독전한다.

1601년(선조 34) 양산군수·다대포 첨절제사를 지내고, 전라좌도 수군절도사가 되었다. 송희립은 현감을 지낸 송관(宋寬)의 둘째 아들로 태어났으며, 형은 송대립(宋大立)이요, 아우는 송정립(宋正立)이다.

송희립은 1553년(명종 8) 전라도 고흥군 동강면 마륜리에서 출생한다. 1583년(선조 16)에 무과에 급제하여 지도 만호를 시작으로 벼슬길에 올랐다. 임진왜란 직전인 1591년(선조 24)에 녹도 만호 정운의 군관으로서 영남 지역에 원병 파병을 주장한다. 임진왜란 직전까지 나대용, 정걸 장군 등과 함께 거북선 건조와 수군 교육을 감독하는 일을 맡았다. 임진왜란이 발발하자 송희립은 형제들과 함께 이순신 휘하에 들어가 핵심참모로서 뛰어난 지략과 용맹을 발휘하여 옥포해전, 당포해전, 부산포해전 등에서 차례로 대승을 거두는 전과를 올렸다.

또한 이순신 장군이 조정을 속이고 임금을 업신여긴 죄로 사형 선고를 받고 옥에 갇히는 신세가 되는데, 이때도 송희립은 정탁, 정경달 등과 함께 조정에 간곡하게 상소하여 이순신 장군의 삼도수군통제사 복귀에 일조한다.

1598년(선조 31) 11월 18일 밤 임진왜란과 정유재란의 마지막 전투가 벌어진 묘도 앞바다에서 송희립 장군은 중상을 당하여 기절하고, 이순신 장군은 전사하고 말았다. 선상의 병사들이 매우 놀라며 이순신 장군이 총탄에 맞았다고 말하자 기절했던 송희립이 이 말을 듣고 벌떡 일어나 앉았다. 그러고는 장수 몇 명에게 이순신 장군의 아들과 조카 등의 입을 막아 울음을 그치게 하고는 시신을 싸서 초둔(草芚)으로 덮은 후에 이순신 장군을 대신하여 갑옷을 입고 기와 북채를 들고 독전하여 수세에 몰렸던 명나라 진린 도독을 구하는 등 노량해전을 승리로 이끄는 데 큰 공을 세웠다.

송희립은 이듬해 이 공훈을 인정받아 선무원종 일등공신에 오른다. 1601년(선조 34)에 양산 군수로 발탁되었다가 다대포 첨사 등을 거쳐 1611년(광해군 3) 4월 전라 좌수사로 임명되어 여수 지역에서 활동한다.

송희립이 전라 좌수사로 임명이 된 때에는 그래도 난리가 멈추었고, 어느 정도 평온을 되찾은 뒤였다. 1612년(광해군 4) 6월 이립(李岦)에게 전라 좌수사 자리를 넘겨주었으며, 1619년 별장을 거쳤다는 기록이 있을 뿐 이후에 대한 행적은 자세하지 않다.

송희립은 사후에 흥양현(전남 고흥)의 세충사에 제향되었으며, 서동사와 충무사, 무광사 등에서 송희립을 배향하고 있다.

13. 신여량 전투의 귀재

신여량(申汝樑,1564~1606)은 본관이 고령(高靈)이며, 고흥 동강에서 홍해(弘海)의 장남으로 태어났다.

1583년(선조 16) 무과에 급제하여 선전관과 의주 병마절제도위 등을 지냈다. 임진왜란 때 임금을 호종한다. 노량해전과 한산대첩, 권율의 부장으로 행주싸움에서 공을 세웠다. 1597년 정유재란 때에는 창의하여 순천 예교(曳橋) 싸움에 참전한다.

다시 통영에서 이순신의 휘하로 수군을 지휘한다. 여러 번의 출전에 척후장으로 활약한다. 그 공으로 부산 첨사가 되었다. 임진왜란 종전 후 경상 우수사의 우후로 당포해전에서도 공을 세워 1604년(선조 37)에는 승첩도를 하사받기도 하였다. 1605년 12월 전라우도 수군절도사에 임명되었다가 이듬해 전라 병사로 전보되었으나 부임 전 병사한다.

1691년(숙종 17) 흥양유학 신숙(申淑) 등에 의하여 공적의 포상을 바라는 상서가 순상에게 올려지고, 1735년 창평유학 고만령(高萬齡) 외 13인, 1738년 전주유학 김유성(金有聲)외 73인의 통문을 올렸다. 1753년(영조 29)에는 병조판서에 증직되고 충신정려가 내려져 명정액과 함께 예관이 파견되어 치제한다. 1838년(헌종 4)과 1937년, 1955년에 중수하였다. 정려각은 앞면 1칸, 옆면 1칸의 팔작집으로 맞배집의 문과 담장으로 둘러져 있다.

관련 유물로는 주사선연도(1601년 경)·당포앞바다승첩도(1604)·교서(教書, 1604)·유서(諭書, 1605) 등(전라남도유형문화재 제147호)이 있다.

14. 최희량 수군을 재건하다

최희량은 큰 체구에 용모가 뛰어나고 독서를 좋아하였으나 아버지의 뜻에 따라 무예를 익혔다. 1592년 임진왜란이 일어났을 때에는 상중에 있었기 때문에 나아가 싸우지 못한다. 1594년 무과에 급제한 다음에 당시 충청 수사로 있던 장인 이계정(李繼鄭)을 돕도록 천거되어 선전관에 임명되었다. 정유재란 때에는 흥양 현감으로 있으면서 이순신의 휘하에서 여러 번 전공을 세워 이순신의 격찬을 받았다. 노량해전에서 이순신이 전사하자 벼슬을 버리고 향리로 돌아왔다.

1604년 논공에서 선무원종공신 1등에 녹훈되고, 가선대부에 올랐다. 병자호란 때에는 이미 나이가 많아서 출전하지 못하고 대신 아들을 보내어 남한산성에서 인조를 호종하게 한다.

저서로는 《일옹문집》이 있다. 1774년(영조 50)에 병조판서에 추증되고, 1800년(정조 24) 나주 향인들이 지은 사당에 이순신과 함께 배향되었다.

≪임란첩보서목≫

최희량이 정유재란 때 흥양 현감으로 일본군을 격파한 승전보고 서목을 모은 서첩이다. 부속자료로 교지·시호망 등 고문서가 첨가되어 있다. 종류별로 살펴보면 다음과 같다.

1) 최희량임란첩보 : 첩장으로 19절이며, 표지에는 최일옹파왜보첩원본(崔逸翁破倭報捷元本)이라 쓰여져 있다. 1598년 3월부터 7월 사이에 최희량이 흥양 현감으로 재임시 전라 좌수사, 통제사 등에게 첨산(尖山)·고도(姑島) 등의 승첩을 7차에 걸쳐 올렸다. 이에 대한 수사나 통제사의 여러 가지 의견이 들어 있다. 이 서첩 후미에 이부(李

莘)·조명정(趙明鼎) 등 8인의 발문이 붙어 있다.

2) 교지 : 낱장으로 총 9장이다. 5장은 선조 때 최희량이 받은 사령교지이고, 1장은 최희량이 죽은 뒤 내린 병조판서 증직교지이며, 1장은 고종 때 내린 사시교지이며, 2장은 그의 부인에게 내린 증직교지이다.

3) 시호망(諡號望) : 3장으로 1871년(고종 8) 시호 내릴 것을 청할 때의 문서이다. 이 서첩과 문서들은 임진왜란 당시의 전황을 살필 수 있는 귀중한 사료이며, 고문서 연구에도 중요한 자료이다.

15. 유형 이순신의 후계자

1592년 임진왜란이 일어나자 유형(柳珩)은 창의사 김천일을 따라 강화에서 활동한다. 의주 행재소에 가서 선전관에 임명되었다. 1594년 무과에 급제, 선조의 친유(親諭)를 받고 감격하여 충성을 다하여 나라에 은혜를 갚겠다는 진충보국(盡忠報國) 네 자를 등에 새겨 스스로 맹세하였다고 한다. 신설된 훈련도감에서 군사 조련에 힘쓰다가 해남 현감으로 나갔다. 1597년 정유재란 때 통제사 이순신의 막료로 수군 재건에 노력한다. 남해 앞 바다의 전투에서는 명나라 제독 진린과 이순신이 곤경에 처했을 때 공을 세우기도 했다. 노량해전에서 일본군 적탄에 맞아 부상을 입고도 전사한 이순신을 대신하여 전투를 지휘한 사실이 왕 선조에게 알려져 부산진 첨절제사에 발탁되었다. 그는 이순신의 신망이 두터운 인물로 1600년에 경상우도 수군 절도사로 임명되었고, 1602년에 삼도수군통제사가 되었다.

다시 충청도 병마절도사를 거쳐, 1609년(광해군 1) 함경도 병마절도사로 화령 부사를 겸한다. 이어서 경상도 병마절도사 · 편안도 병마절도사를 역임하고, 황해도 병마절도사로 재임 중에 죽었다.

그는 용병에 능하고, 특히 통제영의 기계설비와 회령 · 경성의 축성 등 적을 방어하기 위한 군사 시설의 확립에 주력한다.

조국 재진 승전의 기록 ≪난중일기≫, ≪임진장초≫, ≪서간첩≫

1. ≪난중일기≫ 국난극복의 여정이 담긴 전쟁 비망록

국보 76호인 이순신의 피와 땀이 밴 핵심 저작 ≪난중일기≫, ≪서간첩≫, ≪임진장초≫가 있다. 이 3가지 작품은 역사적 사료로서 가장 소중하고 가치 있는 저작이다.

≪난중일기≫의 저본(底本)이 되는 친필 초고본 이외에 이를 옮겨 적은 다양한 전사본(傳寫本) 등 이본(異本)이 많았다. 게다가 출판사마다 다른 이본에 근거하여 완역하거나, 완역이 아닌 부분 발췌 또는 누락된 상태로 책을 내놓은 경우도 많기 때문이다.

이런 상황에서 역자 노승석이 현존하는 ≪난중일기≫ 중 가장 완전한 형태로 복원된 국내 최초의 교감(校勘) 완역을 내놓았다. 필자는 이 책에서 ≪난중일기≫ 노승석의 교감 완역본을 인용하였음을 밝혀둔다. 역자는 2008년 현충사에 소장된 ≪충무공유사忠武公遺事≫를 판독하다가 을미년(1595) 일기 29일치 등 이전에 알려지지 않았던 32일치를 발견하여 추가로 번역 수록하였다.

이순신의 저작은 정조에 의해 정리되었다. 정조의 명에 의해 1792년 초고본을 해독하여 ≪이충무공전서≫가 발간되었다. 이후 1885년 정유자본, 1918년 최남선 편수본, 1935년 조선사편수회 판본, 1960년 이은상 역주본이 나왔다. 역자 노승석은 지금까지 그대로 잔존하던 오류들을 대부분 교정하였다. 그동안 많은 오류가 교정되지 못한 이유도 있었다. 이순신의 초서체 자체도 해독하기 어려웠던 데다가 전쟁의 급박한 상황에서 이순신의 필체가 더욱 심하게 흘려 쓴 부분이 많았기 때문이다. 역자는 아직도 완전무결하다고 단언할 수 없다며 더 연구 분석해 나가겠다고 다짐하고 있다. ≪난중일기≫는 2,539일 간의 기록인 이 일기에는 전쟁에 관련된 많은 기록뿐만 아니라 당시 사회상에 대한 자료까지 다 있어 사료로써 매우 가치가 높다.

≪난중일기≫에는 왜란의 병화에 대한 안타까운 소회가 자주 보인다. 주로 전쟁의 출동과 전황, 부하 장수의 보고 내용, 군율을 어긴 부하 장수의 처결, 전쟁 수행 과정과 관련한 정책 건의를 담은 장계가 담겼다. 또한 진중의 인사 문제와 가족에 대한 안부 걱정, 동료 장수 및 부하에 대한 평가, 억울한 상황에서의 울분과 한탄 등 다양한 이야기들이 꾸밈없이 기록되었다. 또한 군사의 훈련과 여가 시간의 모습 등 진중 문화와 생활을 엿볼 수 있는 대목도 많다. 현지 실정을 모르는 상황에서 내려지는 조정의 교지나 정책에 대한 답답함을 토로하기도 한다. 무능한 조정에 대한 탄식, 전쟁에 시달리는 백성에 대한 사랑, 전투를 준비하고 임하는 결연한 모습, 전쟁 초기에 입은 총상으로 오랫동안 고생하는 모습도 여러 날에 걸쳐 실려 있다.

≪난중일기≫가 420년이 넘도록 사랑받는 이유는 늘 일본군을 절멸시키고자 애쓴 이순신의 충정이 진솔하게 배어있기 때문이다. 또한 7년 전쟁 동안 이순신의 활약상과 그가 체험해 낸 전쟁의 상흔도 여과 없이 살펴볼 수 있다. 이 모든 내용들은 전쟁의 참혹함, 나라의 소중함과 참 군인의 모습을 후세에 생생하게 경각시키고 있다.

*≪난중일기≫: 충무공 이순신이 임진왜란이 일어난 해부터 시작하여 전쟁이 끝나는 순간을 앞에 두고 노량해전(露粱海戰)에서 전사하기까지(1592. 1. 1～ 1598. 11. 17), 진중에서 있었던 7년간의 일을 기록한 일기이다.

• 임진왜란사 연구 자료로서 가치

《난중일기》는 단순히 자신의 개인사만이 아닌 임진왜란 7년 동안의 상황을 가장 구체적으로 알 수 있는 사료이다. 전란(戰亂)의 전반에 대해 기록했으며, 군사에 대한 전략·전술회의·지형정찰·군사훈련·비밀훈련 등을 생생히 담고 있다.

• 예술품으로서 가치

일기의 내용을 보면 이순신의 인품과 인간적인 고뇌, 나라에 대한 깊은 충정 등이 곳곳에 드러나 있다. 공사(公私)의 구분과 공무의 처리가 매우 빈틈이 없으며, 부하에 대한 사랑과 상벌이 분명하고 엄정하다. 이외에도 국정에 대한 솔직한 감회 등이 무인다운 웅혼한 필치로 쓰고 있어 예술품으로써 가치도 뛰어나다.

• 개인전기 및 군사자료로써 가치

한 영웅적인 인물의 전기를 연구함에 있어서 《난중일기》는 손색이 없다. 전쟁 기간에서 출세의 과정·투옥·고문·백의종군 등의 모진 풍파와 역경의 인생에서도 끝내 전쟁에서 승리한 자를 기록하고 있다. 그 당시의 정치, 경제, 사회, 군사 등 여러 부문에 걸친 기사와 자신이 출전한 해전에서 상세한 전투 기록 등은 임진왜란과 수군의 역사를 연구하는 중요한 자료이다.

《난중일기》는 전쟁을 이겨낸 장수이자 전쟁 수행자의 수기(手記)이므로 그 자체로서도 충분한 가치가 있을 뿐만이 아니라, 그의 사적을 연구하거나 임진왜란을 연구함에 있어서 가장 중요한 사료라 할 수 있다.

2. ≪임진장초≫ 이순신의 공식 전쟁 보고문서

≪임진장초壬辰狀草≫는 ≪난중일기≫, ≪서간첩≫과 함께 이순신의 국보 76호로 지정되어 충남 아산 현충사에 보관되어 있다. 임진왜란과 충무공 이순신을 연구하는데 있어 가장 중요한 1차 원전이다. ≪난중일기≫는 개인 작품이므로 충무공의 친필 초서로 작성되었다. 하지만 ≪임진장초≫는 조정에 보고하는 공식 보고 문서이므로 이순신의 초고가 해서(楷書)로 등초되어 있다.

≪임진장초≫는 정조의 명에 의해 편찬된 ≪이충무공전서≫ 속에 ≪난중일기≫와 함께 수록되어 있다. 현충사에 별도의 장계 초본도 보관되어 왔다. 번역자 조성도 교수는 오랫동안 해군사관학교 교수로 재직하며 이순신 연구에 천착한 분이다. 역자는 전서에 수록된 장초 71편과 전서에 수록되지 않고 초본에만 있는 7편을 합쳐, 현존하는 78편의 장초를 완역하면서 상세하고 깊이 있는 주석을 달았다.

사실 ≪임진장초≫는 진중보고문인 장계의 특성상 상세한 전황을 많이 담고 있다. 사료의 중요성을 떠나 개인의 일상을 중심으로 기록한 ≪난중일기≫보다 전투의 수행 상황을 기록한 대목들이 매우 주목을 끌고 있다. ≪임진장초≫는 임진왜란의 전개와 관련된 정황과 전투 장면, 전법, 참전자의 공적 등을 상세히 살펴볼 수 있다. 중요 대첩 장면에서는 서사를 보여주고 때로 분노와 한탄을 담고 있다. 한산대첩의 학익진 전법을 통한 승전을 기록한 대목은 압권이다. 매번 승첩의 장계에 전투에서 전사하거나 부상한 장졸을 한 명도 빼놓지 않고 기록하고 있다.

"접전할 때 군졸들 중에 본영 2호선의 진무 순천 수군 김봉수, 방답 1호선의 별군 광양 김두산, 여도 배의 격군이며 흥양 수군인 강필인…… 낙안 배의 사삿집 종 김말손, 거북선의 토병인 정춘…… 등은 철환을 맞아 전사하였습니다."

이름난 장수에서부터 사삿집 종에 이르기까지 조선 백성들의 목숨을 바친 희생이 나라를 구한 것이다. 이순신은 각 장수에게 명하여 전사자를 고향으로 보내어 장사지내고 하고, 그들의 처자에게 휼전(恤典)을 베풀도록 조치한다. 당시 전사자에 대한 휼전이라는 것이 약간의 쌀과 베를 주는 데에 불과하였다. 가장을 잃고 과부가 되거나 고아가 된 백성이 오롯이 감당하던 생활의 비참함을 여과 없이 보여주고 있다.

또 ≪임진장초≫에는 전쟁 수행과정에서 겪는 다양한 어려움을 극복하기 위한 방책을 건의한다. 또 부하 장수의 포상을 주청하거나 일본군의 동향을 보고하는 장계도 있다. 육군과 수군의 수륙합공작전의 건의에서는 이순신의 장수로서 전략적 탁월성, 백성과 부하를 사랑하는 마음, 일본군을 적멸시키기 위해 노심초사하던 모습을 생생하게 기록하고 있다.

3. ≪이순신 한묵첩翰墨帖≫ 인간 면모가 담긴 이순신의 편지글

이순신이 직접 쓴 서간문을 들춰보는 것도 이순신의 내면을 들여다보기에 가장 적합하고 유익하다.

≪이순신 한묵첩≫은 ≪난중일기≫에 담긴 편지 14편은 물론, 친척인 현덕승(玄德升)과 오고간 편지 6편, 정조의 왕명으로 유득공이 편찬한 ≪이충무공전서≫에 실린 5편, 기타 문집에 실린 편지 및 독후기 3편을 함께 엮고 해설한 책이다. 특히 편역자는 여러 서한문 등

336

의 영인본을 참고자료로 싣고 있다.

편역자가 국보 제76호인 충무공의 편지들을 뽑아 영인한 일차적 의도는 편지글에 담긴 이순신의 사상과 인간성을 조명하는 것이다. 나아가 이순신의 육필에 서린 정신과 예술성에 주목할 필요가 있다. 일반 독자의 경우 이순신의 여러 편지에 담긴 인간적 면모에 더 눈길이 가게 된다. 이순신의 편지에서 공무에 바빠 친척 간에 회포를 풀 시간을 갖지 못하는 아쉬움을 나타내거나 자신의 처지를 웃어넘기는 소박한 인간미를 볼 수 있다.

효성이 지극했던 이순신은 부모를 제대로 봉양하지 못해 늘 회한이 많았다. 이순신은 좌수영 지척인 전라도 순천 땅에서 피난살이 하던 늙은 어머니를 3년 동안이나 뵙지 못한다. 때 마침 늙은 어머니의 전갈을 받는다.

"병들어 이제는 살날이 얼마 남지 않은 것 같다. 죽기 전에 네 얼굴이나 한번 보고 싶다."

이순신의 무장으로서 전략과 소신, 기개와 충의, 부하 사랑의 정신, 한 사람의 친구로서 고민, 한 사람의 자식으로서 효심을 느낄 수 있는 작은 대목들이 잔잔한 감동을 준다.

세계인이 알아야 할 성웅 시크릿

| 참고문헌 |

《국사상의 제문제》 〈고구려의 흥기 1〉 (이홍직, 1959)
《국조방목國朝榜目》
《경주읍지》
《기언記言》
《나주목지羅州牧誌》
《남사南史》
《난중일기》 이순신지음 노승석 옮김, 민음사, 2010.
《동국이상국집東國李相國集》
《문정공유고文貞公遺稿》
《명종실록明宗實錄》
《북사北史》
《사마방목司馬榜目》
《삼국사기》
《삼국유사》
《서애연구》 2 〈서애류성룡(西厓柳成龍)의 사회경제관〉, 이수건,
　　　　　　　서애류성룡선생기념사업회, 1979
《서애집西厓集》
《선산군지》 (선산군지편찬위원회, 1968)
《선조실록宣祖實錄》
《선조수정실록宣祖修正實錄》
《수서隋書》
《속 한국선박사연구》 김재근, 서울대학교출판부, 1994
《신찬성씨록新撰姓氏》

01) 명량해전은 조선 1597년(선조 30)에 이순신이 이끄는 조선 수군이 명량에서 왜선(倭船)을 쳐 부순 싸움이다. 12척의 전선(戰船)으로 일본군 함대 133척을 맞아 싸워 31척의 적선 을 격파하여 크게 이겼다.

02) ≪사기史記≫ : 중국 전한(前漢) 시대의 사마천이 지은 역사책이다.

03) ≪자치통감資治通鑑≫ : 중국 송대 사마광(司馬光)이 편찬한 총 294권의 편년체 역사 서이다.

04) 거북선은 임진왜란 때 이순신이 만들어 일본군을 쳐부순 거북 모양의 배이다. 거북선(龜船)에 관한 문헌상 최초의 기록은 조선 초기의 〈태종실록〉으로서, 1413년(태종 13)에 이런 구절이 있다. "왕이 임진강 나루를 지나다가 귀선과 왜선으로 꾸민 배가 해전 연습을 하는 모양을 보았다."

05) ≪난중일기亂中日記≫ : 조선시대 명장 이순신(李舜臣)이 임진왜란 중에 쓴 7년간의 진중일기이다.

06) 칭기스 칸은 1200년 경몽골제국을 건설한 탁월한 군사전략가이자 제왕이다.

07) 알렉산더는 마케도니아의 왕)재위 BC 336~BC 323)을 말한다. 그리스, 페르시아, 인도에 이르는 대제국을 건설하였다. 그리스 문화와 오리엔트 문화를 융합한 헬레니즘 문화를 이룩하였다.

08) 나폴레옹 보나파르트(1769~1821)는 프랑스의 군인이자, 정치가이며, 프랑스 대혁명 시기 말기 무렵의 정치 지도자이자 1804년부터 1815년까지 프랑스의 황제였다.

09) 아돌프 히틀러(Adolf Hitler, 1889~1945)는 독일의나치의 정치인이다.

10) 오고타이는 몽골 제국의 제2대 황제(재위 1229~1241)이다.

11) 몽골 제국(Mongol dynasty)은 중국 역대 통일 제국의 하나(1279~1368)이다.

12 페르시아(Persia)는 아시아 남서부에 있었던 이란의 옛 왕국을 말한다.

13) 러시아(Russia)는 유럽 대륙의 동부에서 시베리아에 걸쳐 있는 나라이다.

14) 세종대왕(世宗大王)은 조선의 제4대왕(1418~1450 재위). 한국인이 세계 위인 중에서 가장 존경하는 인물이다.

15) 의정부(議政府)는 조선시대 백관(百官)의 통솔과 서정(庶政)을 총괄하던 최고의 행정기관이다.

16) 고려 이래 조선 초기에 걸쳐 궁중에 설치되었던 학문 연구 기관. 세종대왕은 임금이 된 즉시 국가 문화진흥을 위해 집현전을 확대, 문학의 선비를 뽑아 오로지 연구에

만 일삼게 하였다.

17) 성삼문(成三問, 1418~1456)은 조선 초기의 문신이며, 사육신의 한 사람이다.

18) 박팽년(朴彭年, 1417~1456)은 조선 초기의 문신이며, 사육신의 한 사람이다.

19) 하위지(河緯地, 1412~1456)는 조선 전기의 문신이며, 사육신의 한 사람이다.

20) 신숙주(申叔舟, 1417~1475)는 조선 초기의 문신으로 영의정을 지냈으며 4차례 공신의 반열에 올랐던 인물이다.

21) 정인지(鄭麟趾, 1396~1478) 조선 초기의 문신으로 세종~ 문종 대에는 문화 발전에, 단종~성종 대에는 정치 안정에 기여한다.

22) 효행록(孝行錄)은 고려 충목왕 때 권보(權溥)와 그의 아들 준(準)이 효자(孝子) 62명의 전기(傳記)를 모아 엮은 책이다.

23) 삼강행실도(三綱行實圖)는 세종의 명으로 집현전 부제학 설순(偰盾)이 지었다. 중국과 우리나라에서 삼강(三綱)에 모범될 105명의 행적을 그림과 한문으로 설명하고 있다.

24) 주자가례(朱子家禮)는 중국 송나라 주자가 가정에서 지켜야 할 예의 범절에 관해 저술한 책이다.

25) 기원전 37년에 동명왕 주몽이 동가강 유역에 건국한 나라이다.

26) 동명성왕(東明聖王)은 고구려의 시조(재위 BC 37~BC 19)이다.

27) 해모수(解慕漱)는 고구려 건국신화에 등장하는 인물이다.

28) 하백(河伯)은 고구려 건국설화에 나오는 물의 신이다.

29) 금와왕(金蛙王)은 동부여의 왕이다.

30) 유화부인(柳花夫人)은 고구려의 시조인 동명왕 주몽의 어머니이다.

31) 송양왕(松讓王)은 특정한 인물의 이름이 아니라, 소노의 장이라는 뜻이다.

32) 유리는 고구려 제2대 유리왕(재위 BC 19~AD 18)을 뜻한다.

33) 박혁거세(朴赫居世)는 신라의 시조(재위 B.C. 57~A.D. 4)이다.

34) 화백회의(和白會議)는 진골 귀족 출신의 대등(大等)으로 구성된 신라의 합의체 회의 기구이다.

35) 서라벌(徐羅伐)은 신라의 옛 이름으로, 지금의 경북 경주에 있었다.

36) 알영(閼英)은 신라 시조 혁거세의 부인이며 제2대 남해차차웅의 어머니이다.

37) 막스 베버(Max Weber, 1864~1920)는 19세기 후반기부터 20세기 초에 걸치는 시대에 활동한 독일의 저명한 사회과학자이자 사상가이다.

38) ≪경제와 사회(공동체들)≫ 막스 베버 사회학자, 몸젠 마이어의 저서이다.

39) 예수 그리스도(Jesus Christ, BC 4? ~ AD 30)을 말하며 기독교의 시조이다.

40) 종교개혁(Reformation, Reformation)은 16세기 전반, 유럽의 그리스도교, 로마·가톨릭 교계 내부에서 일어난 신학, 교의, 전례, 교회 체제 전반에 걸친 변혁운동이다.

41) 산업혁명(Industrial Revolution, 産業革命)은 18세기 중엽 영국에서 시작된 기술혁신과 수반하여 일어난 사회·경제 구조의 변혁이다.

42) 베니토 무솔리니(Benito Amilcare Andrea Mussolini, 1883~1945) 이탈리아의 정치가·파시스트당 당수·총리를 지냈다.

43) 히로히토(裕仁, 1901~1989)는 일본의 제124대 천황이다. 중일전쟁에 이어 제2차 세계대전 등 일본의 팽창주의를 주창하였다. 아라히토가미(現人神)로서 신격을 부정하는 인간선언을 발표하여 일본국 헌법 제정과 함께 상징적인 국가 원수가 되었다.

44) 1차 세계대전은 1914년부터 4년간 계속되었다.

45) 독일혁명(Die deutsche Revolution, 獨逸革命) 또는 11월 혁명은 독일에서 1918년 11월 7일에 발생한 민주주의 혁명이다.

46) 베르사유조약(Treaty of Versailles)은 1919년 6월 28일 파리 평화회의의 결과로 31개 연합국과 독일이 맺은 강화조약을 말한다.

47) 2차 세계대전은 1939년부터 45년까지 전쟁이다. 독일·일본·이탈리아 등 파시즘 세력의 침략에 대항하여 영국·프랑스·중국·러시아·미국 등이 연합군을 이루어 싸운 세계 규모의 전쟁을 말한다.

48) 아이젠하워(Dwight David Eisenhower)는 미국의 34대 대통령(재위 1952~1961). 육군 원수. 1943년 유럽 연합군 최고 사령관이 되어 북 프랑스 상륙에서부터 독일 항복까지 서북 작전의 총지휘를 담당, 원수로 승진하여 육군 참모장이 되었다. 1952년 공화당의 대통령 후보에 지명되어 당선되었다. 1956년 민주당의 공격을 물리치고 재선되었다가 1961년 사임하였다.

49) 윈스턴 처칠(Winston Leonard Spencer Churchill)은 영국의 정치가이다. 1906년 이후 자유당 내각의 통상장관·식민장관·해군장관 등을 역임하였다. 제2차 세계대전 중에 노동당과의 연립내각을 이끌고 루스벨트, 스탈린과 더불어 전쟁의 최고 정책을 지도한다. 이후 반소 진영의 선두에 섰으며 1946년 '철의 장막'이라는 신조어를 만들어내기도 한다.

50) 마하트마 간디(Mahatma Gandhi 1869~1948)는 인도의 민족운동 지도자이자 인도 건국의 아버지이다. 남아프리카에서의 인종차별에 대한 투쟁으로 유명해졌다. 제1차 세계대전 이후 영국에 대해 반영·비협력 운동 등의 비폭력 저항을 전개한다.

51) 제3세계 국가는 일반적으로 제2차 세계대전 이후 미국·소련 어느 진영에도 가담하지 않고 비동맹 노선을 걸었던 개발 도상국을 말한다.

52) 포스트모더니즘(postmodernism)은 1960년에 일어난 문화운동이며 정치·경제·사회의 모든 영역과 관련되는 한 시대의 이념이다.

53) 유대인 대량학살은 나치에 의한 유대인의 대량 학살을 말한다.

54) 히로시마 원폭투하는 1945년 8월 6일 현지 시간 오전 8시 15분, 최초의 핵무기인 리틀 보이가 일본 본토 히로시마 상공 580m에서 폭발한다. 히로시마가 목표물이 된 것은 이전까지 공습을 받은 적이 없는 도시였기 때문이다. 폴 티베츠 중령이 조종하는 B29 폭격기 에놀라 게이(Enola Gay)호에서 투하한 폭탄이었다.

55) 생태계 파괴는 생물적 환경과 비생물적 환경을 포함하여 그 속에서 상호 작용을 하는 생물의 군집이 파괴되는 것을 말한다. 인간도 하나의 생물종으로서 생태계 속에서 다른 생물이나 비생물 환경과 상호 작용을 하며 살아간다. 생태계는 자기 조절 능력이 있어서 항상 일정한 상태를 유지하려고 한다. 만일 균형을 잃으면 다시 새로운 안정 상태를 만들어 낸다. 생태계의 파괴 정도가 지나치면 회복 기능을 발휘하지 못하게 된다. 특히 환경 오염 및 무분별한 개발에 의한 생태계 파괴는 회복이 거의 불가능하다는 점에서 전 세계적으로 심각한 문제가 된다.

56) 핵전쟁위협(the threat of nuclear warfare, 核戰爭威脅)교 전국의 쌍방 또는 일방이 핵무기를 사용하여 전쟁을 하겠다고 위협하는 것을 말한다.

57) 헬레니즘은 알렉산드로스 대왕의 제국건설 이후 고대 그리스의 뒤를 이어 나타난 문명을 말한다.

58) 합리주의(rationalism, 合理主義)는 비합리적·우연적인 것을 배척하고, 이성적·논리적·필연적인 것을 중시하는 태도이다.

59) 후기산업사회(post-industrial society)는 산업사회 이후의 사회를 가리키는 말로, 정보화사회(information society)를 뜻한다.

60) 정보화 사회(情報化社會)는 정보를 가공, 처리, 유통하는 활동이 활발하여 사회 및경제의 중심이 되는 사회이다.

61) 대량소비(mass consumption)는 대량생산과 함께 현대경제사회의 주요한 소비 특성을 나타내는 말이다.

62) 해체주의(解體主義) 종래의 로고스(logos) 중심주의적인 철학을 근원적으로 비판하는 포스트 구조주의의 철학이론으로, 1960년대에 프랑스의 비평가 데리다(Derrida, J)가 제창한 비평 이론이다.

63) 노블레스 오블리주(noblesse oblige)는 사회 고위층 인사에게 요구되는 높은 수준의 도덕적 의무를 말한다.

64) 로마제국(Roman Empire)은 BC 8세기 무렵부터 시작된다. 가이우스 디오클레티아누스 (Gaius Aurelius Valerius Diocletianus, 245~316)가 황제가 되면서 로마제국은 4등분 되어 통치되었다. 마침내 395년 로마제국은 동·서로 분열되어 이탈리아, 이베리아 반도와 북아프리카를 지배했던 서로마제국은 476년에 멸망하고 소아시아 지역을 지배했던 비잔티움제국(동로마제국)은 1453년까지 존속하였다. 로마가 이룩한 지중해 세계의 통일은 세계사상 불멸의 의의를 가지는 것으로 평가된다.

65) 로마공화정(共和政)은 고대 로마 시대에서 기원전 510년경 왕정을 폐지하고 이후 450여 년간 로마 정치를 이끌었던 공화정 정체와 그 정부를 일컫는다.

66) 한니발(기원전 247~기원전 183)은 북아프리카 카르타고의 정치가이자 위대한 장군. 알렉산드로스 대왕, 피로스 왕과 함께 고대 지중해 세계 최고의 명장으로 꼽힌다.

67) 카르타고(Carthago)는 티레의 고대 페니키아인이 북아프리카의 튀니스만 북 연안에 건설한 도시 및 도시 국가이다.

68) 포에니 전쟁(Punic Wars)은 기원전 3세기 중엽부터, 기원전 2세기 중엽까지 로마와

카르타고 사이에 지중해의 패권을 둘러싸고 일어난 세 번에 걸친 전쟁을 말한다.

69) 집정관은 로마 공화정(共和政) 시대의 최고 관직을 말한다.

70) 호민관(tribunus plebis, 護民官)은 고대 로마에서 평민의 권리를 지키기 위하여 평민 중에서 선출한 관직이다.

71) 존 시드니 매케인 3세(John Sidney McCain III, 존 맥케인, 1936년 8월 29일~)는 미합중국 상원의원이며 2008년 미국 대통령 선거미국 공화당 대통령 후보였다. 2002년 3월 엔론 사건의 여파 속에 매케인-페인골드 법안은 상하원을 모두 통과하였다. 이는 상원의원으로서 이룬 매케인의 가장 큰 입법 업적이 되었다.

72) 앤드루 카네기(Andrew Carnegie, 1835~1919)는 미국의 자본가로 카네기철강사(현 US 스틸)를 설립하였으며 교육, 문화사업에 헌신한 자선사업가이다.

73 존스 홉킨스(Johns Hopkins, 1795년 5월 19일 ~ 1873년 12월 24일)는 미국의 기업인이자 자선사업가로 존스 홉킨스 대학을 설립하였다.

74) 이튼 칼리지(Eton College)는 영국 이튼에 있는 명문 사립 중등학교(퍼블릭 스쿨)이다. 1440년 헨리 6세에 의하여 창설되었는데, 오늘날까지 창립 당시의 모습이 많이 남아 있다.

75) 엘리자베스 2세(Elizabeth 2, 1926~)는 영국의 여왕이다. 조지 6세의 맏딸. 1947년 에든버러 공과 결혼하고 부왕의 사후, 빅토리아 여왕에 계승하는 여왕으로 즉위하였다.

76) 정조(正祖)는 조선 제22대 왕이다. 재위는 1776~1800년까지이다.

77) 김만덕(1739~1812)은 조선 후기 제주의 굶주린 백성을 살린 여성 사업가이다.

78) 최재형(崔在亨, 1858~ 1920)은 러시아 군대의 어용상인(御用商人)으로 재물을 모아 부자가 되었다. 이후 관리가 되어 두 차례에 걸쳐 페테르부르크에 가서 러시아 황제를 알현, 5개의 훈장까지 받았다. 1919년 4월 10일 상해에 수립된 대한민국임시정부 제1회 임시의정원회의에서 초대 재무총장에 선임되었으나 이를 사양하고 노령을 근거지로 계속 활약하였다. 1920년 4월 일제가 시베리아로 쳐들어오자, 재러 한인 의병을 모두 모아 시가전을 벌이던 중 김이직(金利稷)·황경섭(黃景燮)·엄주필(嚴周珌) 등과 같이 잡혀 살해되었다. 1962년 건국훈장 독립장이 추서되었다.

79) 김좌진(金佐鎭, 1889~1930)은 대한정의단 군사책임, 북로군정서 총사령관, 신민부 총사령관, 한국총연합회 주석을 지냈다. 1962년 대한민국장이 추서되었다.

80) 경주 최부잣집은 신라의 학자 최치원이 시조인 경주 최씨 가문이 조선 중기부터 후기까지 300년 간 부를 이어온 것을 의미한다.

81) 김대중 대통령은 제15대 대통령을 지낸 한국의 정치가. 아시아·태평양평화재단(아태평화재단)을 조직하여 이사장으로 활동했다. 1999년 아시아에서 가장 영향력 있는 지도자 50인 중 공동 1위에 선정되었으며 2000년 노벨평화상을 받았다.

82) 김대중도서관 (金大中圖書館, Kim Dae-Jung Presidential Library and Museum)은 대한민국 15대 대통령 김대중의 뜻을 기리기 위하여 설립된 연세대학교 소속의 기념도서관이다.

83) 유일한(柳一韓, 1895~1971)은 1926년 12월 유한양행을 설립한다. 유한양행은 1953년 휴전 이후 계속 성장하여 성실한 우수약품생산업체로서 안정된 지위를 구축하였다. 1969년 기업의 제일선에서 은퇴하여 혈연관계가 전혀 없는 조권순(趙權順)에게 사장직을 물려주었다. 그는 전문경영인 등장의 길을 여는 데 선구자적 역할을 하였다. 산업동탑훈장을 받았으며, 1965년 연세대학교에서 명예법학박사학위를 받았다.

84) 삼성경제연구소(Samsung Economics Research Institute(SERI), 三星經濟研究所)는 국내외 경제·경영·산업·금융 및 보험시장·기업과 관련된 조사연구와 경영진단 등의 업무를 수행하는 삼성그룹 산하의 연구소이다.

85) 마더 테레사(Mother Teresa of Calcutta 1910.8.26 ~ 1997.9.5)는 알바니아계 인도 국적의 로마가톨릭교회 수녀이다. 1928년 수녀가 된 뒤 1948년 인도에서 사랑의 선교 수녀회를 창설하여 평생을 가난하고 병든 사람들을 위하여 봉사하였으며, 1979년 노벨평화상을 받았다.

86) 노벨상(Nobel Prize)은 스웨덴의 화학자 알프레드 노벨의 유산을 기금으로 하여 1901년에 제정된 상으로, 해마다 물리학·화학·생리의학·경제학·문학·평화의 6개 부문에서 인류 문명의 발달에 공헌한 사람이나 단체를 선정하여 수여한다..

87) 말라리아는 심한 오한 전율과 간헐성발열이 일어나는 급성 혹은 만성의 원충 질환이다.

88) 버락 오바마(Barack Hussein Obama) 2009년 제44대 미국 대통령으로 취임, 2012년 11월 6일 치른 대통령 선거에서 공화당 후보 롬니를 물리치고 재선에 성공한다. 2009년 노벨평화상 수상하였다.

89) 네트워크 능력은 사회학에서 쓰여 온 용어이지만, 그것을 사회학의 중심 개념으로 본 것은 70년대 후이다. 네트워크는 사람들을 연결시키고 사회학적 지위나 집단이나 조직을 연결시키는 관계의 묶음이다.

90) 반기문 유엔사무총장은 2007년 1월 1일부터 제8대 유엔 사무총장이 되었다. 유엔 사무총장의 연임이 2011년 6월 21일(현지시각) 결정되었다. 반기문 유엔 사무총장은 한국인 최초의 유엔 사무총장이자, 아시아 대륙에서는 두번째 사무총장이다.

91) 스마트 혁명 (Smart Revolution)은 개방형 네트워크로의 진전에서 나타나는 새로운 변화로 정의될 수 있다.

92) 인터넷은 정보를 교환할 수 있도록 전 세계의 컴퓨터가 연결된 통신망이다.

93) 페이스북(Facebook)은 10억 명의 이용자가 가입한 세계 최대의 소셜네트워크서비스다.

94) 트위터(Twitter)는 소셜 네트워크 서비스이자 마이크로블로그 서비스이다.

95) 요즘(yozm)은 SNS 중 마이크로 블로그로 불리는 것은 글자 수 제한이 있는 대신 RSS 기능을 제공한다.

96) 미투2데이(me2day)는 SNS 중 마이크로 블로그로 불리는 것은 글자 수 제한이 있는 대신 RSS 기능을 제공한다.

97) 블로그(blog 또는 web log)란 웹(web)과 로그(log, 기록)를 합친 낱말로, 스스로가 가진 느낌이나 품어오던 생각, 알리고 싶은 견해나 주장 같은 것을 웹에다 일기처럼 차곡 차곡 적어 올려서, 다른 사람도 보고 읽을 수 있게끔 열어 놓은 글들의 모음이다.

98) 소셜네트워크서비스(Social Network Service. SNS)는 간단히 SNS라 부르기도 한다. 인 터넷에서 개인의 정보를 공유할 수 있게 하고, 의사소통을 도와주는 1인 미디어, 1인 커뮤니티라 할 수 있다.

99) 박홍(朴泓)은 조선 중기의 무신이다. 선전관·강계부판관·종성부사 등을 지냈다. 임진 왜란 때 경상좌도수군절도사로서 적과 싸웠으나 패한다. 사후 병조참판이 추증되었다.

100) 거스 히딩크(Guus Hiddink, 휘스 히딩크)는 전 축구선수, 축구감독이다. PSV 아인트호 벤 (네덜란드) 감독, 네덜란드 축구 국가대표팀 감독, 레알 마드리드 (스페인) 감독, 대 한민국 축구 국가대표팀 감독, 첼시 FC (잉글랜드) 등 감독을 역임하였다.축구 국가대 표팀 감독, 첼시 FC (잉글랜드) 등 감독을 역임하였다.

101) 조선 선조 때의 명장 이순신(李舜臣)이 지은 시조 1수

102) 이순신의 리더십(국가안보 위기와 지도자의 사명), 이선호 저, 팔복원, 2006.

103) 조·일 전쟁은 임진왜란(壬辰倭亂)을 말한다.

104) 6·25전쟁(Korean. Conflict, 六二五戰爭)은 한국에서 1950년 6월 25일 새벽에 북한 공산 군이 남북군사분계선이던 38선 전역에 걸쳐 불법 남침함으로써 일어났다. 1953년 7월 27일 휴전된 한국과 북한의 전쟁이다.

105) 한국동란은 6·25전쟁을 말한다.

106) 조선왕조는 이성계가 고려를 멸망시키고 건국한 나라이며 1392년부터 1910년까지 한 반도를 통치한다.

107) 문무백관은 문관과 무관을 총칭하는 표현이다.

108) 탐관오리는 탐욕스러운 관리와 부정을 저지르는 관리, 백성들의 재물을 마구 빼앗고 부정한 짓을 저지르는 벼슬아치를 말한다.

109) 개문납적(開門納賊)은 문을 열어 도둑이 들어오게 한다는 뜻이다.

110) 이율곡(李栗谷, 1536~1584)은 이이(李珥)이다. 조선 중기의 유학자, 정치가로 〈동호 문답〉, 〈성학집요〉 등의 저술을 남겼다. 현실·원리의 조화와 실공·실효를 강조하는 철학사상을 제시한다. 〈동호문답〉·〈만언봉사〉·〈시무육조〉 등을 통해 조선 사회의 제도 개혁을 주장한다. 조선의 18대 명현 가운데 한 명으로 문묘에 배향되어 있다.

111) 병조판서(兵曹判書)는 조선시대 군사 관계 업무를 총괄하던 병조의 최고 관직이다.

112) 진관 체제(鎭管體制)는 15세기 세조 이후 실시한 지역 단위의 방위 체제이다. 각 도에 병영을 설치하여 주진과 그 아래에 거진, 제진을 설치하여 각 지역의 지방관이 지휘하 는 체제로 소규모 적의 침략과 내륙을 방어하는데 효과적이지만 대규모 적의 침략을 방어하기에는 한계가 있었다.(道)의 국방책임을 맡아 유사시엔 군사적 전제권을 행사 할 수 있었다.

113) 병사(兵使)는 병마절도사(兵馬節度使)라고도 불렀다. 조선시대 종2품의 무관직이다. 도(道)의 국방책임을 맡아 유사시엔 군사적 전제권을 행사할 수 있었다.

114) 수사(水使)는 수군절도사(水軍節度使)라고도 불렀다. 조선시대 각도 수군을 총지휘하기 위하여 두었던 정삼품 당상관 서반 외관직이다.

115) 수포대역(收布代役)은 실제의 군역을 짊어지지 않는 대신에 1년에 2필의 군포를 바쳤다.

116) 제승방략(制勝方略)이란 조선의 분군법(分軍法) 군사정책으로 진관 체제의 단점을 보완하고자 고안되었다. 적의 침입에 맞서 각 지역의 군사를 요충지에 집결시킨 다음 중앙에서 파견한 장수가 이를 통솔토록 하는 방법으로 국지전에는 효과를 발휘하나 그 본진이 무너지면 그 후방은 모두 적에게 노출되는 불리함을 가지고 있었다. 임진왜란 초기 패전의 원인이 되어 이후 폐지되었다.

117) 도원수(都元帥)는 고려와 조선시대 전시에 군대를 통할한 임시 무관직이다.

118) 한국전쟁은 6·25전쟁을 말한다.

119) 통신사(通信使)는 조선 시대에 일본으로 보내던 사신을 말한다.

120) 김성일(金誠一, 1538~1593)은 조선 중기의 정치가·문신이다. 지방관 시절 선정을 베풀었다. 학문으로는 이황을 따랐고 주리론을 계승한다. 1590년 통신부사로 일본에 파견되었다가 돌아와 민심을 고려하여 일본이 침입하지 않을 것이라고 보고한다. 임진왜란이 일어나자 파직되었으나 곧 초유사로 임명되었고, 임진왜란시 의병활동을 하였고, 경상도 관찰사로서 의병활동을 지원하였다.

121) 황윤길(黃允吉, 1536~?)은 조선 중기의 문신이다. 통신사로 일본에 파견되어 도요토미 히데요시를 접견하고 귀국, 부사 김성일의 보고와 서로 상반되게 일본의 내침(來侵)에 대비하여야 할 것이라고 복명한다. 조정은 동인 세력이 강성하였으므로 서인인 그의 의견은 묵살되었다.

122) 교언영색(巧言令色)은 상대방을 현혹시키기 위해 꾸미는 교묘한 말과 꾸민 얼굴빛을 말한다. ≪논어論語≫의 〈학이편學而篇〉, 〈양화편陽貨篇〉에서 공자가 거듭 말한 것으로 "교묘한 말과 아첨하는 얼굴을 하는 사람이 착한 사람이 적다(巧言令色鮮矣仁)"는 뜻이다.

123) 선조(宣祖, 1552~1608)는 조선 제14대 왕(재위 1567~1608)이다. 처음에는 많은 인재를 등용하여 국정 쇄신에 노력한다. 여러 전적(典籍)을 간행해 유학을 장려한다. 후에 정치인들의 분열로 당쟁이 나타나 당쟁 속에 정치기강이 무너져 혼란을 겪었다. 재위 후반에 왜군의 침입(임진왜란 1592~1598)과 건주 야인(여진족)의 침입도 받았다

124) 이승만(李承晩, 1875~1965)은 한국의 정치가·독립운동가, 독립협회, 한성임시정부, 상하이 임시정부에서 활동하였다. 광복 후 우익 민주진영 지도자로 1948년 대한민국 초대 대통령에 당선되었다. 4선 후, 4·19 혁명으로 사임한다.

125) 한강대교를 말한다. 서울 용산구 한강로3가와 동작구 노량진 사이를 잇는 한강인도교로 총연장 1,005m이다. 1984년 제1한강교가 한강대교로 개칭되었다. 한강 위에 놓인 최초의 인도교로, 1916년 3월에 착공하여 이듬해인 1917년 10월에 준공한 교량이다.

126) 강의목눌(剛毅木訥)은 강직하고 굳세어 굽히지 않고 꾸밈이 없고 말수가 적다. 강직 (剛直)·의연(毅然)하고 질박(質朴)·어눌(語訥)한 사람이다. 인(仁)에 가까운 사람이 다. 강의목눌근인(剛毅木訥近仁) 출전은 ≪논어≫〈자로편〉이다.

127) 곡학아세(曲學阿世)는 바른 길에서 벗어난 학문으로 세상 사람에게 아첨하다라는 뜻 이다.

128) 파사현정(破邪顯正)은 불교에서 나온 용어로, 부처의 가르침에 어긋나는 사악한 생각 을 버리고 올바른 도리를 따른다는 뜻이다. 사악한 것을 깨닫는 것은 사고방식을 바 꾸는 것을 의미하므로 얽매이는 마음을 타파하면 바르게 될 수 있다. 이 용어는 특히 삼론종(三論宗)의 중요한 근본 교리 중 하나로 자리잡았다.

129) 소크라테스(Socrates, BC 469~ BC 399)는 기원전 5세기경 활동한 고대 그리스의 대표 적인 철학자이다. 문답법을 통한 깨달음, 무지에 대한 자각, 덕과 앎의 일치를 중시한 다. 말년에는 아테네의 정치문제에 연루되어 사형판결을 받았다.

130) 공자(孔子) 또는 공부자(孔夫子 : 기원전 551~기원전 479)는 유교의 시조인 고대중 국 춘추시대의 정치가·사상가·교육자이고, 주나라의 문신이자 작가이면서 시인이기 도 하다. 흔히 유교의 시조로 알려져 있다. 어떤 관점에서 보더라도 유가의 성격이나 철학이 일반적인 종교들과 유사히 취급될 수 없다는 점에서 20세기 중반 이후에는 이 처럼 호칭하는 학자는 거의 없다. 유가 사상과법가 사상의 공동 선조였다.

131) ≪손자병법孫子兵法≫은 춘추 시대 오나라 출신의 천재 병법가이자 전략가인 손무(孫 武)가 지은 대표적인 병법서이다.

132) 옥포해전은 1592년(선조 25) 5월 7일 옥포(지금의 경상남도 거제시 옥포동) 앞바다에서 이순신이 지휘하는 조선 수군이 일본의 도도 다카토라의 함대를 무찌른 해전이다.

133) 판옥선(板屋船)은 임진왜란 때 크게 활약한 전선으로 명종 때 개발된 조선시대의 대표 적인 전투선이다. 거북선의 모형(母型)으로, 판옥전선이라고도 한다.

134) 유성룡(柳成龍, 1542~1607)은 조선 시대 실학의 대가이자 명재상으로 유명하다. 예조, 병조 판서를 역임한다. 정여립 모반 사건 때도 자리를 굳건히 지켰을 뿐 아니라, 동인 이었음에도 광국공신의 녹권을 받았고, 1592년에는 영의정에 올랐다. 정치가 또는 군 사 전략가로 생애의 대부분을 보냈으며, 그의 학문은 체(體)와 용(用)을 중시한 현실적 인 것이었다. 임진왜란 때는 이순신에게 ≪증손전수방략增損戰守方略≫이라는 병서를 주어 실전에 활용하게 한다.말년인 1598년에 북인의 탄핵을 받아 관직이 삭탈되었다 가 1600년에 복관되었으나, 그 후 벼슬에 나가지 않고 은거한다. 1605년 풍원부원군에 봉해졌고, 파직된 뒤에는 고향의 옥연서당에서 임진왜란을 기록한 국보 제132호인 ≪ 징비록懲毖錄≫과 ≪서애집西厓集≫, ≪신종록愼終錄≫ 등을 저술하였다.

135) 김귀영(金貴榮, 1520~1593)은 조선 중기 문신이다. 평난공신 2등에 책록되고, 상락부 원군에 봉해진 뒤 기로소에 들어갔으나, 시비에 적극성이 없다는 조헌의 탄핵 당하여 사직한다. 임진왜란 때 중추부영사로서 임해군을 배종하여 함경도에 피난하였는데, 회령에 수개월 머무르는 동안 민폐가 많아 인심을 잃었다.

136) 정여립(鄭汝立, 1529 또는 1546~1589)은 조선 중기의 문신이자 사상가, 정치인, 개혁가, 공화주의자이다. 1570년(선조 2년) 식년 문과 을과로 급제하여 예조좌랑, 홍문관 부수찬과 수찬 등을 지냈다.

137) 정언신(鄭彦信, 1527~1591)은 조선 중기 문신이다. 이탕개가 쳐들어오자 우찬성으로서 도순찰사를 겸하여 이순신·신립·김시민·이억기 등 쟁쟁한 무관들을 막하로 거느리고 일본군을 격퇴시켰다. 이어 함경도 관찰사로 나가 북변을 방비하고 병조판서에 승진, 1589년 우의정이 되어 정여립의 모반 후 그 잔당에 대한 옥사를 다스리는 위관에 임명되었다. 서인 정철(鄭澈)의 사주를 받은 대간으로부터 정여립과 3종간이므로 공정한 처리를 기대할 수 없다는 탄핵을 받아 사직한다.

138) 사헌부(司憲府)는 조선시대 종이품아문으로 시정(時政)의 옳고 그름을 분별하여 밝히고, 관리들의 비행과 불법행위를 따져 살피는 동시에 어지러운 풍속을 바로잡고, 백성들이 원통하거나 억울한 일을 당했을 때 이를 풀어 주며, 지위를 남용하거나 오용하는 것을 막는 등 국정 전반에 걸쳐 힘이 미치지 않는 분야가 없을 정도로 다양한 업무를 처리하였다.

139) 한산해전은 한산도대첩(閑山島大捷)이라 불린다. 1592년(선조 25) 7월 8일 한산도 앞바다에서 조선 수군이 일본 수군을 크게 무찌른 전투이다. 진주대첩, 행주대첩과 함께 임진왜란 3대 대첩으로 불린다.

140) 스티븐 코비(Stephen R. Covey, 1932~ 2012)는 미국인으로써 코비 리더쉽 센터의 창립자이자 프랭클린 코비사의 공동 회장이다. 타임지로부터 '미국에서 가장 영향력 있는 25명' 가운데 한 사람으로 선정되기도 하였다

141) 마이런 러쉬 (Myron D. Rush)는 미국 경영자 훈련원의 책임자이며, 미국 경영자 협회의 컨설턴트(상담역)로 활동하면서 세미나를 주관하고 있다.

142) 존 맥스웰(John Maxwell, 1947~)은 전세계 최고의 리더십 전문가이자 베스트셀러의 작가이다.

143) 노마드(nomad)는 유목민, 정착하지 않고 떠돌아다니는 사람을 뜻하는 말이다.

144) 질 들뢰즈(Gilles Deleuze, 1925 ~ 1995.11.4)는 프랑스의 철학자이다. 서구의 2대 지적 전통인 경험론 ·관념론이라는 사고의 기초형태를 비판적으로 해명하였다.

145) 아우구스투스(Augustus, BC63.9.23~AD14.8.19)는 고대 로마의 초대 황제. 내정의 충실을 기함으로써 41년간의 통치기간 중에 로마의 평화시대가 시작된다. 베르길리우스, 호라티우스, 리비우스 등이 활약하는 라틴문학의 황금시대를 탄생시켰다.

146) 한산대첩은 한산도대첩(閑山島大捷)을 말한다. 임진왜란 때인 1592년 7월 한산섬 앞바다에서 경상 우수사 원균(元均), 전라 우수사 이억기(李億祺) 및 전라 좌수사 이순신(李舜臣)이 거느린 조선수군이 왜수군의 주력대를 무찌른 해전이다. 진주대첩, 행주대첩과 함께 임진왜란 3대 대첩으로 불린다.

147) 살수대첩(薩水大捷)은 12년(영양왕 23) 고구려가 수나라 군사 30만을 살수(지금의 청천강)에서 크게 물리친 전투이다. 수양제는 612년 백만 대군으로 고구려를 공격한다. 요동성 부근에서 고구려의 방어에 막히자, 별동대 30만을 보내 평양을 먼저 공격하게

한다. 이때 고구려의 총지휘자였던 을지문덕은 별동대의 지휘자 우중문을 평양까지 유인해 내었다. 결국 우중문 부대는 보급이 제대로 되지 않아 평양 바로 앞에서 진격을 멈추고 돌아가야 하였다. 을지문덕은 이를 기다려, 적이 살수 부근을 건널 때 크게 물리쳤다.

148) 귀주대첩(龜州大捷)은 고려 시대에 강감찬의 지휘로 거란족을 크게 물리친 전투이다. 1018년(현종 9)에 거란은 고려에게 강동 6주를 반환하고 국왕이 방문해 예의를 갖출 것을 요구하며, 소배압으로 하여금 10만 대군을 이끌고 고려를 침입하게 했다. 이에 고려에서는 강감찬이 상원수(총지휘관)가 되어 맞서 싸웠다. 거란군은 개경 근처까지 진격했지만 결국 후퇴하고 말았으며, 강감찬은 귀주에서 이들을 크게 물리쳤다. 살아 돌아간 거란군은 수천에 지나지 않았다고 전해진다.

149) 학익진(鶴翼陣)은 학이 날개를 편 듯이 치는 진이다. 적을 둘러싸기에 편리한 진형이다.

150) 지금은 서울 중구 중구 인현동1가 부근

151) 《무경武經》은 군의 전략과 전술을 다룬 병법서(兵法書)이다.

152) 황석공(黃石公)은 중국 진(秦)나라 말엽의 병법가이다. 진의 시황제(始皇帝)를 저격하였으나 실패한 장량(張良)이 숨어 있던에게 하비(下邳)의 다리 위에서 병법을 가르친 것은 유명하다.

153) 장량(張良, ?~BC 186)은 한나라 고조 유방의 공신이다. 진승·오광의 난이 일어났을 때 유방의 진영에 속한다. 후일 항우와 유방이 만난 홍문의 회에서는 유방의 위기를 구한다.

154) 적송자(赤松子)는 중국 전설시대 선인(仙人)의 이름이다. 신농(神農) 때의 우사(雨師)로서 후에 곤륜산에 입산하여 선인이 되었다고 한다.

155) 《통감강목通鑑강목》은 《자치통감강목資治通鑑綱目》으로, 약칭하여 《강목綱目》이라고도 한다. 주나라 위열왕 23년(B.C. 403)에서 후주 세종 현덕 6년(959)까지의 1362년간의 역사를 편년체로 기술한 사마광(司馬光)의 《자치통감》 294권을 주자(朱子)가 59권의 강목체로 정리한 책이다.

156) 동구비보(童仇非堡)는 지금의 함경도 삼수

157) 이후백(李後白, 1520~1578)은 중선 기기 문인으로 어려서부터 글을 잘하여 호남에서 명망이 높았다. 호남 암행어사·대사간·이조 판서·호조 판서 등을 역임하였다

158) 손식(孫軾)은 1552년(명종 7) 임자 식년시 병과로 급제 호조참판을 지냈다.

159) 능성(綾城)은 지금의 능주이다.

160) 서익(徐益, 1542~1587)은 조선 중기의 문신이다. 선조 때 별시문과에 급제하고 이조좌랑, 교리, 사인(舍人)을 역임하고, 외직으로 서천군수, 안동부사, 의주목사 등을 지냈다. 의주목사로 있을 때에는 정여립(鄭汝立)으로부터 탄핵을 받은 이이와 정철을 변호하는 소를 올렸다가 파직되기도 하였다. 저서로는 《만죽헌집(萬竹軒集》이 있다.

161) 발포(鉢浦)는 전남 고흥군 도화면 발포를 말한다. 발포는 이순신의 첫 부임지로 수군 만호 진영이었다. 도화면의 발포를 내발이라 부르기 시작한 것은 일제시대였다. 일제는 발포의 지명을 없애고 내발(內鉢)이라고 바꿔버렸다. 1996년 정식 행정 지명으로 발 포라는 이름을 되찾았다.

162) 전랑(銓郞)은 조선시대 관직으로 이조의 정랑과 좌랑을 칭한다.

163) 남병사(南兵使)는 조선시대 무관의 종2품 관직이다. 원명은 남도병마절도사로 함경도 의 북청 남병영에 주재하였다.

164) 이용(李涌, 1533~1591)은 조선 중기의 무신이다. 호조참판을 지냈다.

165) 조헌(趙憲, 1544~1592) 조선 중기의 문신·의병장이었다. 임진왜란이 일어나자 옥천에 서 의병을 일으켜 영규 등 승병과 합세해 청주를 탈환함. 이어 전라도로 향하는 왜군 을 막기 위해 금산전투에서 분전하다가 의병들과 함께 모두 전사함. 뛰어난 학자로, 이이의 학문을 계승 발전시켰다.

166) 도사(都事)는 조선시대 중앙과 지방 관청에서 사무를 담당한 관직이다. 충훈부·의빈 부·중추부·충익부·개성부·오위도총부에 두었던 종5품 관직이다.

167) 김우서(金禹瑞, 1521~1590)는 조선 중기 무신이다. 1569년(선조 29) 북병사를 세 차례 나 역임하면서 여진족과 싸워 큰공을 세웠다. 그후 평양·충청·전라 병사를 거쳐 70 세에 이르러 가선의 품계에 올라 동지중추부사 겸 오위도총부부총관과 지훈련원사가 되었다. 사후 병조판서에 추증되었다.

168) 이일(李鎰,1538~1601)은 조선 중기의 무신. 이탕개가 침입하자 이를 격퇴했고 임진왜란 때 명나라 원병과 평양을 수복한다. 한양 탈환 후 훈련도감이 설치되자 좌지사로 군 대를 훈련시켰다. 후에 함북 순변사와 충청도 ·전라도 ·경상도 등 3도 순변사를 거 쳐 무용대장을 지냈다. 1600년 함경남도병마절도사가 되었다가 1601년 부하를 죽이고 살인죄를 받아 호송되던 중 정평(定平)에서 병사했다. 좌참찬이 추증되었다.

169) 이운룡(李雲龍, 1562~1610)은 임진왜란 발발 당시인 1592년 옥포 만호로서 옥포대첩에 서 공을 세웠다. 1604년에는 선무공신으로 식성군에 봉해졌다. 같은 해 9월에 삼도수 군통제사에 올랐다. 광해군 2년(1610) 사망한 후 병조판서로 추증되었다.

170) 시전마을은 토문강 건너편에 있는 마을

171) 둔전(屯田)은 변방을 경비하는 군대가 자체의 군량을 보충하기 위해 농사짓던 토지이다.

172) 이광(李洸, 1541~1607)은 조선 중기 때 문신이다. 호조참판, 전라도관찰사 등을 지냈다.

173) 선전관(宣傳官)은 조선시대 국왕을 위한 조하의식(朝賀儀式)에서 백관의 전문(箋文)을 읽어 바치는 집사관이다. 예문관의 4품 이상 관원 중에서 차출하였다.

174) 대간(臺諫)은 조선시대 간언(諫言)을 관장하던 사헌부와 사간원의 관직을 통틀어 말한다.

175) 정운(鄭運, 1543~1592 . 9 . 1)은 조선 중기의 무신이다. 임진왜란 때 1592년(선조 25) 부 산포 해전에서 적탄에 전사한다.

176) 지금의 경남 통영시 산양읍 당포마을

177) 학익진법(鶴翼陣法)은 본래 학익진은 육지에서 횡렬대형으로 진을 벌이는 진형이다.일제공격이 가능해 공격이 방어의 최적수단이 된다는 것을 대변해주는 전형적인 진법이다. 마치 학의 날개처럼 적 좌우에서 에싸 공격하는 전법이다.

178) 대굴포(大掘浦)는 지금의 전남 함평군 학교면

179) 내례포(內禮浦)는 지금의 전남 여수시 봉산동

180) 사도진(蛇島鎭)은 지금의 전남 고흥군 영남면 금사리

181) 회령포는 지금의 전남 장흥군 회진면

182) 달량은 지금의 전남 해남군 북평면 남창리

183) 여도는 지금의 전남 고흥군 점암면 여호리

184) 마도는 지금의 전남 강진군 마량면 마량리

185) 녹도는 지금의 전남 고흥군 도양읍 봉암리

186) 발포는 지금의 전남 고흥군 도화면 발포리

187) 돌산도는 지금의 전남 여수시 돌산읍

188) 임치도진(臨淄島鎭)은 지금의 전남 무안군 해제면 임수리에 설치

189) 검모포는 지금의 전북 부안군 진서면 진서리

190) 법성포는 지금의 전남 영광군 법성면 법성리

191) 다경포는 지금의 전남 무안군 운남면 성내리

192) 어란포는 지금의 전남 해남군 송지면 어란로

193) 남도포는 지금의 전남 진도군 임회면 남동리

194) 가리포는 지금의 저남 완도군 완도읍 군내리

195) 이억기(李億祺, 1561~1597)는 어려서부터 무예에 뛰어나고 용맹하였다. 17살에 사복시 내승이 되고 그 후 무과에 급제하여 여러 벼슬 길에 올랐다. 21살 때 경흥 부사를 역임한다. 이는 당시에 파격적인 인사였다. 북방의 여진족이 두만강을 건너 남하하자 전투가 벌어졌고 이들을 물리쳐 공을 세웠다. 26살 때 온성 부사에 임명되었다. 1587년 여진족이 경흥 부근으로 침입하여 큰 피해를 입게되자 당시 경흥부사였던 이경록과 조산 만호 이순신이 체포되자 이억기는 이들을 변호하였다. 이때부터 이순신과 인연을 맺기 시작한다.1591년 32세 때 순천 부사를 거쳐 전라 우도수군절도사가 되었다. 이듬해 임진왜란이 일어나자 이순신(李舜臣)과 협력하여 당항포·옥포해전에 출정하여 전과를 올렸다. 이순신이 원균의 참소로 하옥되자 이항복(李恒福)·김명원(金明元) 등과 함께 무죄를 변론하였다.1597년 정유재란 때 원균 휘하의 좌익군을 지휘하여 용전하다가 칠천량해전에서 원균과 함께 전사하였다. 전투에 패하게 되자 패전한 장수로서 바다에 투신 자결을 선택하였다. 선무공신 2등에 완흥군으로 추봉되고 병조판서에 추증되었다. 여수 충민사에 이순신과 함께 배향되었다.

198) 고이도(古耳島)는 지금의 전남 신안군 압해읍 고이리

199) 고금도(古今島)는 지금의 전남 완도군 고금면

200) 가토 기요마사(加藤淸正, 1562~1611)는 일본의 장수(무장)이자 정치가이다. 임진왜란 때 선봉장을 맡은 장수였다.

201) 고니시 유키나가(小西行長, 1555~1600)는 일본 상인 출신의 무장 겸 정치가(政治家)로 임진왜란 당시 일본군 장수였으며, 도요토미 히데요시가 아끼던 장수였다. 당시 대조선 무역을 독점하고 있던 쓰시마 도주 소 요시토모의 장인이자 가토 기요마사와 앙숙 관계였다.

202) 최호(崔湖, 1536~1597)는 조선 중기의 무신이다. 임진왜란 때 이몽학의 난 진압에 공을 세웠다. 칠천량해전에서 원균 등과 함께 전사한다.

203) 배홍립(裵興立, 1546~1608)은 조선 중기의 무신이다. 임진왜란 때 공을 세워 가의대부에 올랐다. 한산도대첩·행주대첩 때 세운 공으로 이순신은 그를 공신(功臣)으로 천거하였다. 1600년 경상우도 수군절도사가 되고 이어 전라좌도 수군절도사로 전임하였다. 1604년 공조참판·충청도 수군절도사 등을 거쳐 1607년 총관(摠管)으로서 영흥 대도호부에 나갔다가 이듬해 병으로 돌아와 죽었다.

204) 정탁(鄭琢, 1526~1605)은 조선 중기 문신이다. ≪명종실록≫ 편찬에 참여하고, 이조좌랑·응교 등을 지냈다. 임진왜란 때 이순신·곽재우·김덕령 등 명장을 발탁한 공이 있다. 문집에 ≪약포문집≫ 저서에 ≪용만문견록≫이 있다.

205) 정묘재란(丁卯再亂)은 1597년 제2차 일본군의 침략을 말한다.

206) 진린(陳璘)은 임진왜란에 참전한 명나라 수군의 도독이다. 1566년 명나라 세종 때 지휘첨사가 되었다가 탄핵을 받아 물러났다. 임진왜란 때 부총병으로 발탁되었다가 병부상서 석성의 탄핵으로 물러났다가 정유재란 때 다시 발탁되었다. 총병관으로 수병대장을 맡았고 수군 5000명을 이끌고 강진군 고금도에 도착한다. 이순신과 연합 함대를 이루어 싸웠으나 전투에는 소극적이고 공적에는 욕심이 많았던 인물로 알려졌다. 조선 수군에 대한 멸시와 행패가 심해 이순신과 마찰을 일으켰으나 이순신이 세운 전공을 진린에게 양보하자 두 사람의 관계가 호전되어 전투에 적극적으로 임하였다. 노량해전에서 이순신과 공동작전을 펼쳐 공적을 세웠다.

207) 노량해협은 지금의 경남 하동군 금남면 노량리 앞바다이다.

208) 도요토미 히데요시(豊臣秀吉, 1537~1598)는 일본 센고쿠 시대와 아즈치모모야마 시대에 활약했던 무장, 정치가이며 다이묘이다. 도요토미 히데요시는 오와리 국(尾張国) 아이치 군(愛知郡) 나카무라(中村)에서 빈농 아들로 태어났다. 히데요시는 오다 노부나가(織田信長)를 섬겼으며 오다 가문 안에서 점차 두각을 나타내기 시작한다. 오다 노부나가를 대신해 그의 사업을 계승하였다. 그 후, 오사카성(大坂城)을 쌓았으며 관백(関白), 태정대신(太政大臣)에 임명되었다. 일본 전국을 통일하는 데 이바지 하였다. 태

합검지(太閤檢地)와 가타나가리라는 정책을 펴 일본 국내를 안정시켰다. 조선 침략 전쟁인 임진왜란을 일으키는 과오도 범한다. 임진왜란 중 조카 도요토미 히데쓰구를 죽여 후계를 아들 도요토미 히데요리(豊臣秀賴)에게 주었다. 얼마 안 있어 죽음을 맞이한다.

209) 좌의정(左議政)은 조선시대 의정부의 정1품 관직이다. 정원은 1인이다.

210) 영의정(領議政)은 조선시대 의정부의 정1품 최고 관직이다. 정원은 1인이다.

211) 박위(朴葳, 미상~1398)는 고려말·조선초의 무신이다. 1388년(우왕 14) 요동정벌 때 이성계를 따라 위화도에서 회군, 최영을 몰아냈다. 조선초에 참찬문하부사를 거쳐 양광도절도사가 되어 왜구를 물리쳤다.

212) 화약감조청(火藥監造廳)은 1417년(태종 17)에 화약의 연구 및 제조 전문기관으로 설치되었던 군기감 산하의 관청이다.

213) 삼포왜란(三浦倭亂)은 1510년(중종 5) 부산포·내이포·염포 등 삼포(三浦)에서 거주하고 있던 왜인들이 대마도의 지원을 받아 일으킨 난이다.

214) 사량진왜변(蛇梁鎭倭變)은 1544(중종 39) 사량진에서 왜인이 일으킨 약탈 사건이다.

215) 을묘왜변(乙卯倭變)은 1555년(명종 10)에 왜구가 전라남도 영암·강진·진도 일대에 침입한 사건이다.

216) 대장군전(大將軍箭)은 조선시대에 천자총통(天字銃筒)에 사용하던 화살을 말한다.

217) 《세종실록지리지世宗實錄地理志》는 《세종장헌대왕실록(世宗莊憲大王實錄)》에 실려 있는 전국지리지를 말한다.

218) 《경국대전經國大典》은 조선시대의 기본 법전이다.《경국대전》은 세조 대부터 편찬을 시작하여 1485년(성종 16)부터 시행한다.

219) 천자총통(天字銃筒)은 조선 전기부터 후기에 이르기까지 사용하던 화기(火器)이다.

220) 지자총통(地字銃筒)은 조선 전기에 사용하던 불씨를 손으로 점화 발사하는 유통식(有筒式) 화포이다.

221) 현자총통(玄字銃筒)은 조선 전기에 사용하던 유통식(有筒式) 화포이다.

222) 황자총통(黃字銃筒)은 조선 전기에 사용하던 유통식(有筒式) 화포이다.

223) 승자총통(勝字銃筒)은 조선 선조 때 만들어 사용하던 소화기(小火器)이다.

224) 대완구(大碗口)는 둥근 돌인 단석이나 멀리 날아가서 폭발하는 둥근 쇠공인 진천뢰를 쏘는 조선시대의 유통식 화기이다. 주로 공성용 병기로 사용되었으며, 때로는 해상전에서 선박을 침몰시키기 위하여 사용하였다.

225) 중완구(中碗口)는 일명 댕구라고도 부르며 유통식(有筒式) 화기의 한 종류로 조선 태종 때 최해산이 만들었다고 한다.

226) 소완구(小碗口)는 유통식 청동제 화기로 단석·수마석 등을 발사하는 데 사용하였다.

227) 비격진천뢰(飛擊震天雷)는 조선 선조 때 이장손이 발명한다. 인마살상용(人馬殺傷用) 폭탄으로 조선 중기에 사용되었다.

228) 신기전(神機箭)은 1448년(세종 30년)에 최무선이 만든 것으로, 화살 뒷부분에 화약통을 만들어 화약을 넣고 불을 붙여 쏘았다.

229) 화차(火車)는 조선시대 때 수레 위에 총을 수십개 장치하여 이동이 손쉽고, 한번에 여러 개의 총을 쏠 수 있게 한 무기이다.

230) 이장손(李長孫)은 생몰년 미상. 조선 선조 때의 무기제조 기술자이다.

231) ≪징비록懲毖錄≫은 조선 중기의 문신 유성룡(柳成龍)이 임진왜란 동안에 경험한 사실을 기록한 책이다.

232) 박진(朴晉, ?~1597)은 조선 중기의 무신이다. 임진왜란 초기 왜적과 싸운 장수 가운데 두드러진 인물의 하나였다. 1593년에 독포사(督捕使)로 밀양·울산 등지에서 전과를 올렸다. 1594년 2월에 경상우도병마절도사, 같은 해 10월 순천 부사, 이어서 전라도병마절도사, 1596년 11월 황해도병마절도사 겸 황주목사를 지내고 뒤에 참판에 올랐다

233) ≪징비록≫ 유성룡 지음 김흥식 옮김, 서해문집, 2004.

234) 선소는 선박(船舶)을 지어 만들거나 개조(改造)하거나 또는 수선하는 일을 하는 곳이다.

235) ≪이충무공전서≫ 조선 선조 때 이순신의 전집(全集)이다. 1795년(정조 19)에 왕명에 따라 윤행임(尹行恁)이 편집, 간행하였다

236) 이분(李芬)은 조선 중기의 학자이다. 임진왜란 때는 숙부인 이순신(李舜臣)의 휘하에서 문서를 관장하였다. 서장관으로 명나라에 다녀오기도 했다. 주요 저서는 ≪가례박해≫, ≪방례유편≫이 있다.

237) 착(捉)은 노의 단위다.

238) 1642년(인조 20) 3월 5일 비변사 기록이다.

239) 고려는 초기부터 대형 군선(軍船)과 세곡을 운반하는 조운선(漕運船)을 사용하였다. 그리고 각종 군선을 건조하였으며, 몽고에 이끌려서 일본 원정에도 나섰다. 조선 왕조는 개국 초부터 500년간 유례없는 상비 수군을 유지하였다. 이처럼 우리 배의 역사에서 독특한 배가 잉태되었다. 이를 바로 한선(韓船)이라고 한다. 고려서부터 천하 평정의 큰 뜻을 품고 이웃 여러 제후를 평정, 무장으로서 이름을 천하에 떨쳤다.

240) 아타케부네(安宅船, 아다케)는 무로마치시대에서 에도시대 초에 걸쳐 쓰인 최강, 최대의 군함이다.

241) 세키부네(関船)는 대형 아타케부네와, 소형 고하야 사이 크기인 중형 군함이다. 아타케부네보다 공격력, 방어력은 열악하지만, 회전이 좋고, 속도가 나기 때문에 기동력이 우수하였다.

242) 고바야(小부)는 센코쿠시대의 일본 군함은 아타케부네와 세키부네, 고하야, 세 가지로 나눈다. 그 중 데, 고하야는 가장 작은 군함을 가리킨다.

243) 오다 노부나가(1534~582)는 일본 전국 시대의 무장. 노부히데(信秀)의 둘째아들로 아이치(愛知) 현에서 출생했다. 1549년 16살에 부친의 뒤를 이어 오와리(尾張)의 성주가 된다. 어려서부터 천하 평정의 큰 뜻을 품고 이웃 여러 제후를 평정, 무장으로서 이름을 천하에 떨쳤다.

244) 아케치 미츠히데(明智光秀, 1528~1582)는 각지를 돌아다니며 병법을 익히고, 아사쿠라 요시카게를 섬겼다. 마흔 살 전후에 노부나가를 섬기며 교토 부교를 역임한다. 시바타 카츠이에, 니와 나가히데, 하시바 히데요시와 어깨를 나란히 하는 오다 가의 중신이었다. 결국 노부나가를 배신하고 혼노 사에서 주군 노부나가를 공격하여, 자살하게 만든다.

245) 태정대신(太政大臣)은 일본의 태정관의 수장이다.

246) 모모야마는 도요토미 후데요시의 거성인 후시미(伏見) 성이 있던 곳이다.

247) 도요토미 히데츠구(豊臣秀次, 1568~1595)는 전국시대부터 텐쇼(天正) 시대의 무장·다이묘·간파쿠(関白)이다. 도요토미 히데요시의 누나·닛슈(日秀)의 아들로, 히데요시의 양자가 되었다.

248) 다이코(太閤, 태합)의 정식 명칭은 다이코카(太閤下, 태합하)이다. 일본 역사상의 칭호이다.

249) 정한령(征韓令)은 도요토미 히데요시가 조선 정벌을 명한 것을 말한다.

250) 나고야성(名護屋城)은 임진왜란과 정유재란 때 조선을 침략하기 위한 일본 측의 전진기지로 사가현에 축성한 성.

251) 이시다 미츠나리 또는 이시다 미쓰나리(石田三成, 1560~1600)는 아즈치모모야마 시대의 무장 겸 다이묘이다. 도요토미 정권하에는 고부교의 한 사람으로 익히 알려져 있다.

252) 심유경(沈惟敬, ?~1597)은 임진왜란 때의 조선에서 활약한 명나라 사신으로 평양성에서 왜장 고니시 유키나가와 만나 화평을 협상한다. 1596년 일본에 건너가 도요토미 히데요시를 만나 협상을 진행하였으나 매국노로 몰려 처형된다.

253) 정유재란(丁酉再亂)은 정유년(1597) 1월 이후 임진왜란 중 화의교섭의 결렬로 일본군이 다시 침략해 일어난 왜란.

254) 후시미성(伏見城)은 일본 교토에 있다.

255) 쓰시마 섬은 일본 나가사키현(長崎縣)에 속한 695㎢ 규모의 열도. 일본과 한국을 가르는 대한해협에 있다. 우리나라의 부산에서 50km 정도, 일본 규슈(九州) 본토와는 132km 떨어져 있다. 우리나라에서는 대마도(對馬島)라 한다.

256) 다치바나 야스히로(橘康廣)는 쓰시마 도주의 가신이다. 일본국 왕사(日本國王使)로 1587년 조선에 파견된다.

257) ≪징비록≫ 유성룡 지음 김흥식 옮김, 서해문집, 2004.

258) 오위도총부(五衛都摠府)는 조선시대의 중앙군인 오위(五衛)를 지휘 감독한 최고 군령기관이다.

259) 비변사(備邊司)는 조선 중·후기 의정부를 대신하여 국정 전반을 총괄한 실질적인 최고의 관청이다.

260) 의정부(議政府)는 조선시대 정일품아문으로 최고행정기관으로서 백관을 거느리고 일반 정사를 공평히 하며 국가를 경영하는 관청이다.

261) 도제조(都提調)는 조선시대 육조의 속아문·군영 등 중요 기관에 설치한 정일품 관직이다.

262) 우의정(右議政)은 조선시대 의정부의 정1품 관직이다. 정원은 1인이다.

263) 강화유수(江華留守)는 조선시대 1627년(인조 5)에 부윤을 고쳐서 승격한 강화부의 종이품 으뜸 벼슬로 정원은 2원이다. 그 중 1원은 경기감사가 예겸하였다.

264) 소 요시토모(宗義智, 1568~1615)는 일본의 무장이다. 소 요시토시로도 읽는다.
임진왜란이 일어나자 제1진으로 침입해 왔고 2차례에 걸쳐 조선 조정과의 강화를 요구했으나 성사하지 못한다. 정유재란 때도 쳐들어왔다. 세키가하라 전투에서 서군에 가담해 패했고 조선과 국교에 힘써 을유조약이 실현되었다.

265) 겐소는 게이테스 겐소(景轍玄蘇, 1537~1611년 11월 26일)를 말한다. 아즈치모모야마 시대부터 에도 시대 초기에 살았던 임제종의 승려이다.

266) 소 요시시게(宗義調, 1532~1589년 1월 28일)는 대마도의 슈고 다이묘로서 봉건영주가 된 사람이며 전국 다이묘로, 소(宗)씨의 제17대 당주이다

267) 정명향도(征明嚮導)는 명나라 정복을 위해 앞장을 서야 한다.

268) 가도입명(假途入明)은 명나라에 들어가기 위해 조선의 길을 빌리고자 한다.

269) 허성(許筬, 1548~1612)은 조선 중기의 문신이다. 통신사로 일본에 다녀온 후 김성일이 침략우려가 없다고 하자, 같은 동인인데도 그에 반대하여 침략 가능성을 직고하였다. 임진왜란이 일어나자 자청하여 군병모집에 진력한다. 이조판서에 이르렀으며 이름난 문장가로 성리학에도 통달하였고 글씨에도 뛰어났다.

270) 관백(關白)은 일본에서 왕을 내세워 실질적인 정권을 잡았던 막부의 우두머리.

271) 나고야(名護屋)는 아이치현(愛知縣) 지방의 중심지이고 일본 열도의 중심지.

272) 구로다 나가마사(黑田長正, 1568~1623)는 진왜란 때 제3군을 이끌고 황해도 방면으로 침공하였고, 정유재란 때에는 가토 기요마사와 고니시 유키나가와 함께 조선을 재공략하나 실패하고 돌아갔다. 도요토미 히데요시가 죽은 후 도쿠가와 이에야스에게 충성한다.

273) 구키 요시타카(九鬼嘉隆, 1542~1600년)는 일본의 수군 무장으로 임진왜란에 참전 안골포 해전에서 이순신(李舜臣)에게 대패한다.

274) 와키자카 야스하루(脇坂安治, 1554~1626)는 임진왜란 중 이순신의 한산도대첩에서 대패한다.

275) 가토 요시아키(加藤嘉明, 1563~1631)는 임진왜란 때 일본 수군을 이끌고 이순신이 지휘하는 조선수군과 싸웠다. 이순신 수군에게 번번히 패배한다. 칠천량해전에서

원균의 조선 수군을 궤멸시키다. 이 해전 에서 요시아키는 왼팔의 부상을 입었다. 정유재란 때에도 명나라의 수군에 포위되어 울산성에서 농성하고 있던 가토 기요마 사를 구원한다.

276) 도도 다카토라(藤堂高虎)는 임진왜란 때 수군장으로 출전했고 정유재란 때 수군을 이 끌고 재차 침입해 배설, 원균과 싸웠으며 명량대첩 때 대패한다. 도요토미가 죽자 조 선을 침략했던 원정군의 철수를 통합한다.

277) 부제조(副提調)는 조선 시대에 나라의 큰 일이 있을 때 임시로 임명되어 그 관아의 실 무를 맡아본 정3품 관직이다.

278) 도순변사(都巡邊使)는 조선 시대 군무를 총괄하기 위하여 중앙에서 파견하던 국왕 의 특사.

279) 순변사(巡邊使)는 조선시대 변방의 군국기무를 순찰하기 위하여 왕명을 띠고 파견되 던 특사이다.

280) 순찰사(巡察使)는 조선 시대 재상으로서 왕명을 받아 군무를 통찰하던 사신이다. 정1품 을 도체찰사, 종1품을 체찰사, 정2품을 도순찰사, 종2품을 순찰사라고 하여 직위에 따 라 호칭이 달랐다.

281) 관찰사(觀察使)는 조선 시대 각 도에 파견된 지방 행정의 최고 책임자

282) 신립(申砬, 1546~1592)은 조선 중기의 무장이다. 북변에 침입한 이탕개를 격퇴하고 두만강을 건너가 야인의 소굴을 소탕하고 개선한다. 함경북도병마절도사, 우방어 사, 중추부동지사, 한성부 판윤을 지냈다. 임진왜란 때 충주 탄금대에 배수진을 치 고 적군과 대결했으나 패한다.

283) 조령(鳥嶺)은 충청북도 괴산군의 연풍면과 문경시 문경읍의 경계에 위치하는 고개이다 (고도 : 642m). 북쪽 마역봉(925m)과 남쪽 조령산(1,026m) 사이 말안장 모습의 지형에 만 들어진 고개이다.

284) 충주탄금대(忠州彈琴臺)는 충청북도 충주시 칠금동에 위치해 있다. 탄금대는 본래 대문 산이라 부르던 야산이다. 기암절벽을 휘감아돌며 유유히 흐르는 남한강과 울창한 송림 으로 경치가 매우 좋은 곳이다. 탄금대란 신라 진흥왕 때 우리나라 3대 악성 중 하나인 우륵이 가야금을 연주하던 곳이라 하여 붙여진 이름이다.

285) 이여송(李如松, 1549~1598)은 명나라의 장수로서 임진왜란 당시 명(明)의 2차 원병을 이끌 고 참전한다.

286) 이각(李珏)은 조선 중기의 무신이다. 경상 좌병사를 지냈다.

287) 송상현(宋象賢, 1551~1592, 음력 4,13일))은 조선 중기의 문신이다. 임진왜란 때의 장수이다. 임진왜란 초기 동래성 전투에서 고니시 유키나가의 군과 교전하다가 패전하여 살해되었 다. 일본군은 송상현을 포로로 사로잡아 항복을 강요한다. 그가 항복하지 않자 처참하게 살해한다.

288) ≪징비록≫ 유성룡 지음 김흥식 옮김, 서해문집, 2004.

289) ≪임진장초≫ 충무공진중보고서, 조성도 역, 연경문화사, 1997.

290) 우치적(禹致績 ?~1628)은 조선 중기의 무신이다. 1592년 임진왜란 때 옥포해전·적진포해전·합포해전에서 큰 공을 세웠다. 1598년 노량해전에서도 용맹을 떨쳤다. 이후 북도우후·삼도수군통제사·평안도병마절도사·경상좌도병마절도사·함경북도 병마절도사 등을 역임하였다.

291) 소비포는 경남 고성군 하일면 춘암리

292) 이영남(李英男, 1563~1598)은 조선 중기의 무신이다. 정유재란 때 가리포첨절제사로서 삼도수군통제사 이순신의 휘하에 들어가서 명량해전에서 공을 세웠고, 노량해전에서 전사하였다.

293) 명지도는 지금의 부산직할시 강서구 명지동

294) ≪임진장초≫ 충무공진중보고서, 조성도 역, 연경문화사, 1997.

295) ≪난중일기≫ 이순신 지음 노승석 옮김, 민음사, 2010. 66쪽

296) 기효근(奇孝謹, 1542~1597)은 조선 중기의 무신이다. 선전관으로 있을 때 왕명으로 주·군의 군비 상태를 점검한다. 임진왜란 때 남해 현령으로 전함·무기를 수리하고 원균을 따라 사천에서 싸워 공을 세웠다.

297) 권관은 조선 시대에 변경의 작은 진보(鎭堡)에 두었던 종구품의 수장을 말한다.

298) 김축(金軸)은 승지, 사간원, 대사헌을 지낸다.

299) 한백록(韓百祿, 1555~1592) 임진왜란 때 세포 만호로 옥포해전, 당포해전, 부산포해전에서 공을 세웠다. 부산첨사에 제수되었다. 1592년 7월 18일 미조항해전에서 전사한다.

300) 지금의 경남 거제시 동부면

301) 김완(金浣, 1546년~1607)은 조선 시대 중기 무신이다. 임진왜란 때 사도 첨사였다. 우척후장로서 옥포해전·당포해전·한산도해전·웅천해전 등에서 공을 세웠다. 임진왜란 때 용맹이 알려져 전라도 병마 절도사 이복남(李福男) 휘하에 들어갔고, 이때 무과에 급제, 경상도 방어사의 막하로 있었다. 1615년(광해군 7) 관무재시에 급제, 고산진 첨절제사를 거쳐 창성 방어사에 이르렀다. 1624년 이괄(李适)의 난 평정에 공을 세웠다.

302) 김인영(金仁英)은 생몰미상으로 임진왜란 때 여도 만호였다. 옥포해전·당항포해전 좌척후장으로 활약한다. 한산도해전까지 척후장으로 참전하여 많은 전공을 세웠다. 임진왜란 후 훈련원부정 벼슬에 올랐을 뿐이다. 이에 이순신이 그의 공적을 참작해 달라는 장계까지 올렸다. 1597년 정유재란 때 이순신의 막하로서 명량대첩에 참전한다.

303) 신호(申浩, 1539~1597)는 1567년 무과에 급제, 조산 만호를 지내고, 도총부도사·경력을 지냈다. 그 뒤 낙안 군수로 있을 때인 1592년 임진왜란이 일어나자 이순신을 도와 옥포해전·견내량해전·한산도해전 등에서 공을 세워 통정대부에 올랐다. 1597년 정유재란 때는 남원성의 포위를 풀기 위해 지원군으로 출전하여 전사한다.

304) 일본측 주력함 아다케를 말한다.

305) 옥포해전의 왜장은 도도 다카도라였다.

306) 김득광(金得光)은 임진왜란 때 우부장으로 옥포해전·적진포해전·사천해전·당항포해전

등에서 공적을 세웠다.

307) 배흥립(裵興立, 1546~1608)은 조선 중기의 무장이다. 임진왜란 때 옥포해전 등에서 공을 세워 가의대부에 올랐다. 사천해전·한산도대첩·행주대첩 때 세운 공으로 이순신은 그를 공신(功臣)으로 천거하였다. 경상우도·전라좌도 수군절도사, 공조참판 등을 지냈다.

308) 어영담(魚泳潭, 1532~159)은 조선 중기의 무장이다. 여러 진관의 막료로 있으면서 해로를 익혔다. 임진왜란이 일어나자 이순신 휘하에서 수로 향도로 활약한다. 옥포해전·합포해전·당항포해전·율포해전 등에서도 공적을 세웠다. 1593년 이순신은 어영담을 조방장에 임명한다. 1594년 전염병에 걸려 한산 통제영에서 세상을 떠났다.

309) 이순신(李純信, 1554~1611)은 1591년(선조 24) 방답진 첨절제사로 부임하여 당시 전라 좌도 수군절도사이던 충무공 이순신의 휘하에서 왜적의 침입에 대비한다. 1592년 임진왜란이 일어나자 이순신은 충무공 이순신이 이끄는 수군에서 중위장과 전부장으로 활약하며 옥포해전·합포해전·적진포해전·사천해전 등에서 큰 공을 세웠다. 이순신은 당상관인 정3품 절충장군(折衝將軍)의 품계를 받았고, 1594년 충청도 수군절도사로 임명되었다. 1597년 정유재란이 일어나자 이순신은 경상 우수사로 임명되어 다시 해전에 참전한다. 그는 삼도수군통제사이던 충무공 이순신의 휘하에서 다시 중위장 등으로 활약하며 여러 전투에서 공을 세웠다. 1598년 이순신은 전라 수사로 있으면서 그해 음력 8월 조정에 도요토미 히데요시가 죽고 왜군이 철수를 준비하고 있다는 첩보를 비밀리에 전달하기도 한다. 음력 11월에 노량해전에서 충무공 이순신이 전사한 뒤에는 경상 우수사로 있으면서 충무공을 대신해 조선 수군의 전열을 수습한다.
임진왜란이 끝나자 이순신은 1598년 한양의 포도대장으로 임명되었다. 그해 음력 10월 직위를 남용해 잘못이 없는 사람을 장살했다는 이유로 탄핵을 받아 파직되었다가, 다시 충청 수사로 임명되었다. 황해도 병마절도사, 경상우도 병마절도사 등을 거쳐 1602년에는 전라 좌수사가 되었다. 1604년에 중추원의 정3품 무관인 첨지중추부사가 되었고, 그해 선무공신 3등으로 책록되었다. 1606년 다시 외직인 수원 부사로 임명된다. 1610년(광해 2)에는 전라도 병마절도사로 임명되었으나 이듬해 병으로 사망한다.

310) 보인(保人)은 조선 시대 군에 직접 복무하지 않는 병역 의무자.

311) 최대성(崔大晟, 1553~1597)은 조선 중기의 무관이자 의병장이다. 1592년 임진왜란 때 이순신의 군관으로 한산대첩과 옥포해전에서 공을 세웠다. 정유재란 때는 두 아들과 함께 의병을 일으켜 활약하다가 순절하였다.

312) 배응록(裵應錄) 1584년 별시 병과에 급제한다. 임진왜란 때 참퇴장으로 옥포해전에서 전공을 세웠다. 의병장 김천일 막하에서 역전고투하다가 전사한다. 선무원종훈에 기록되었다.

313) 이언량(李彦良)은 생몰년 미상이며 조선 중기의 무신이다. 임진왜란 때 이순신 휘하의 군관으로서 5월 7일 옥포해전에서 전공을 세우고, 6월 2일 당포해전, 부산포해전에서는 거북선 돌격장으로 출전, 일본군을 격파한다.

314) 변존서(卞存緖)는 이순신의 외사촌으로 1583년 별시 병과에 급제한다. 훈련봉사로 임진왜란 때 옥포해전, 합포해전 등에서 공을 세웠다.

315) 김효성(金孝誠)은 임진왜란 때 옥포해전, 합포해전 등에서 전공을 세웠다

316) ≪임진장초≫ 충무공 진중보고문, 조성도 역, 연경문화사, 1997.

317) 호리우치 우지요시(堀內氏善, 1549~1615)는 기이(紀伊) 아타미야(新宮) 성주이다. 1585년에 히데요시에게 복속한다. 임진왜란 때 수군을 이끌었고 진주성(晉州城) 전투에도 참전한다.

318) 지금의 경남 거제시 장목면 구영리

319) 지금의 경남 창원시 마산합포구 합포동

320) 이응화(李應華)는 임진왜란 때 합포해전 · 사천해전에서 참퇴장으로 활동하며 공을 세웠다.

321) 송희립(宋希立)은 생년몰 미상이다. 1592년 임진왜란이 일어나자, 지도 만호 형 대립(大立)과 함께 의병을 모아 통제사 이순신(李舜臣) 휘하에 들어가 종군하며 합포해전 등에서 전공을 세우며 활약한다. 1598년 정유재란 때 노량해전에서 왜군에게 포위된 명나라 도독 진린을 구출하면서 전신에 중상을 입었다. 1601년 양산 군수 · 다대포 첨절제사를 지내고, 전라좌도 수군절도사가 되었다.

322) 이설(李渫, 1554~1598)은 조선 중기의 무인이다. 1579년(선조 12) 무과에 급제하여 훈련원 봉사로 있다가 1592년 임진왜란 때에 이순신의 휘하에서 나대용과 함께 거북선을 만들었다. 유진장 · 좌별도장 · 훈련원 판관 · 만호가 되어 옥포해전 등에 참여하여 많은 전공을 세웠다. 부산포해전에서 큰 공로를 세웠고, 마지막 노량해전에서 충무공과 함께 순국하였다.

323) 지금의 경남 창원시 마산합포구 구산면 남포리

324) 지금의 경남 거제시 장목면 유호리에 속한 섬

325) 지금의 경남 고성군 거류면 화당리

326) 지금의 경남 통영시 광도면 황리

327) 지금의 경남 고성군 회화면 당항리

328) 유섭(俞攝)은 임진왜란 때 적진포해전 등에서 좌부기전통장으로 전공을 세웠다.

329) 박영남(朴永南)은 임진왜란 때 부통장 급제로 적진포해전 등에서 전공을 세웠다.

330) 김봉수(金鳳壽)는 보인으로 임진왜란 때 적진포해전 등에서 전공을 세웠다.

331) 주몽룡(朱夢龍)은 생년몰 미상으로 임진왜란 때 적진포해전 등에서 전공을 세웠다. 무과에 급제한 뒤 선전관을 거쳐 금산 군수 때 홍의장군 곽재우와 강덕룡 · 정기룡 등과 함께 거창 우지현전투에서 전공을 세웠다. 이후 경상도 지역에서 여러 번 전공을 세워 강덕룡 · 정기룡과 함께 삼룡장군이라 불렸다. 이어 의병장 곽재우를 도와 창녕에서 적군을 물리치고 거제에서도 큰 전과를 올렸다.

332) 이봉수(李鳳壽)는 조선 중기의 무신이다. 이순신(李舜臣) 휘하의 군관으로 적진포해전 등에서 전공을 세웠다. 또 새 화약 무기 제조에 공을 세운 후 1594년 서흥 부사를 지내고, 1602년 충청도 병마절도사가 되었다.

333) 송한연(宋漢連)은 임진왜란 때 군관 별시위로 적진포해전에서 전공을 세웠다.

334) ≪임진장초≫ 충무공 진중보고문, 조성도 역, 연경문화사, 1997.

335) 최철견(崔鐵堅, 1548~1618)은 조선 중기의 문신이다. 1590년에는 병조정랑이 되어 서장관(書狀官)으로 명나라에 다녀와서 전라도도사가 되었다. 1592년 임진왜란이 일어나 관찰사 이광이 패주하자, 죽기를 맹세하고 전주 백성들에 포고하여 힘껏 싸워 전주를 수호하였다. 1597년 수원부사로 임명되고, 1599년 내자시정, 1601년에 황해도 관찰사가 되었다가 호조참의로 전임되었다. 1604년에 춘천부사에 제수되었으나 병으로 사임하고 고향에 돌아왔다.

336) ≪임진장초≫ 충무공 진중보고문, 조성도 역, 연경문화사, 1997.

337) 지금의 전남 고흥군

338) 지금의 경남 사천시 용현면 주문리

339) 지금의 경도 통영시 사량면

340) 가메이 고레노리(龜井玆矩, 1557년~1612)는 일본 센고쿠 시대에서도 시대에 걸쳐 활약한 무장 겸 다이묘이다. 아마고 씨의 가신으로, 창술에 능하였다. 임진왜란 때 당포해전에 참전한다.

341) 구루시마 미치유키((來島通之)는 1597년 정유재란 때 출전했다가 명량해전에서 함포에 맞아 전사한 구루시마 미치후사의 형이다.

342) 지금의 경남 남해군 창선도

343) ≪임진장초≫ 충무공 진중보고문, 조성도 역, 연경문화사, 1997. 46쪽

344) 진무성(陳武晟, 1566~ ?) 임진왜란 때 전라 좌수사 이순신(李舜臣) 휘하의 군관으로 있으면서 1592년 6월 당포해전에서부터 전공을 세웠다. 육상에서 진주 전투가 있을 때에도 정탐 연락의 임무를 띠고 적의 진중을 왕복하여 수훈을 세웠다. 1597년 원균이 이순신을 대신하여 통제사가 되고 적의 재침으로 수군이 열세에 몰렸을 때에도 동요하지 않고 화공으로 적선을 무찔러 애국충절의 기개를 보였다. 뒤에 임진왜란의 전공으로 선무원종공신이 되었다. 34살이 되던 1599년에 비로소 무과에 급제하고, 유원진 첨사·경흥 부사·통제영우후를 지냈다. 1627년(인조 5) 정묘호란이 있은 뒤에 장재가 거듭 인정되어 다시 북방요지 구성 군수에 임명되었다.

345) 구루시마 미치유키(來島通之, 1557~1592)는 센고쿠 시대에서 아즈치모모야마 시대에 걸쳐 활약한 무장으로 이요국 해적 출신이다. 구루시마 미치야스의 차남으로 구루시마 미치후사(来島通総)의 형이다. 규슈 정벌, 오다와라 정벌, 임진왜란에서 수군으로 참전한다. 1592년 음력 6월 2일 당포해전에서 권준의 화살에 맞고 전사한다.

346) ≪임진장초≫ 충무공 진중보고문, 조성도 역, 연경문화사, 1997

347) 지금의 창원시 마산합포구 구산면

348) 지금의 창원시 성산구 귀산동

349) 지금의 부산광역시 강서구에 속하는 섬

350) ≪임진장초≫, 진중보고문, 조성도 역, 연경문화사, 1997

351) 안골포(安骨浦)는 지금은 경상남도 창원시 진해구 안골동에 있는 포구

352) 방처인(房處仁)은 조선 중기 전라북도 남원 출신의 의병이다.

353) 1593년 체찰사 유성룡은 강인상을 종사관에 임명한다. 강인상은 휘하의 병력을 두 아들에게 주어 조카 강희보(姜希輔)·강희열(姜希悅)과 함께 진주성을 사수하게 한다.

354) ≪이충무공전서≫ 권3, 〈분송의쾌파수요해장〉

355) 배경남(裵慶男, ? ~ 1597)은 1592년 임진왜란 때 부산진 첨절제사로 있으면서 경상도의 유격장으로 공을 세웠다. 순찰사로 내려온 권율의 그릇된 보고로 파직 당한다. 그 후 종군하여 1594년 6월 삼도 수군절제사 이순신(李舜臣) 밑에서 좌별도장으로 당항포해전에 참전하여 승리를 거두었다. 후에 조방장에 올랐다.

356) 송여종(宋汝悰 , 1553~1609)은 조선 중기의 무신이다. 임진왜란 때 낙안 군수 신호의 막료로 종군했고 한산도 싸움에서 이순신 휘하에서 전공을 세웠다. 정유재란 때는 원균 휘하에서 한산도 싸움에 패했으나 이순신 휘하에서 수차 전공을 세웠다.

357) 정사준(鄭思竣, 1553~?)은 1592년 임진왜란 때 훈련주부가 되어 전라 좌수사 이순신(李舜臣)의 휘하에서 활약한다. 이순신의 명령을 받아 소형대포인 승자총과 조총을 절충한 화승총을 고안하여 솜씨 있는 대장장이들을 뽑아 이를 제작한다. 1599년(선조 32) 결성 현감으로 재임 중 탐학하다는 사간원의 탄핵을 받아 파직되었다.

358) 정빈(鄭賓, 생졸년 미상) 조선 중기 관리이다. 좌찬성 정지년의 후손이며, 부사직 정사익의 아들이다. 임진왜란 때 27세의 나이로, 숙부 정사횡과 함께 거병한다. 가동을 거느리고, 군량미 1천 석을 임금이 있던 의주 행재소까지 뱃길로 옮겼다. 백사 이항복이 그 충절을 조정에 알려 사온서봉사의 직이 내려졌다. 그후 사헌부감찰, 낭천, 직산, 전의, 아산 등지의 현감을 역임한다.

359) 절영도(絕影島)는 부산직할시 영도의 옛 이름이다.

360) ≪임진장초≫ 진중보고문, 조성도 역, 연경문화사, 1997, 87~88쪽

361) 이빈(李薲, 1537~1603)은 조선 중기의 무신이다. 1592년 임진왜란이 일어나자 경상좌도병마절도사로 충주에서 신립의 휘하에 들어가 싸웠으나 패하였다. 그 뒤 김명원의 휘하에 들어가 임진강을 방어하다가 다시 패한다. 평안도병마절도사로 평양을 방어하였으나 성이 함락되자 이원익을 따라 순안에서 싸웠다. 이듬해 명장 이여송과 함께 평양을 탈환한 뒤 이여송의 요청으로 순변사에 임명되어 권율과 함께 파주산성을 수비한다. 같은 해 일본군이 진주와 구례지방을 침략할 때 남원을 지켰다. 당시 진주성을 방어하지 못하였다는 사헌부와 사간원의 탄핵을 받고 대죄 종군하다가 1594년 경상도순변사에 복직되었다.

362) 두을포(豆乙浦)는 지금의 통영시 한산면에 있다.

363) 이원익(李元翼, 1547~1634)은 1573년 성균관 전적이 되었으며, 그 해 2월 성절사 권덕여(權德輿)의 질정관으로 북경에 다녀왔다. 그 뒤 호조·예조·형조의 좌랑을 거쳐 이듬 해 가을 황해도도사에 임명되었다. 이 시기 병적을 정비하면서 실력을 발휘, 특

히 이이(李珥)에게 인정되어 여러 차례 중앙관으로 천거되었다. 1587년 이조참판 권극례(權克禮)의 추천으로 안주목사에 기용되어, 양곡 1만여 석을 청해 기민을 구호하고 종곡(種穀)을 나누어주어 생업을 안정시켰다.

그 뒤 임진왜란 전까지 형조참판·대사헌·호조와 예조판서·이조판서 겸 도총관·지의금부사 등을 역임하였다. 임진왜란이 발발하자 이조판서로서 평안도도순찰사의 직무를 띠고 먼저 평안도로 향했고, 선조도 평양으로 파천했으나 평양마저 위태롭자 영변으로 옮겼다. 이 때 평양 수비군이 겨우 3,000여 명으로서, 당시 총사령관 김명원(金命元)의 군통솔이 잘 안되고 군기가 문란함을 보고, 먼저 당하에 내려가 김명원을 원수의 예로 대해 군의 질서를 확립한다. 평양이 함락되자 정주로 가서 군졸을 모집하고, 관찰사 겸 순찰사가 되어 왜병 토벌에 전공을 세웠다. 1593년 정월 이여송(李如松)과 합세해 평양을 탈환한 공로로 숭정대부에 가자되었고, 선조가 환도한 뒤에도 평양에 남아서 군병을 관리한다. 1595년 우의정 겸 4도체찰사로 임명되었으나, 주로 영남체찰사영에서 일한다. 이 때 명나라의 정응태(丁應泰)가 경리 양호(楊鎬)를 중상 모략한 사건이 발생해 조정에서 명나라에 보낼 진주변무사를 인선하자, 당시 영의정 유성룡에게 "내 비록 노쇠했으나 아직도 갈 수는 있다. 다만 학식이나 언변은 기대하지 말라." 하고 자원한다. 정응태의 방해로 소임을 완수하지 못하고 귀국한다. 귀국 후 선조로부터 많은 위로와 칭찬을 받고 영의정에 임명되었다. 당시 이이첨(李爾瞻) 일당이 유성룡을 공격해 정도를 지켜온 인물들이 내몰림을 당하자 상소하고 병을 이유로 사직한다. 그 뒤 중추부사에 임명되었다가 그 해 9월 영의정에 복직되었다. 1600년 다시 좌의정을 거쳐 도체찰사에 임명되어 영남 지방과 서북 지방을 순무하고 돌아왔다. 1604년 호성공신에 녹훈되고 완평부원군에 봉해졌다.

364) 절이도(折爾島)는 지금의 전남 고흥군 거금도.

365) ≪임진장초≫ 진중보고문, 조성도 역, 연경문화사, 1997, 167~168쪽

366) ≪임진장초≫ 진중보고문, 조성도 역, 연경문화사, 1997, 167~168쪽

367) 유정(劉綎, 미상~1619)은 1592년 부총병으로 병사를 이끌고 조선에 와서 왜군을 방어하고, 어왜총병관으로 승진한다. 귀국하여 사천총병관으로 파천선위사 양응룡의 반란을 진압한다. 좌도독으로 승진한다.1597년 정유재란 때 남원에서 졌다는 소식이 전해지자 배편으로 강화도를 거쳐 입국하여 전세를 확인한 뒤 돌아갔다. 이듬해 대군을 이끌고 와서 도와주었다. 예교(曳橋)에서 왜군에게 패전하고, 왜군이 철병한 뒤 귀국했다. 1619년 조선과 명나라 연합군이 후금(後金)과 싸운 부차전투에서 전사했다.

368) 담종인(譚宗仁)은 1594년 3월 초에 명나라 선유부도사로 조선에 온 인물

369) ≪난중일기≫ 이순신 지음 노승석 옮김, 민음사, 2010.

370) ≪난중일기≫ 이순신 지음 노승석 옮김, 민음사, 2010.

371) ≪난중일기≫ 이순신 지음 노승석 옮김, 민음사, 2010.

372) ≪난중일기≫ 이순신 지음 노승석 옮김, 민음사, 2010.

373) ≪난중일기≫ 이순신 지음 노승석 옮김, 민음사, 2010.

374) ≪난중일기≫ 이순신 지음 노승석 옮김, 민음사, 2010.

375) ≪난중일기≫ 이순신 지음 노승석 옮김, 민음사, 2010.

376) 곽재우(郭再祐,1552~1617)는 조선 중기 임진왜란 때의 의병장이다. 1592년 4월 14일 임진왜란이 일어나 왕이 의주로 피난하자 같은 달 22일 제일 먼저 의령에서 수십 명의 사람들을 모아 의병을 일으켰다. 의병의 군세는 더욱 커져 2천에 달하였고, 5월에는 함안군을 수복하고 정암진(鼎巖津, 솥바위나루) 도하작전을 전개한 왜병을 맞아 싸워 대승을 거두었다. 이때 홍의(紅衣)를 입고 선두에서 많은 왜적을 무찔렀으므로 홍의장군이라고도 불렸다. 조정에서는 이 공을 인정하여 그해 7월 유곡찰방에 임명하였다가 다시 형조정랑을 제수한다. 10월에 절충장군으로 승진하여 조방장을 겸임하다가 성주 목사에 임명되어 악견산성 등 성지를 수축하였다. 또한 1차 진주성전투에 휘하의 병사들을 보내어 김시민 장군이 승리하는데 조력한다.
1595년 진주목사에 임명되었으나 벼슬을 버리고 낙향하였다가 1597년 정유재란 때 경상좌도방어사로 임명되어 다시 벼슬길에 나아가 화왕산성을 수비하면서 왜장 가토(加藤淸正)군을 맞아 싸웠다. 이후 계모의 상을 이유로 벼슬길에 나가지 않고 창암진 강가에 망우정을 짓고 은둔하고 있다가 1604년 찰리사에 임명되어 인동(仁同)의 천생산성을 보수한다. 10월에는 가선대부용양위상호군에 임명되었다. 이후 또 다시 낙향하였다가 1610년(광해군 2년) 광해군의 간청으로 오위도총부의 부총관을 역임하였고, 이어 함경도관찰사를 거쳐 1612년 전라도병마절도사에 임명되었으나 나가지 않았다. 1613년에는 영창대군을 신구(伸救)하는 상소문을 올린 후에 다시는 벼슬길에 나오지 않았다.

377) 김덕령(金德齡, 1567~1596)은 임진왜란이 일어나자 담양 부사 이경린·장성 현감 이귀의 천거로 종군 명령이 내려졌다. 전주의 광해분조로부터 익호장군의 군호를 받았다. 1594년 의병을 정돈하고 선전관이 된 후에 권율의 휘하에서 의병장 곽재우와 협력하여, 여러 차례 왜병을 격파한다. 1596년 도체찰사 윤근수의 노속(奴屬)을 장살하여 체포되었으나, 왕명으로 석방되었다. 다시 의병을 모집한다. 때마침 충청도의 이몽학 반란을 토벌하려다가 이미 진압되자 도중에 회군한다. 이몽학과 내통하였다는 신경행의 무고로 체포·구금되었다. 혹독한 고문으로 인한 장독으로 옥사한다. 1661년 신원되어 관작이 복구되고, 1668년 병조참의에 추증되었다. 1678년 벽진서원에 제향되었다. 1681년 병조판서에 가증되었다. 영조 때 의열사에 형 덕홍·아우 덕보와 병향되었고, 1788년 좌찬성에 가증되었다. 생애와 도술을 묘사한 작자·연대 미상의 전기소설 ≪김덕령전≫이 있다.

378) 석성(石星, 1538~1599)은 일본이 임진왜란 때 조선을 공격하자 구원한다. 망인(妄人) 심유경(沈惟敬)의 말을 믿어 공의(貢議)에 봉하자고 강력하게 주장하고, 도요토미 히데요시(豊臣秀吉)를 일본국왕에 봉하는 것이 좋겠다고 말한다. 이 일이 실패한 뒤 관직을 삭탈당하고 하옥되었다

379) ≪난중일기≫ 이순신 지음 노승석 옮김, 민음사, 2010. 155쪽

380) 칠천량해전(漆川梁海戰)은 1597년(선조 30) 7월 15일 칠천에서 벌어진 해전이다. 칠천해전이라고도 한다. 임진왜란 중 일본은 명나라와의 화의가 결렬되자 1597년 조선을 재차 침략하기 시작했다. 같은해 7월 일본은 앞서 조선 수군에게 패배하였던 한산도를 다시 공격하기 위하여 먼저 정탐으로 가나메 도키쓰라(要時羅)를 밀파하여 조선군을 유혹하니 도원수 권율(權慄)은 원균을 불러 일본군에 대한 공격을 명령한다. 이에 원균은 전병력을 동원

하여 7월 7일 다대포에서 일본군의 빈 군함 8척을 불사르고 서생포에 이르러 적의 주력함 대를 만나 패전하고 일부 군사는 풍랑으로 표류하는 지경이 되었다. 간신히 가덕도에 당도한 원균은 다시 일본군의 복병을 만나 막대한 손해를 입고 거제도 앞 칠천에 정박하고 말았다. 이 전투의 패전으로 원균은 도원수 권율에게 패전의 책임을 추궁당하여 태형(笞刑)까지 받게 되었다. 이에 원균은 불만과 실의에 빠져 군사를 돌보지 않고 전략상 해전에 불리한 칠천에서 이진도 않고 그대로 있다가 다시 일본군 함대의 공격을 받게 되었다.

일본군은 도도 다카토라(藤堂高虎)와 와키자카 야스하루(脇坂安治)가 전함 수백 척을 이끌고 부산에서 출진하고, 고니시 유키나가(小西行長), 시마즈 다다유타(島津忠豊) 등의 육군도 칠천으로 향하였으며 가토 요시아키(加藤嘉明)의 수군까지 합세하여 공격한다. 결국 원균은 일본군의 수륙양면공격을 받아 대패하고 자신도 육지로 탈출하다가 전사한다. 이 해전의 승리로 일본군은 한때 제해권을 장악한다. 조선군은 전라 우수사 이억기(李億祺), 충청 수사 최호(崔湖) 등의 용사가 전사하고 경상 우수사 배설(裵楔)만이 생존하여 12척의 전함을 이끌고 한산도로 후퇴한다.고도 한다.

381) 이산해(李山海)는 조선 선조 대에 영의정을 지냈으며 북인의 영수였다. 종계변무의 공으로 광국공신이 되었다. 서화에 능하여 문장 8가라 일컬었다. 저서로 ≪아계유고鵝溪遺稿≫가 있다.은해 7월 일본은 앞서 조선 수군에게 패배하였던 한산도를 다시 공격하기 위하여 먼저 정탐으로 가나메 도키쓰라(要時羅)를 밀파하여 조선군을 유혹하니 도원수 권율(權慄)은 원균을 불러 일본군에 대한 공격을 명령한다.

382) 윤두수(尹斗壽, 1533~1601)는 조선 시대의 문신이다. 1590년 종계변무의 공으로 광국공신 2등에 오른다. 건저 문제로 서인 정철이 화를 입자 이에 연루되어 회령 등에 유배당한다. 임진왜란이 일어나자 기용되어 선조를 호종, 어영대장이 되고 우의정·좌의정에 올랐다.

383) 정철(鄭澈, 1536~1593)은 지은 조선 중기 문신 겸 시인이다. 당대 가사문학의 대가로서 시조의 윤선도와 함께 한국 시가사상 쌍벽으로 일컬어진다. 문집으로 ≪송강집≫, ≪송강가사≫, ≪송강별추록유사≫ 등이 있다.

384) ≪난중일기≫ 이순신 지음 노승석 옮김, 민음사, 2010.

385) 두모포는 지금의 부산직할시 동구청

386) 서생포는 지금의 울산광역시 울주군 서생면 서생리

387) 김응서(金應瑞, 1564 ~ 1624)은 임진왜란 때 평양 방위전에서 수탄장으로서 대동강을 건너려는 적을 막은 공으로 평안도방어사가 되었다. 이듬해 명나라 이여송의 군대와 함께 평양성을 탈환하였으나, 1594년 경상도방어사로 전직되었다. 이때 도적이 횡행하자 도원수 권율의 명으로 도적을 소탕하고, 그 공으로 1595년 경상우도병마절도사에 승진되었다. 군관 이홍발을 부산에 잠입시켜 적정을 살피게 하고, 일본 간첩 요시라를 매수하여 정보를 수집한다. 1603년 충청도병마절도사로 있을 때 군졸을 학대하고 녹훈에 부정이 있어 파직되었다. 1604년 다시 기용되어 포도대장 겸 도정이 되었다. 1609년에 정주목사를 지내고 만포진 첨절제사로 나갔다가, 1614년에 북로방어사가 되었다. 그 뒤 명나라가 후금을 치기

위하여 원병요청을 하자, 평안도병마절도사 겸 부원수로서 원수 강홍립과 함께 출전하여, 이듬해 심하에서 크게 이겼으나 부차에서 패한다. 강홍립이 전군을 이끌고 금나라 군대에 항복하여 함께 포로가 되었다가, 비밀리에 적정을 기록하여 고국에 보내려 하였으나, 강홍립의 고발로 처형되었다.

388) 전남 해남군 송지면 어란리

389) ≪난중일기≫ 이순신 지음 노승석 옮김, 민음사, 2010. 416쪽

390) 구루시마 미치후사(来島通総, 1561~1597)는 임진왜란에서 수군으로 참전하였고 1597년 명량 해전에서 와키사카 야스하루와 함께 이순신(李舜臣)이 이끄는 조선 수군 12척 함대에 맞서 싸웠으나 전투 도중 전사한다.

391) ≪난중일기≫ 이순신 지음 노승석 옮김, 민음사, 2010.

392) 금당도(金堂島)는 지금의 전남 완도군 금일읍

393) 러·일전쟁(Russo-Japanese Wars)은 1904~1905년에 만주와 한국의 지배권을 두고 러시아와 일본이 벌인 전쟁을 말한다.

394) 도고헤이 하치로(東郷平八郎)는 일본의 해군 제독이다. 청일전쟁 때 나니와 함장으로서 청국 군함 고승(高陞)을 격침시켰다. 러일전쟁 때는 일본 연합 함대사령장관으로 동해해전에서 러시아의 발틱 함대를 정자전법으로 격파시켰다.

395) 병자호란(丙子胡亂)은 1636년 12월~1637년 1월에 청나라의 제2차 침구(侵寇)로 일어난 조선·청나라의 싸움이다.

396) 시바 료타로(司馬遼太郎, 1923.8.7 ~ 1996)는 1960년 ≪올빼미의 성≫으로 나오키상 수상, 1966년 장편소설 《료마(龍馬)는 간다》로 기쿠치칸상을 수상한 일본의 소설가이다. 일본식 역사소설의 황금기를 열어 국민작가가 되었고, 일본 역사소설을 완성시킨 소설가이다.

397) ≪임진장초≫, 〈이도당항포승첩계본〉

398) 척계광(戚繼光, 1528~1588)은 중국 명나라 말기의 장수로서 일본군의 침입을 물리치는 데 큰 공을 세웠다. 《기효신서》 등의 병서를 남겼다.

399) 유숭인(柳崇仁, ?~1592)은 조선 전기의 무신이다. 함안 군수 때 임진왜란이 일어나자 일본군에게 포위된 성을 고수한다. 일본군을 진해에서 이순신 휘하의 함대와 무찔렀으며 금강을 거슬러 공격해 오는 일본군을 대적하는 등 전공을 세웠다.

400) ≪이충무공전서≫ 권 2 장계 당포파위병장

401) ≪이충무공전서≫ 권 3, 장계 토적장

402) 경완선(輕完船)은 가볍고 빠르며 완전히 전투 준비를 한 전선이다.

403) ≪난중일기≫ 이순신 지음 노승석 옮김, 민음사, 2010.

404) ≪이충무공전서≫ 권 13, 부록5, 기실 상

405) ≪임진장초≫ 조성도 역, 연경문화사, 1997.

406) ≪난중일기≫ 이순신 지음, 노승석 옮김, 민음사, 2010. 77~78쪽

407) 《난중일기》 이순신 지음, 노승석 옮김, 민음사, 2010. 130쪽

408) 《난중일기》 이순신 지음, 노승석 옮김, 민음사, 2010. 136쪽

409) 바다에서 포획한 각종 해산물을 소금에 절여 진상하는 어민

410) 《난중일기》 이순신 지음, 노승석 옮김, 민음사, 2010. 177쪽

411) 《난중일기》 이순신 지음, 노승석 옮김, 민음사, 2010. 178쪽

412) 《난중일기》 이순신 지음, 노승석 옮김, 민음사, 2010. 182쪽

413) 《난중일기》 이순신 지음, 노승석 옮김, 민음사, 2010. 199쪽

414) 《난중일기》 이순신 지음, 노승석 옮김, 민음사, 2010. 179~180쪽

415) 《난중일기》 이순신 지음, 노승석 옮김, 민음사, 2010. 157쪽

416) 《난중일기》 이순신 지음, 노승석 옮김, 민음사, 2010. 186쪽

417) 색리(色吏)는 지방 관아의 하급 관원

418) 《난중일기》 이순신 지음, 노승석 옮김, 민음사, 2010. 187쪽

419) 《난중일기》 이순신 지음, 노승석 옮김, 민음사, 2010. 290쪽

420) 《난중일기》 이순신 지음, 노승석 옮김, 민음사, 2010. 318쪽

421) 지금의 경남 남해군 설천면 노량리와 경남 하동군 금남면 노량진 사이의 해협

422) 《난중일기》 이순신 지음, 노승석 옮김, 민음사, 2010. 238쪽.

423) 《선조실록》 선조 27년 6월 을축.

424) 《선조실록》 선조 27년 6월 무진.

425) 《난중일기》 이순신 지음, 노승석 옮김, 민음사, 2010. 301쪽

426) 《난중일기》 이순신 지음, 노승석 옮김, 민음사, 2010. 342쪽

427) 《난중일기》 이순신 지음, 노승석 옮김, 민음사, 2010. 186쪽

428) 《난중일기》 이순신 지음, 노승석 옮김, 민음사, 2010. 204쪽

429) 《난중일기》 이순신 지음, 노승석 옮김, 민음사, 2010. 252~253쪽

430) 《난중일기》 이순신 지음, 노승석 옮김, 민음사, 2010. 253

431) 《난중일기》 이순신 지음, 노승석 옮김, 민음사, 2010. 251쪽

432) 《난중일기》 이순신 지음, 노승석 옮김, 민음사, 2010. 258쪽

433) 《난중일기》 이순신 지음, 노승석 옮김, 민음사, 2010. 325쪽

434) 《난중일기》 이순신 지음, 노승석 옮김, 민음사, 2010. 427쪽

435) 《난중일기》 이순신 지음, 노승석 옮김, 민음사, 2010. 430쪽

436) 《난중일기》 이순신 지음 노승석 옮김, 민음사, 2010.

437) 《난중일기》 이순신 지음 노승석 옮김, 민음사, 2010. 130쪽

438) 지금의 충남 당진시 신평면 신평

439) ≪난중일기≫ 이순신 지음 노승석 옮김, 민음사, 2010. 330쪽

440) ≪임진장초≫ 만력 7월 15일 계본

441) ≪임진장초≫ 만력 20년 6월 14일 계본

442) ≪임진장초≫ 만력 20년 7월 15일 계본

443) ≪선조실록≫선조 21년 11월 및 22년 8월 기묘.

444) ≪행년일기≫이정암, 을축년 봄(≪사류재집≫, 〈한국문집총간〉 51)

445) ≪임진장초≫만력 20년 7월 15일 계본

446) ≪난중일기≫ 이순신 지음 노승석 옮김, 민음사 2010. 214쪽

447) ≪난중일기≫ 이순신 지음 노승석 옮김, 민음사 2010. 215쪽

448) ≪난중일기≫ 이순신 지음 노승석 옮김, 민음사 2010. 216쪽

449) ≪난중일기≫ 이순신 지음 노승석 옮김, 민음사 2010. 228쪽

450) ≪난중일기≫ 이순신 지음 노승석 옮김, 민음사 2010. 228쪽

451) ≪난중일기≫이순신 지음 노승석 옮김, 민음사, 2010.

452) ≪충무공전서≫ 권1, 잡저 〈독송사讀宋史〉에도 실려 있다. 이순신이 ≪송사宋史≫를 읽고 느낀 소감을 쓴 것으로 내용은 전서본과 같다.

453) 강(綱)은 남송(南宋) 때 고종(高宗) 조구(趙構)의 신하인 이강(李綱). ≪송사≫ 본기 23 권, 358권에 그 기록이 나온다. 정강 원년(1126) 금인(金人)이 누차 침략하자, 이강이 유 수가 되어 금과 싸워 큰 전공을 세웠다. 건염 원년(1127)에 좌상이 되어 십의(十議)를 건의하여 불 타협 조건의 항금 정책을 주창했다. 그러나 이에 맞서는 화의파 황잠선 (黃潛善), 왕백언(汪伯彦) 등의 견제와 제지로 군정에 지방을 받고 자신의 거취에 대해 서도 다투게 되자, 결국 나라 일에 도움도지 않는다고 떠날 것을 청했다. 이에 파직되 고 1127년 그의 항금 정책도 모두 폐기되었다.

454) 인신(人臣)이 임금을 섬김에는 죽음만이 있을 뿐이오, 다른 길은 없다(人臣事君, 有死 無貳)는 ≪송사≫, 〈열전446, 이약수李若水〉 편에서 인용한 말이다. "남송(南宋)의 고종이 금(金)을 방문할 때(1127) 이약수가 호종하였는데, 금인이 고종에게 금나라 옷 을 입으라고 협박하자, 약수가 대항하다가 얻어맞고 붙잡혔다. 점한령(粘罕令, 금인) 이 약수에게 순종만 하면 부귀하게 해 준다고 설득했으나 그는 하늘에 두 해가 없듯 이 두 임금을 섬길 수 없다고 했다. 다시 그의 부하가 노부모를 뵙게 해 준다고 달랬 지만, 약수는 '충신사군忠臣事君, 有死無貳' 라 하며 거절하였다."

455) ≪난중일기≫이순신 지음 노승석 옮김, 민음사, 2010.

456) 고음천(古音川)은 지금의 전남 여수시 웅천동 송현마을

457) ≪난중일기≫이순신 지음 노승석 옮김, 민음사, 2010.

458) ≪난중일기≫ 이순신 지음 노승석 옮김, 민음사, 2010.

459) ≪난중일기≫ 이순신 지음 노승석 옮김, 민음사, 2010.

460) 지금의 충남 아산시 인주면 해암리.

461) ≪난중일기≫ 이순신 지음 노승석 옮김, 민음사, 2010.

462) 지금의 충남 아산시 염치읍 중방리.

463) ≪난중일기≫ 이순신 지음 노승석 옮김, 민음사, 2010.

464) ≪난중일기≫ 이순신 지음 노승석 옮김, 민음사, 2010.

465) ≪난중일기≫ 이순신 지음 노승석 옮김, 민음사, 2010.

466) ≪난중일기≫ 이순신 지음 노승석 옮김, 민음사, 2010.

467) ≪난중일기≫ 이순신 지음 노승석 옮김, 민음사, 2010.

468) ≪난중일기≫ 이순신 지음 노승석 옮김, 민음사, 2010.

469) ≪난중일기≫ 이순신 지음 노승석 옮김, 민음사, 2010.

470) ≪난중일기≫ 이순신 지음 노승석 옮김, 민음사, 2010.

471) ≪난중일기≫ 이순신 지음 노승석 옮김, 민음사, 2010.

472) 정경달(丁景達, 1542~1602)은 조선 중기의 문신이다. 1592년 임진왜란 때 선산 부사로서 관찰사 김성일, 병마절도사 조대곤과 함께 경상도 금오산에서 적을 크게 물리쳤다. 1594년에는 수군통제사 이순신의 종사관이 되어 활약한다.

473) ≪난중일기≫ 이순신 지음 노승석 옮김, 민음사, 2010.

474) ≪징비록≫ 유성룡 지음 김흥식 옮김, 서해문집, 2004.

475) ≪난중일기≫ 이순신 지음 노승석 옮김, 민음사, 2010.

476) ≪충무공전서≫ 권1 잡저 중 〈증참판정운제문〉

477) 세 번의 승첩시는 옥포해전, 당포해전, 한산도해전을 말한다.

478) ≪임진장초≫ 충무공진중보고문, 조성도 역, 연경문화사, 1997.

초판 1쇄 2021년 4월 30일

지은이 | 이창호
펴낸이 | 이규종
펴낸곳 | 해피 & 북스

서울시 마포구 토정로 222
대표전화 (02)323-4060, 6401-7004 **팩스** (02)323-6416
e-mail | elman1985@hanmail.net
출판등록 제 2020-000033호

979-11-969714-3-4
값17,000원